도시의 동물들

도시의 동물들

동물과 함께 살기 위해
시작해야 할 이야기들

최태규 지음 · 이지양 사진

사계절

들어가며

까만 밤하늘을 날아가는 어느 동물의 울음소리를 자신의 소셜 미디어에 올리고 누구의 소리일까 궁금해하는 사람이 있다. 아주 가까운 사이는 아니고, 호감과 존중과 이견을 적당히 가진 동료다. 나는 동물에 관심이 있는 사람이다 보니 그런 이에게 관심을 갖는다. 이 사람은 그 소리가 정말로 궁금한 걸까? 그 앞에서 혹시 나는 아는 척을 하고 싶은 걸까? 잘 알지도 못하면서 나는 그의 궁금증을 풀어주고 싶어 한다.

'기러기목에 속하는 누구인데, 요맘때라면 쇠기러기와 큰기러기가 밤하늘에 날아다니지 않을까? 소리가 새되지 않으니 기러기 쪽은 아닌 것 같고, 목청이 좋고 소리가 맑은 걸 보니 큰고니쯤 되겠네'라고 생각하면서 나는 큰고니 울음소리를 검색했다. 제법 비슷하게 들린다. 듣다 보니 두루미와 재두루미 소리가 어땠는지 궁금해져서 검색을 이어간다. 이 정도의 정보와 그와 나 사이의 인간관계, 최근의 연락 빈도 같은 것들을 떠올려보다가 메시지를 보내도 되겠다고 생각했다.

"큰고니가 날아가는 소리인 것 같아요."

"오!!!"

그에게서 답장이 왔다.

기억나는 시간만 따져보아도 40년을 그렇게 동물에 대해 설명하면서 살아왔다. 미취학 어린이일 때도 하염없이 쭈그리고 앉아 동물을 쳐다보곤 했다. 동물을 잡는 일과 기르는 일에 대해 사회가 용인하는 선을 넘나들며 고등학교 때까지는 많이도 잡아 길렀다. 여기에는 잡아먹는 경험도 포함된다. 이후 수의사가 되었으니 동물에 대해 비교적 공식적인 정보를 지닌 사람이 되었다. 그렇지만 가지런하고 명쾌하게 정리된 정보를 머릿속에 담지는 못했던 것 같다. 다만 늘 시선 끝에 동물을 두고 궁금해하고, 동물에 대해 내가 아는 만큼 주변 사람들에게 설명해주고 싶어 했다.

나는 왜 그러는 것일까? 사람들은 보통 대단히 궁금하지도 않으면서 저기 날아와 앉은 새가 어떤 새인지, 혹은 자기 집 개가 요즘 이런 행동을 하는데 왜 그러는 것인지 같은 것들을 내게 묻는다. 나는 조금도 귀찮아하지 않고, 모르면 찾아서라도 알려주려고 한다. 동물병원을 할 때는 그렇게 하는 것이 직업이기도 했고, 동물운동에 몸담은 지금은 그런 질문들에 답하면서 더 소외된 동물이 누구인지, 우리가 그들을 어떻게 대해야 하는지까지도 설명하는 사람이 되었다. 수없이 많은 말을 하다 보면, 동물에 대한 정보는 이토록 많이 생산되고 있는데 동물은 왜 여전히 인간에게 자원으로만 존재하는지 답답

할 때도 있다. 여기서 말하는 자원은 잡아먹기 위한 자원만을 가리키지 않는다. 도시인들에게 동물은 귀엽거나 혐오스러운 자원이기도 하다. 그래서 나는 동물과 더 잘 지내기 위해 해야 할 일들을 제안하고, 사람들을 설득한다.

목마른 자가 우물을 파듯이 이 책에는 내가 하고 싶은 동물 이야기를 썼다. 인구 다수가 도시에 사는 나라에서, 도시인으로 사는 사람들에게 주변에 살고 있는 혹은 살게 된 동물에 대해 이야기하고 싶었다. 동물에 대한 관심이 점점 많아지는 시대라고 하지만, 기르던 동물을 잡아먹던 시절보다 동물과의 거리는 오히려 더 멀어진 것 같다. 온갖 동물을 잡아먹던 시절에는 대중이 동물의 생태와 행동, 그들이 지닌 힘과 해부학적 요소, 그 몸의 질감과 맛까지 파악하고 있었다. 인류사 대부분의 시간 동안 우리는 동물을 잘 알고 지냈다. 그러다 삭막한 개발주의를 겪으며 동물은 도시에서 사라지거나 가려졌다. 그리고 먹고살 만해진 지금 우리는 다시 동물을 가지려 하고, 아직도 떠나지 않고 우리 곁에 머물고 있는 동물들을 돌아보기 시작했다.

과거의 도시는 인간과 동물이 함께 만들었다. 오늘의 도시는 동물에 거의 의존하지 않고 인간이 독자적으로 만들지만 이 도시에도 동물이 산다. 제비처럼 도시의 동물이었다가 사라진 동물도 있고, 까마귀처럼 도시 밖으로 밀려났다가 다시 돌아온 동물도 있다. 이 책에서 나는 '도시'라는 공간이 변화를 맞이하며, 각 종의 동물이 이전과 다른 방식으로 그곳에 생존할 터전을 만드는 장면을 구체적으로 들여다보려 했다. 그리고 그 장면을 함께 보는 사람들은 어떤 마음을 갖는지, 그런 마음은 어떻게 생겨나고 동물과 인간에게 어떤 영향을 미치는지 생각해보려 했다.

예컨대 가지런히 정돈된 강변 산책로를 걷다가 사람이 뿌려놓은 고양이 사료를 먹으러 불쑥 다가온 너구리를 만났을 때 우리가 느끼는 당혹스러움이 언제 어떻게 만들어진 것인지 함께 생각해보고 싶었다. 그리고 그 마음이 하는 일, 즉 스마트폰으로 영상을 찍고 온라인에 게시하고 이를 언론이 보도하면서 너구리에게 가 닿게 되는 힘을 이야기하고 싶었다. 너구리와 같이 우리가 야생동물이라고 부르는 존재들을 마주할 때는 '생태적 관점'이 필요하다. 그런데 동물에 새롭게 다가가려는 최근의 움직임도 여전히 인간의 주관을 중시하는 '관계주의적 관점'에 치우쳐 있다는 문제의식이 내게는 있다. 인간이 개나 고양이 같은 동물과 특별한 감정으로 얽히고, 그래서 이 동물들이 '가족', '시민' 등의 이름으로 도덕적 지위를 확장해가는 방식은 그 바깥의 낯선 동물들에 대한 불친절함과 혐오를 낳기도 한다. 우리에게는 이 땅에서 오랫동안 자리 잡고 사는 동물과 어느 시점에 우리가 외부에서 들여온 동물을 함께 바라보는 균형 감각도 필요하다. 동물을 대하는 우리의 태도가 순식간에 변화하고 급격히 분화하는 장면을 위태로운 마음으로 바라보며 이 책을 썼다.

 이 책은 학문적 의미나 수의사로서의 전문성보다는 동물에 관심 있는 사람들이 한국의 맥락에서 생각해보았으면 하는 평범한 동물과 평범한 사람의 일상 이야기에 초점을 두고 있다. 엄밀하게 접근하기보다는 활동가로 일하며 해왔던 생각을 내지르듯 써서 종이가 된 나무에 면구하다. 그래도 이와 비슷한 이야기를 하는 사람이 많지 않고, 동물과 함께 살기 위해 꼭 필요한 이야기라 믿기에 용기를 냈다. 누구나 읽을 수 있는 글이 좋은 글이라는 생각으로 썼지만, 다 쓰고 나니 조금 더 친절한 글이었다면 좋았겠다는 반성을 하게 된다. 이 책에 남아 있는 불친절함은 글을 써나가는 데 깊은 영감을 준 이지양 작가의 사진이 만회해주었다고 생각한다. 이 책이 동물의 더 나은 삶을 위해 좋은 논쟁을 불러일으킨다면 더 바랄 게 없겠다.

차례

들어가며 -- 4

1부 인간과 부대끼며 사는 동물

| 1장 | 길고양이 ① 돌봄과 폭력은 배타적이지 않다 ----------- 14
| 2장 | 길고양이 ② 고양이는 어떤 동물이어야 할까? ----------- 38
| 3장 | 개 사람과 서로 사랑할 수 있는 동물 -------------------- 58
| 4장 | 비둘기 비둘기는 하늘의 쥐 ---------------------------- 80
| 5장 | 쥐 인간이 가장 미워하는 동물 ------------------------- 96
| 6장 | 해충 혐오만으로 맺는 관계 --------------------------- 110
| 7장 | 제비 폐허에서 다시 만난 제비 ------------------------ 128

2부 도시 속 야생동물의 의미

1장	너구리 가까이 살지만 보이지 않는 야생동물	146
2장	멧돼지 난동 전문 동물	160
3장	고라니 끝내 살아남은 도심 속 사슴	174
4장	백로 돌아오려는 백로와 다시 쫓아내려는 사람들	190
5장	까막까치 길조가 유해야생동물이 되기까지	204
6장	작은 새들 도시에 살아남은 다양성의 세계	220
7장	야생동물구조센터 야생동물에 진 빚을 갚는 마음	240

3부 돈이 되는 동물: 동물 산업

1장	동물원, 야생동물을 가두어 기르는 곳	264
2장	팬덤 속 푸바오	282
3장	고기가 되는 동물들	298
4장	개와 고양이를 바라보는 눈으로 넙치와 우럭을 바라볼 수 있을까	314
5장	마트의 동물들	328
6장	동물을 업으로 돌보는 사람들	340

동물 이야기를 좋아하는 사람과 동물 바라보기를 좋아하는 사람
최태규와 이지양의 대화 ——— 360

참고문헌 ——— 380

일러두기

- 이 책에 실린 사진은 134쪽과 136쪽의 사진을
제외하고 모두 이지양 작가가 촬영했으며,
덧붙인 설명도 이지양 작가가 작성했다.

- 충남야생동물구조센터, 국립생물자원관,
곰보금자리프로젝트에서 사진 촬영에 도움을 주셨다.

1부

인간과 부대끼며 사는 동물

1장

돌봄과 폭력은 배타적이지 않다

길고양이 ①

고양이를 집 안에 들이기 시작한 기억

1986년 부산의 봄, 엄마 손을 잡고 장을 보러 가는 길이었다. 인도와 차도의 경계에 앉아서 고양이*Felis catus*를 파는 할머니가 있었다. 빨간 '다라이' 하나에 새끼 고양이만 네댓 마리가 들어 있었으니 고양이를 정기적으로 생산해서 파는 할머니는 아니었던 것 같다. 한 손으로 들어 올릴 수 있는 크기의 어린 고양이는 한 마리에 500원이었다. 여느 아이들처럼 나는 엄마에게 고양이를 기르자고 제안했을 것이다. 꼭 짐승을 싫어하는 엄마가 아니더라도 부담이 되는 제안이었을 테고, 그 제안에 고양이 돌봄을 공동으로 책임지겠다는 전제가 없다는 것도 잘 아셨을 것이다. 그러나 엄마는 고양이 입양을 무겁게 생각하지 않았는지, 아니면 어린이를 잘 기르는 데에 고양이를 기르는 것이 도움이 된다고 생각했는지 긴 실랑이 없이 500원을 주고 고양이를 사주었다.

요즘 표현으로 '노랑둥이', '치즈냥이'라고 부르는, 누런 줄무늬와 새하얀 털이 어우러진 고양이를 골랐다. 어린 고양이는 아직 눈망울에 멜라닌이 부족해 푸른 눈이 도드라졌다. 진주색은 아니었지만 진주처럼 둥글어서인지 진주라고 부르기로 했다. 고양이 전용 화장실 모래도, 고양이 전용 사료도 없던 시절이다. 세숫대야에다 동네 공터에서 퍼 온 모래를 넣고 사람이 먹고 남은 밥을 먹였다. 진주는 두루마리 휴지를 찢으며 노는 걸 좋아했고, 두툼한 솜이불 위에서 나와 낮잠을 잤다. 다른 지역으로 이사를 가면서 1년도 함께 살지 못하고 진주를 누군가에게 주었다고 하는데, 그에 관한 기억은 없다. 진주와 헤어질까 봐 걱정하며 울었던 기억은 있지만, 헤어져서 운 기억은 나지 않는다. 고양이를 중성화하는 사건이나 집 안에서 수명이 다할 때까지 길러야 한다는 관념이 낯선 시대였으니 아마 진주는 옮겨 간 집에서 어느 시점엔가 집을 나갔을 것이고, 집이나 병원이 아니라 어느 후미진 골목 길바닥에서 꽤 짧은 삶을 마쳤을 것이다. 지금의 여느 길고양이처럼.

인간과 고양이, 오랜 동거의 역사

길고양이가 발에 채이고 입양을 기다리는 고양이가 보호소에 줄을 서 있는 지금과 비교하면, 품종묘가 아닌 고양이를 사고팔던 시대는 꽤 이질적으로 느껴진다. 농림축산검역본부에서는 매년 한국 가정에서 기르는 개와 고양이의 수를 발표한다. 통계는 산출 방법이 이랬다저랬다 해서 무척 부

정확하지만, 꼭 통계를 인용하지 않아도 집 안에서 기르는 고양이가 꽤 늘어난 것은 분명한 사실이다. 인스타그램처럼 개인이 자신의 일상을 보여주거나 타인의 일상을 감상하는 미디어에서 고양이의 등장이 잦아진 것도 고양이가 늘어난 결과 혹은 이유일 것이다. 서울 시내에서는 가방에 츄르(짜 먹이는 고양이 간식) 몇 개 혹은 고양이용 간식 캔을 가지고 다니는 사람도 심심치 않게 볼 수 있다. 그렇게 우리는 집 안에 고양이를 들이기 시작한 지 30여 년 만에 집 밖에서도 고양이를 기르게 되었다.

　원래 고양이는 집 안팎을 구분하지 않고 인간과 살아왔다. 오랜 시간 인간은 집 앞의 마당이나 주변 공터까지도 주거 공간으로 사용했고, 고양이는 그 '경계'에 살도록 진화적으로 적응하는 데 성공했다. 가축화 이전의 고양이는 지중해를 둘러싼 지역 야생의 비좁은 생태계 틈바구니에서 살 길을 찾아야 했지만, 농경을 시작한 인간이라는 종을 만난 뒤로는 다른 방식의 삶이 가능해졌다. 인간이 풍부하게 생산하는 먹이 자원과 그에 몰려드는 쥐는 그야말로 노다지나 다름없었다. 게다가 농작물을 놓고 쥐와 경쟁하던 인간은 고마운 마음에 고양이를 해치지 않고 곁을 내줬다. 인간과 고양이의 동거가 시작된 것이다.

　그러나 도시화가 진행되면서 상황이 달라졌다. 인구 밀도가 높지 않던 시절에는 인간을 따라 원서식지를 떠난 고양이가 새로 정착한 지역의 생태계에 미치는 영향력이 대단하지 않았다. 인간도 적었고, 먹이 자원도 적었고, 고양이도 적었다. 그 시절의 인간처럼 적당히 죽고 적당히 살아남았다. 그러나 급격한 인구 증가는 주거지의 면적을 넓혔고, 인간이 사는 범위가 넓어지자 고양이의 수도 폭발적으로 증가했다. 고양이의 천적도 야생에서 절멸하여 고양이의 개체 수는 생태적으로 조절되기 어려워졌다. 고마웠던 고양이는 어느새 '도둑'이 되었다.

그리고 또 몇십 년이 흘러 '도둑고양이'라고 미움받던 고양이들은 다시 '길냥이', '동네 고양이'라는 이름으로 환대받는 존재가 되었다. 내가 기르는 고양이가 아니라도 예뻐하고 돌보는 문화가 형성되었다. 집 안에 사는 고양이도, 집 밖에 사는 고양이도 인상적인 증가세를 보였고 그들에게 먹이를 주면서 돌보려는 사람도 많아졌다. 이른바 캣맘cat mom, 캣대디cat daddy, 케어테이커caretaker 등의 신조어가 자리 잡은 것은 새롭고 유의미한 길고양이 돌봄 문화가 생겼다는 뜻이다.

고양이에게 밥을 주는 이유

내가 활동하는 곰보금자리프로젝트에서는 곰 13마리를 매입해 화천의 곰 농장에서 돌보고 있다. 3.5명의 활동가가 상주하며 곰을 챙긴다. 나는 매주 일요일, 트럭에 곰들

마을 사람들이 함께 돌보며 여러 이름으로 불리던 작은 고양이.
나는 '미니'라고 불렀다. 미니는 우리 집 아래에 새끼들을 낳았지만
대부분을 잃었고, 어느 날 조용히 마을에서 사라졌다.

2022년 4월 16일 서울특별시 종로구 구기동 주택 단지

영업을 중지하고 폐허가 된 아울렛에 고양이들이 모여들었다.
밥을 주고, 이름도 지어주었다. 밥을 다 먹고 떠나는 '까망이'의
뒷모습이 눈에 밟힌다.

2022년 4월 10일 경기도 파주시 아울렛 폐건물의 뒷동산

의 먹이를 싣고 화천으로 향한다.

어느 일요일, 화천에 도착해보니 사무실로 쓰는 컨테이너 앞에 고양이 밥그릇과 물그릇, 추위를 피할 수 있는 고양이 텐트가 놓여 있었다. 활동가들이 언젠가부터 농장을 들락날락하던 고양이들을 돌보기 시작한 것이다. 90세를 넘긴 농장주 할머니가 마당에서 밥을 주며 기르던 고양이들인데, 할머니가 편찮은 날이 많아지자 활동가들이 몸을 움직이게 된 것 같았다. 나는 조금 당황했다. 고양이에게 밥을 주기로 함께 결정한 적이 없기 때문이다. 물론 주지 않기로 결정한 적도 없다. 아마 활동가들은 고양이에게 밥을 주는 것은 자연스러운 일이라고, 논의를 거쳐야 할 만한 일이 아니라고 생각했을 것이다.

농장에서 통제 없이 돌아다니는 고양이 몇의 존재를 인지했을 때 '중성화를 해야 하나' 하는 생각을 잠깐 했었다. 그러나 처음에는 고양이를 예뻐하는 주인 할머니가 반대하셨고, 몇 계절을 살펴보니 새끼를 낳아도 제대로 키우기 어려워 보였다. 어린 고양이들은 성체가 되기 전에 농장에서 기르는 개나 산을 돌아다니는 개, 혹은 야생동물에 물려 죽기 십상이었고 운 좋게 살아남은 고양이만 어른이 될 수 있는 조건이었다. 중성화를 하지 않아도 고양이 수가 늘어나기는 어렵겠다는 판단으로 중성화를 미루기로 했다. 주변 생태에 대단한 영향을 미칠 것 같지도 않았다.

그러나 동물을 전문적으로 돌보는 사람이 야외 생활을 하는 고양이에게 본격적으로 밥을 주며 돌보기 시작한다면, 중성화를 미루는 이유가 되었던 조건들이 바뀌게 된다. 안정적인 먹이와 물을 공급하고, 비바람을 막아줄 집까지 지어주면 번식률은 확실히 오를 것이고, 다른 동네의 고양이들이 이쪽으로 모일 수도 있다. 농장에 고양이가 많아지는 것은 인간이 정해놓은 농장 주소지 경계 안의 문제로 끝나지 않는다. 동물에게는 우리가 정한 지번이 하나도 중요하지 않다. 동물들은 농촌이냐 도시냐를 따지지 않고, 민가와 산속을 구분하지도 않는다.

화천의 곰 농장은 마을에서 외따로 떨어져 있고 제법 높은 산자락 아래에 자리 잡고 있다. 붉은머리오목눈이, 박새, 곤줄박이, 동고비, 쇠딱따구리, 참새, 직박구리, 까마귀, 물까치, 청설모 등의 야생동물과 시궁쥐가 농장에서 나오는 먹이 자원을 이용하며 살고 있다. 집 앞 개울에는 물까마귀가 살고, 그 위 하늘에는 맹금이 날아다닌다. 뒷산에 오르면 멧돼지와 노루, 산양의 흔적이 사방에서 발견된다. 시험 삼아 농장 뒷산에 설치한 트랩 카메라에는 우리 농장의 고양이들과 산양이 함께 찍혔다. 농장에서 배불리 밥을 챙겨 먹는 고양이들이 도대체 왜 힘들게 산을 오르고 야생동물과 산길을 공유하는지 모르겠지만, 이렇게 고양이가 일상적으로 모습을 드러내는 곳이라면 그 주변에 사는 동물들이 직간접적인 영향을 받는다는 것은 확실하다.

우리 활동가들은 이런 조건을 잘 알고 있다. 야생동물구조센터에서 고양이에게 공격당한 동물을 구조하던 전문가도 있다. 그런데도 왜 그들은 고양이에게 밥을 주고 있을까? 나만 해도 동네에서 만나는 길고양이에게 밥을 주지 않기란 제법 애를 써야 하는 일이다(다행히 최근 20년 동안은 잘 참고 있다). 어째서 우리는 고양이에게 밥을 주지 말아야 할 그 많은 이유를 알고 있으면서도 기어코 밥그릇과 물그릇을 비가 들이치지 않는 곳에 가져다놓고 고양이가 주린 배를 채우기를 바라는 것일까? 동물원에서 동물에게 먹이를 주지 말라고 그렇게 써 붙여놓아도 관람객들은 기어코 자기가 먹던 음식을 던져 준다. 눈앞의 동물에게 이타적이고 싶은 인간의 마음은 이상할 정도로 강력하다.

인간은 다 알지 못하는 고양이의 삶

어디에 사는 고양이든 사람과 상호 작용하는 시간보다 그렇지 않은 시간이 더 길다. 집 안에서 기르는 고양이도 마찬가지다. 하루의 반 이상을 잠자는 데에 쓰는 고양이의 일상을 우리는 잘 알지 못한다. 인간과의 상호 작용은 밥이나 물을 주고, 쓰다듬거나 장난감 놀이를 하는 매우 짧은 순간에 일어난다. 우리가 고양이와 눈을 마주치는 순간이 얼마나 되는지 한번 셈해보자. 고양이의 일상을 채우는 경험과 감정이 무엇인지, 실은 잘 모르고 있다는 사실에 아차 싶은 마음이 들지도 모른다.

하물며 길고양이의 일상은 더 알기 어렵다. 열심히 밥을 챙겨주던 길고양이가 어느 순간 나타나지 않으면 그저 허망함과 그리움을 느낄 뿐이지 고양이에게 어떤 일이 일어났는지는 알 수 없다. 키우다 실종된 애완동물처럼 방을 붙이고 찾는 일도 적다. 돌보던 길고양이는 '이사를 갔나, 어디서 죽었나, 그저 사라진 건가' 하고 짐작만 하는 느슨한 돌봄의 대상이다. 나는 길고양이가 어떤 경험을 하며 사는지 늘 궁금하다. 언젠가는 연구 주제로 잡고 자세히 들여다보고 싶다. 이른바 길고양이 복지 연구다. 지금은 고양이의 관점에서 살펴본 자료가 너무 적기 때문에 누군가는 이 일을 해야 한다고 생각한다.

미리 가설을 세워보자면, 사람이 기르다 어느 순간 통제를 벗어난 고양이나 일부러 버린 고양이는 처음부터 길에서 삶을 시작한 고양이보다 고난이 많을 것이다. 인간이 쓰다듬는 손길이나 불러주는 목소리를 무척 좋아하던 고양이가 집에서 나오거나 쫓겨나서 길에서 살게 되면, 그래서 사람이 챙겨주던 끼니와 몸을 누일 쿠션이 사라지면 어떤 경험을 하게 될까? 이런 고양이들은 사람과 잘 지내는 법을 알기 때문에 길에서 태어난 고양이보다 다시 사람의 집으로 입양될 가능성이 높다. 그러나 사람에게 가까이 다가가는 만큼 동물학대 범죄에 노출될 확률도 높다. 만약 누군가에게 입양되지 못한다면 길에서 확보해야 하는 먹이 자원, 영역이 겹치는 다른 길고양이와의 관계, 위험한 사람이나 자동차를 피하는 요령 같은 요소에 따라 생존과 번식 성공률이 결정될 것이다. 그리고 죽을 때까지 내내 안전 문제에 시달릴 것이다. 다시 인간의 손으로 돌아가지 못한다면 그 험난한 생존 기간은 매우 짧을 것으로 짐작된다.

애초에 길에서 태어난 고양이들은 조금 다른 경험을 할 것이다. '야생화된feral'이라는 말로 불리는 이 고양이들은 자원이 풍부한 민가 근처를 맴돌지만 사람과 어느 정도 거리를 유지하는 방식으로 생존 확률을 높여왔다. 여느 야생동물처럼, 사람이나 개가 안전거리 안으로 들어오면 달아나거나 숨기 바쁘다. 이런 성향에는 부정적 경험과 그것이 일정 기간 축적된 유전자가 관여한다. 사람은 싫지만 사람이 만들어내는 먹이 자원은 유용하다. 사냥은 흥분되고 즐거운 일이지만, 사냥에만 의존하는 것보다 사람이 주는 먹이를 먹는 것이 훨씬 유리한 전략이다. 수천 년의 진화를 거치면서 길고양이들은 이런 사실을 알게 되었다.

이들은 야생동물과 비슷한 경험을 하며 일상을 보낼 것이다. 사냥감을 기다리고 쫓고 물어 죽일 때 엔도르핀이 뿜어져 나오는 경험을 할 것이다. 포식자와 자동차 사고를 항상 신경써야 하며, 잠자리는 겨울에 춥고 여름에 더울 것이다. 이들의 가장 큰 천적은 사람이고, 그 외에 고양이를 포식할 수 있는 개가 확률적으로 가장 두려운 존재일 것이다. 고양이가 만만한 먹잇감은 아니지만, 담비나 수리부엉이 정도 되는 야생동물이라면 고양이를 잡아먹을 수 있다. 선의를 가진 사람이 이런 고양이를 '구조'한다 해도 이들이 보이는 인간에 대한 공포와 공격적 성향 때문에 입양될 가능성은 낮다. 설사 입양된다 하더라도 이런 고양이들은 폐쇄된 공간과 인간을 두려워하는 탓에 복지 수준을 높이는 데 한계가 있다. 새로운 환경에 적응하는 데 적지 않은 시간이 소요되거나, 영영 침대 아래에 숨어 사는 고양이로 살다가 늙어 죽을 수도 있다. 이러한 고양이에게 인간의 '구조'는 죽음 혹은 '사냥당해' 평생 감금당하는 일로 느껴질 가능성이 높다. 돌봄과 폭력이 반드시 서로 배타적이지는 않다.

한국의 길고양이 정책

고양이들이 길에서 어떤 삶을 사는지 인간이 알지 못하는 동안에도 한국의 길고양이 개체 수는 무서운 속도로 증가했다. 먹이 자원이 충분한 개체군이 빠르게 번식한다는 원리는 길고양이에게도 예외 없이 적용된다. 인간이 직간접적으로 제공하는 먹이 자원이 있는 곳으로 고양이는 모여들고 번식한다. 그 결과 오랫동안 사람과 고양이가 살지 않던 섬이나 깊은 산의 생태계가 흔들리게 되었다. 도시도 예외가 아니다. 도시에는 마치 생태가 없는 것처럼 간과되곤 하는데, 도시에서도 길고양이는 생태계에 유의미한 영향을 미치고 있다.

물론 이는 한국에서만 일어나는 일은 아니다. 극지방을 제외한 대부분의 대륙에서 현재진행형으로 겪는 일종의 사회문제다. 고양이가 포식자로서 야생동물에게 영향을 미친다는 사실은 이제 인정하는 분위기이지만, 얼마나 심각한 영향을 주는지는 아직 논쟁 중이다. 고양이는 1990년대부터 국제적 '외래 침입종invasive species'으로 다루어지고 있고, 2000년대 들어서는 고양이가 야생동물에 미치는 영향을 어떻게 통제할 것인가에 관한 연구가 활발히 진행 중이다. 각국 정부에서는 인간의 직접적인 통제 없이 돌아다니는 고양이free-roaming cat의 개체 수를 어떻게 줄일 것인지 고민하며 대책을 마련하고 있다.

대부분의 국가가 길고양이를 정책적으로 관리한다. 보호소에서 보호하며 입양시키기 위해 노력하거나, 중성화 수술을 해서 다시 방사하거나, 죽이는 방법을 사용한다. 튀르키예처럼 도시의 길거리에 사는 고양이를 공동체 소유의 애완동물로 여기고 그대로 두는 경우도 있다(2024년 8월 튀르키예 정부는 길거리를 배회하는 개와 고양이를 안락사하는 동물보호법 개정안을 냈고, 의회는 이 법안을 통과시켰다). 때로 이는 낭만화된 장면으로 표현되기도 하는데, 사실 이런 정책은 대개 동물의 복지도 사람의 복지도 열악한 국가가 택하는 방식이다. 길에서 높은 밀도로 서식하는 고양이와 개의 삶은 전염병과의 싸움으로 결코

녹록하지 않다. 한국은 정책적 차원에서는 길고양이에 무관심한 나라다. 길고양이가 생태계에 미치는 영향을 연구하거나, 길고양이의 복지를 고민하거나 개체 수를 파악하려는 시도가 매우 드물다. 한국의 경제 수준을 고려하면 의아한 일이다.

한국 정부는 길에 사는 고양이의 개체 수를 조절(길고양이 감소 정책에 강하게 반대하는 사람들이 있어서 '감소'가 아니라 '조절'이라는 표현을 사용한다)하기 위해 길고양이를 잡아서 중성화하고 다시 길에 풀어주는 TNR(포획-중성화-방사 trap-neuter-release) 정책을 배타적으로 채택하고 있다. 길고양이의 입양이나 안락사는 정책적으로 배제한다는 뜻이다. 생후 3개월 미만이나 다친 고양이, 유기된 반려묘는 지자체가 운영하는 공영 보호소에서 수용하지만, 이는 전체 길고양이 가운데 극히 일부에 불과하다. 그 외 대다수 고양이는 일부 개체만 잡아서 중성화하고 풀어주는 소극적 접근을 한다.

보호소에 들어간 고양이의 50퍼센트 정도가 '자연사'한다고 분류되는데, 이는 보호소에 방치된 채로 다치거나 아프거나 굶어서 고통스럽게 죽는다는 뜻이다. '보호'라는 말이 무색할 정도의 통증과 고통 속에서 죽어간다는 뜻이다. 단지 5퍼센트가 안락사의 '혜택'을 받고, 그 밖에 입양이 30퍼센트 정도를 차지한다. 주인 없는 개가 길에서 포획되면 보호소에서 일정 기간 계류하면서 입양이나 안락사라는 보호 과정을 겪는 것과는 다른 정책이다. 그 결과 길고양이들은 대개 제 수명을 채우지 못하고 질병이나 사고로 길에서 짧은 생을 마감한다. 한국 사회가 만든 보호소는 그곳에 길고양이가 입소를 하든 하지 않든 고통을 방치하는 정책을 채택하고 있다.

이제 안락사가 어떻게 '혜택'이나 '보호'의 수단이 될 수 있느냐는 질문이 나올 차례다. 매우 복잡하고 긴 이야기이지만, 간단히 설명하자면 동물보호소에서 실시하는 안락사는 동물을 고통에서 벗어나게 하는 마지막 수단이다. 동물보호소는 외부에서 제한된 공간으로 동물이 끊임없이 들어오는 구조다. 들어오는 속도보다 나가는 속도가 늦어지면 그 안에 동물이 적체되기 시작한다. 이런 일이 지금 전국 대부분의 공영 동물보호소에서 일어나고 있다. 인간은 동물을 '보호'하고 있다고 믿을지 모르나, 동물의 입장에서 이는 전혀 다른 사건이다. 보호소에 들어간다면 차에 치이거나 굶는 일은 해결될 것이다. 그러나 낯선 동물들과 비좁은 공간에 갇혀 옴짝달싹 못 한 채 지내는 삶이 지속되는 것이다. 동물들은 왜 이런 일이 일어나는지 알 수 없기 때문에 '감옥'이라는 개념을 이해하고 들어가는 인간 수감자보다 훨씬 더 고통스러운 상황이다.

인간이 동물을 '보호'한다고 할 때, 이는 동물의 수명을 고통 속에서 연장하기보다는 실재하는 고통을 줄이거나 끝내는 방향이어야 한다는 것이 동물복지 연구에서 합의한 바다. 개나 고양이 같은 가축종이 도시에서 인간의 통제와 돌봄 없이 사는 것은 인간과 동물 모두에게 해롭다는 전제와, 그래서 사회가 그들을 통제해야 한다는 현실 앞에서 '생명은 소중하다'는 원칙은 쓸모가 없어진다. 길거리에 사는 가축종, 즉 동물보호소에 잡혀 들어오는 동물의 수를 줄이는 정책적 접근이 근본적 해결책이겠지만, 이와 더불어 당장 동물보호소 안에 방치되어 있는 동물의 고통을 최소화하는 것도 우리의 의무다.

넓은 의미에서 안락사는 동물이 고통을 느끼지 못하는 상태에서 죽게 하는 인도적 방법을 기술적으로 설명하는 말이다. 마취를 해서 의식을 잃게 한 뒤에 죽이기 때문에 동물은 자신의 죽음이나 통증을 인지하지 못한 채 아무것도 없는 죽음의 상태로 넘어간다. 고통을 끝내기 위한 확실한 방법이다. 죽음을 결정하고 실행하고 그 후에 세상에 남게 되는 인간에게는 어려움이 있겠으나 죽는 동물에게는 세상의 고단함이 사라지는 마지막 사건이다.

우리는 보호소에 들어가는 동물이 어디에서 왔는지 파악할 수 있는 자료를 가지고 있지 않다. 추정컨대 보호소에 들어가는 경우는 대부분 길에서 나고 자란 고양이들일 것이다. 사람이 집 안에서 기르던 고양이가 유기되거나 유실되는 경우는 훨씬 적을 것으로 본다. 정책적으로 길고양이를 입양하는 인구를 유의미하게 늘리지 않는다면, 동시에 고양이의 번식을 획기적으로 줄이지 않는다면 보호소의 고양이가 가정으로 입양될 가능성은 희박하다. 보호소는 집단 수용 시설이기 때문에 늘 북적인다. 특히 한국의 보호소는 대부분 예산은 적고 수용 동물의 수는 많다. 동물이 평생을 지내기에 적절한 공간이 아니다. 그러나 동물복지에 대한 이해 부족으로, 동물이 살 만하게 사는 것보다 단지 살려두는 것에 목적을 두고 안락사에 보수적으로 접근한다. 그렇게 한국의 길고양이 정책은 '죽임'의 부담을 회피하면서 길고양이를 보호할 책임도 방기하고 있다. 안락사는 동물복지를 지키기 위해 반드시 필요한 도구다.

TNR과 함께 논의되어야 할 다양하고 복잡한 맥락들

길고양이는 '떠돌이 고양이 stray cat'와 '야생화된 고양이 feral cat'로 대략 나눌 수 있다. 물론 이는 정확하고 뚜렷하게 나뉘는 정체성은 아니다. 길고양이 정책이 제대로 마련되고 시행되기 위해서는 정체성을 더 복잡하게 세분하는 것이 고양이에게 이롭고 정책 효과도 높을 것이다. 길에 사는 고양이들은 제각기 다르기 때문이다. 그러나 한국에서는 이들을 한데 묶어 길고양이라고 부른다. 환경부에서는 '들고양이'라는 말을 쓰지만 대중에게는 마치 비윤리적인 용어처럼 여겨지는 것 같다.

'떠돌이 고양이'는 사람과 일정한 유대관계를 맺은 경험이 있거나 맺고 있는 고양이로, 사람의 손길을 필요로 하기도 하고 재입양 가능성도 높다. 영국의 고양이 보호단체 '캣츠 프로텍션Cats Protection'은 이들을 사람과 친근하게 지내고, 민가 주변에 머물며, 주로 혼자 지내는 모습으로 분류한다. 반면에 '야생화된 고양이'는 인간에 의존하지 않고 스스로 살아가는 고양이를 말한다. '캣츠 프로텍션'에서는 사람을 가까이하지 않으려 하고, 다른 고양이들과 함께 머물며, 중성화된 경우 귀 끝이 잘려 있는 것을 '야생화된 고양이'의 특징으로 언급한다. 우리 곁에 살고 있는 길고양이가 어느 쪽에 해당하는지는 생각해볼 만한 문제다.

길에서 만난 고양이가 사람에게 친근하게 군다고 해서 틀림없이 누군가가 기르던 고양이라고 확신할 수는 없다. 사람이 일정 거리 안으로 들어오면 잽싸게 도망가는 고양이라고 해서 길에서 태어난 고양이 혹은 '야생화된 고양이'라고 단정 지을 수도 없다. 그래서 일부 국가에서는 '반려 고양이', '떠돌이 고양이', '야생화된 고양이'로 나누고, 그들의 사회성과 마이크로칩 시술(유기·유실을 방지하기 위해 동물의 등록 정보를 체내에 삽입하는 것) 여부에 따라 재입양, 재방사, 인도적 죽임을 결정하기도 한다. 한국에서 길고양이로 불리는 고양이들은 두 분류의 특징을 동시에 가진 경우가 많고 마이크로칩 시술도 되어 있지 않기 때문에 한국의 맥락에 맞는 분류가 필요하다. 그러나 지금은 모두 하나로 뭉뚱그려 TNR 대상으로만 보고 있다.

한국에서 TNR 정책은 기존의 소극적 안락사 정책의 한계를

까망이가 낳은 마지막 새끼 고양이들이 아울렛 상가 한쪽에 자리를 잡았다. 버려진 인테리어 자재 틈새가 이들의 놀이터가 되었다.
2021년 8월 24일 경기도 파주시 아울렛의 빈 상가

위 새끼 고양이 중 한 마리의 눈이 이상해 며칠 동안 포획을 시도했지만 실패했다. 아직 이름도 지어주지 못했는데, 포획 시도 후 모두 흔적 없이 사라졌다.
아래 아빠 고양이 '파파'와 새끼 고양이.
2021년 8월 24일 경기도 파주시 아울렛의 빈 상가 보완한다는 논리로 시작되었다. 즉 고양이를 포획해 안락사하는 방식의 '솎아내기culling'는 이른바 '진공 효과vacuum effect'를 일으켜 그 자리에 새로운 고양이를 유입시키기 때문에 차라리 중성화해 다시 풀어주는 쪽이 낫다는 주장이었다. 여기에 중성화한 고양이가 원래 자리로 돌아오면 자기 '영역'을 지키기 위해 새로운 고양이의 유입을 막는다는 주장이 더해졌고, 고양이를 죽이는 일은 비윤리적이라는 관념이 TNR 정책 시행의 지렛대 역할을 했다. 이러한 견해는 동물보호단체 등에서 지지를 받으며 십수 년 동안 길고양이 정책의 골간이 되어왔다.

  그러나 이는 맞는 말이기도 하고 틀린 말이기도 하다. 고양이의 사회적 행동, 사람과의 상호 작용은 고양이의 신체 크기, 사회적 지위, 개체 간의 차이, 나이 등에 따라 달라진다. 예를 들어 먹이 자원이 풍부한 곳이라면 고양이들은 중성화 여부와 상관없이 서로를 쫓아내지 않고 한 공간에 머물기도 한다. 즉, 사람이 의도적으로 먹이를 공급한다면 TNR을 아무리 열심히 해도 고양이의 밀도를 낮추기 어렵다는 뜻이다. 먹이를 찾아서 올 수 있는 옆 동네 고양이까지 한꺼번에 유의미한 수준으로 중성화하지 않는 한은 말이다. 그런데 한국의 길고양이 정책은 먹이 주기를 제한하지 않는다. 지자체 가운데는 고양이에게 먹이 주기 정책을 직접 시행하는 곳까지 있다. 간혹 환경부가 국립공원 등에서 먹이 주기를 제한하려고 시도하지만 고양이에게 밥을 주는 사람들을 통제하려는 시도는 여론에 밀려

번번이 실패한다.

서울시는 시내의 길고양이 수가 2013년 24만여 마리에서 2019년 11만여 마리로 줄어들었다며 TNR 정책이 성공했다는 언론 보도를 냈다. 그러나 길고양이 수를 세는 방법부터 고양이가 줄어든 원인까지 자의적 해석이 다분해 보인다. TNR 방식으로만 고양이의 개체 수를 감소시키려면 산술적으로 전체 개체군의 71퍼센트를 중성화해야 한다는 연구가 있는데, 서울시의 중성화율은 서울시가 파악한 개체 수를 기준으로 하더라도 20퍼센트에 불과하다. 사실 길고양이를 개체 수준에서 추적하는 것은 매우 어려운 일이기 때문에 이와 비슷한 오류는 전 세계 길고양이 정책 보고서에서 종종 나타난다. 안타깝게도 비슷한 경제 수준의 국가 중에서 유독 한국에만 길고양이와 관련해 신뢰할 만한 자료를 내놓는 주체가 없다.

TNR이 효과가 있느냐 없느냐만 논의하는 것은 의미가 없다. TNR은 길고양이 수를 줄이기 위한 여러 가지 수단 중 하나일 뿐이다. 고양이의 수, 고양이가 사는 환경, 번식 상태, 사회 구성원들의 교육 수준 등 다양한 조건과 TNR을 비롯해 개인 입양, 안락사 등 여러 가지 방책의 조합이 필요하다. 거기에 고양이를 좋아하는 사람들의 정서적 상태까지 포함해서 보다 복잡한 맥락을 염두에 두고 합의된 목표를 이루는 것이 바람직하다. 그 정량적 목표는 길에서 얼마나 많은 고양이가 살도록 할 것인가가 될 텐데, 아직 우리는 그런 논의를 시작조차 못 하고 있다. '불쌍하다'는 대중의 감각에만 의존하는 정책은 '중성화하고 밥을 주면 길고양이가 덜 불쌍해질 것'이라는 결론만 낼 뿐이다. TNR의 명확한 목적조차 합의되지 못한 상황이다.

  한국인의 다수는 인구 밀도가 높은 도시에 살고 있다. 우리는 고양이를 실내에 가두지 않으면 위험하다는 것을 안다. 그래서 집에서 기르던 고양이를 밖으로 내보내는 일은 책임감 없는 행동으로 간주한다. 만약 그런 일을 한다면 동물 유기로 법적 처벌을 받을 수도 있고, 동물학대로 도덕적 비난을 받을 수도 있다. 그런데 길고양이는 길에서 발견되었다는 이유로 함부로 포획되어 통증을 유발하는 침습적 행위(중성화)를 동의 없이 당한 뒤 결국 다시 험난한 길거리로 내몰린다. 죽이지 말아야 한다는 원론을 넘어 길고양이에게 무엇이 더 도움이 되는지 구체적인 논의가 더 늦지 않게 시작되기를 바란다.

2장

고양이는 어떤 동물이어야 할까?

길고양이 ②

길고양이는 생태, 공중 보건, 대중의 정서에 다양한 영향을 미친다. 우리에게는 이 영향이 무엇이고 어떤 문제를 일으키는지 분석하고 해결할 의무가 있다. 길고양이의 삶의 질만 고려하더라도 우리가 길고양이 문제를 고민해야 할 이유는 충분하다. 그 해결은 윤리적이고 정책적이어야 하며, 누군가 강제하는 것이 아니라 고양이를 대하는 관점과 문화로 자리 잡아야 장기적 효과를 낼 것이다.

고양이가 늘 인간의 곁에 일정한 거리를 두고 살아온 동물이라는 이유로 길고양이를 지금처럼 그대로 살게 두자는 주장은 이미 바람직한 방향이라고 하기 어렵다. 우리가 지금 상황을 판단하는 방식이 완전히 옳다는 것을 전제로 동물을 대하는 것은 위험하다. 예컨대 도시에 사는 길고양이의 삶이 그럭저럭 괜찮기 때문에 그대로 살게 하자거나, 반대로 그들의 삶이 고통스럽기 때문에 모두 잡아서 없애자는 식의 둔탁한 논의 말이다. 길고양이는 서로 비슷하게 사는 것처럼 보이지만, 당연하게도 모두 다른 삶을 살아가고 있다. 이에 더해 고양이와 인간이 맺고 있는 여러 사적인 관계들이 문제를 더 어렵고 복잡하게 만든다. 따라서 이 문제를 해결하기 위한 하나의 완벽한 관점이나 해결책은 있을 수 없다. 우리는 더 차분한 태도로, 더 어렵게 문제를 들여다보아야 한다.

모든 고양이는 반려동물이어야 하는가?

단 한 세기만에 고양이는 집 안으로 쑥 들어왔다. 적어도 한국에서는 그렇다. 물론 전 세계적으로 따지면 집 안에 사는 고양이보다 집 밖에 사는 고양이가 훨씬 많다. 개도 마찬가지다. 개나 고양이는 실내에 감금되어 살도록 충분히 진화하지 않았다(물론 품종의 차이가 크다). 그래서 집 안에서만 온전히 살기는 여전히 어렵다. 고양이가 환경에 미치는 영향 때문에 북미에서는 고양이를 실내에서만 기르자는 캠페인까지 하고 있지만, 주인이 있는 고양이의 반 정도가 일상적으로 외출을 하며 살아간다. 집 안의 반려동물로 각광받는 지금도 여전히 고양이는 집 안팎을 오가는 것이 생물학적으로 자연스러운 동물이다. 문제는 현대의 도시는 집 밖이 너무 위험하다는 것이다. 동물복지론자뿐 아니라 급진적 동물권리단체인 PETA(People for the Ethical Treatment of Animals) 같은 곳에서도 실내에서 기르는 편이 고양이와 생태계에 더 이롭다는 사실에 동의한다.

작업실 근처 카페 사장님이 새끼 고양이를 구조했다.
이후 이 고양이는 길거리와 빈 상가를 떠돌며 지내다 목공방에
입양되어 '마라'라는 이름으로 살고 있다.

2022년 4월 10일 경기도 파주시 ㅇ 목공방

고양이를 반려동물로 기르고 싶은 욕심에 우리는 밖으로 나가고자 하는 고양이의 욕구를 억누르며 가두어 기르고 있다. 고양이는 적응력이 무척 좋은 편이지만, 실내에서 안정적으로 기르려면 중성화를 해야 한다. 중성화를 하지 않으면 자기 영역을 지키며 번식하려는 욕구 때문에 안전하게 기를 수 없고, 집 안이 온통 고양이 오줌 냄새로 뒤덮인다. 그래서 수의사들은 모든 고양이를 중성화하도록 권고한다. 21세기에 들어 한국에서는 중성화 수술이 대중에게 긍정적인 이미지를 갖게 되었지만 사실 동물의 입장에서는 배를 가르고 생식기를 적출해내는, 심각한 통증을 유발하는 수술이다. 고양이의 입장에서 긍정적이고 자연스러울 리 없다.

실내에서만 사는 고양이에게는 화장실도 만들어줘야 한다. 모래에 배변을 하고, 그 배설물을 모래로 덮어야 직성이 풀리는 고양이에게 적절한 실내 화장실을 만들어주지 않으면 요로계통에 문제가 생긴다. 만약 이 화장실을 자주 치우지 않아 고양이가 스트레스를 받으면 또 다른 건강 문제를 일으킬 수 있다. 뿐만 아니라 한국에서 사용하는 벤토나이트 모래는 전량 미국에서 수입하는데, 바다와 대륙을 건너 무거운 모래를 옮겨 오다 보니 고양이는 개보다 적게 먹고 적게 싸지만 키우는 과정에서 배출하는 온실가스의 양은 더 많다. 요즘 우리에게는 고양이를 집에서 키우는 것이 매우 자연스러워 보이나, 실은 인위적인 노력을 꽤 많이 들여야 하는 일이다.

고양이의 안위를 위해 고양이를 가두어 키워야 한다는 주장은 인간이나 다른 동물의 삶과 비교해보았을 때 조금 부조리하게 느껴진다. 바깥세상이 어린이에게 위험하다는 이유로 아예 외출을 금지한다는 발상이 위험한 것처럼 말이다. 고양이는 나가고 싶을 때 제 발로 조용히 조심스럽게 걸어 나가야 하는 동물이다. 물론 중성화를 하고 실외 경험을 원천 봉쇄한다면 집 밖으로 나가려는 마음을 어느 정도 억누를 수 있는 동물인 것도 사실이다. 그러나 그렇게 할 수 있다고 해서 마치 그것이 자연스러운 일인 양 일방적으로 감내하게 하는 것은 고양이의 입장에서 역경일 수밖에 없다. 게다가 그 역경은 오로지 고양이를 귀여워하고자 하는 인간의 욕심에서 비롯한 것이다. '반려동물 산업'은 이러한 인간의 욕심을 극대화한다. 지금껏 가축화는 이렇게 동물을 가두며 이루어졌지만, 앞으로의 새로운 동물윤리는 아마 이에 이의를 제기할 것이다. 고양이가 겪는 고난을 이해할 수 있다면 말이다.

귀여움을 둘러싼 종 편향과 여성혐오

급격히 성장하고 있는 반려동물 산업의 중심에는 '귀여움'이 놓여 있다. 그 귀여워하는 마음은 본능적인 동시에 문화적이다. 그래서 귀여움을 바탕으로 형성되는 인간-동물 관계는 고양이를 돌보는 문화를 중심으로 심각하게 편향된 종 선호를 드러내고 있다. 고양이를 귀여워하는 현대인들은 고양이를 적극적으로 돌보는 동시에 고양이로 이야기를 짓고 재화를 만들어 판매한다. 고양이의 귀여움을 상품화해 소비하고, 때로는 동물을 사랑하고 보호하는 일마저 '귀여움'에 의존한다. 이것이 고양이에게는 썩 좋은 일이 아니다. 동물의 역할이 '귀여움'이 되면 동물이 지닌 수많은 특성과 그에 따르는 필요가 삭제되기 때문이다.

물론 종 편향은 인간 사회의 자연스러운 문화다. 각 문화권마다 선호하는 종과 혐오하는 종이 있다. 여기에는 동물이 지닌 특성과 그 특성이 해당 지역이나 문화 속에 사는 인간에게 미치는 영향이 반영된다. 현대 사회의 고양이 편애도 현대인과 고양이가 맺고 있는 관계와 그 사회문화적 환경을 반영하고 있을 것이다. 예컨대 독극물과 방역 정책이 쥐를 도시에서 몰아내면서, 가축화가 이루어지는 오랜 시간 동안 고양이들이 담당했던 '쥐잡이' 역할이 필요 없게 되었다. 그 대신 고양이는 '돌봄의 대상'이라는 중요한 역할을 부여받았고, 인간은 고양이에 대한 각별한 마음을 키워가게 되었다.

주목할 만한 점은 동물의 귀여움을 향유하고 동물을 극진히 돌보며 새로운 인간-동물 관계를 맺는 이들이 대부분 여성이라는 사실이다. 여성은 역사 속에서 잘 보이지 않던 돌봄의 주체를 도맡아왔는데 '동물 돌봄'이 중요한 사회가 되면서 여성의 역할도 잘 보이게 되었다. 이것이 아직도 우리 사회에 만

왼쪽 나의 어머니가 밥을 주며 돌보던 고양이들. 임신과 출산을 반복하는 모습에 어머니는 TNR을 결심했다. 지자체의 도움으로 수술을 마쳤지만 얼마 지나지 않아 하나둘 '무지개다리'를 건넜다.
2022년 4월 22일 경상북도 구미시 주택 단지

오른쪽 촬영을 위한 사전 답사를 하던 중 공원 한 구석에 누군가 만들어놓은 고양이 쉼터를 발견했다. 나뭇가지로 덮어 사람들 눈에 잘 띄지 않게 한 모습이 마치 작은 은신처 같았다.
2022년 5월 13일 경기도 파주시 중앙공원

연한 여성혐오 misogyny와 얽히면서 여성 집단의 관심사, 즉 고양이를 사랑하고 돌보는 일을 하찮게 여기거나 때로는 증오하는 일로 이어지기도 한다. 중세 유럽에서 여성과 고양이를 엮어 마녀사냥을 하던 끔찍한 혐오가 21세기 한국의 온라인 남초 커뮤니티에서 들끓고 있다. 이들은 '캣맘'이라는 말을 멸칭으로 쓰며 '비이성적 여성'의 전형으로 규정하고, 여성혐오의 감정을 고양이에 투영하는 방식으로 폭력을 휘두른다. 이러한 혐오는 한국에서 길고양이 문제를 이야기하는 데 가장 큰 걸림돌이 되고 있다. 여성혐오라는 폭력에 휩쓸려 우리가 길고양이와 맺게 된 돌봄의 관계, 길고양이가 경험하는 고단함, 길고양이가 생태에 미치는 영향 등 치열하게 논쟁해야 할 이야기는 꺼내지도 못한 채 토론의 불씨가 사그라지는 장면을 여러 차례 목격했다.

  그렇다고 포기할 수는 없다. 여성혐오와도 싸우고, 고양이의 안위도 챙겨야 한다. 우리는 고양이를 숭배하거나 박해하던 역사를 지나 지금의 관계에 이르렀다. 고양이는 늘 길과 집의 경계에 살던 동물이지만, 우리가 사는 세계는 그 경계를 무척 위험하게 만들었고 우리의 동물윤리는 고양이를 고통 속에 내버려두지 않기로 했다. 이제는 길고양이의 입장에서 그들이 세상을 바라보는 방식도 고려할 시간이 되었다.

고양이는 야생동물이 될 수 있는가?
되어도 좋은가?

누군가는 고양이에 '야생'이라는 말을 붙여 '야생 고양이wild cat'라는 말을 쓰기도 한다. 고양이가 야생동물에 가깝기 때문에 밖에서 살도록 해야 한다거나 야생동물에 준해서 관리해야 한다는 등 여러 주장과 맥락에서 이 개념을 사용하고 있다. 그러나 야생 고양이는 가축화되지 않은 '진짜' 야생 고양이 몇 종을 말하고, 한국에는 이런 야생 고양이가 살지 않는다. 한국의 야생동물인 삵*Prionailurus bengalensis*은 야생 고양이가 아니라 그 멀지 않은 친척이다. 우리가 보통 고양이라고 부르는 종은 집고양이*Felis catus*로 이미 수천 년의 가축화domestication를 거친 종이다. 가축화된 종을 우리는 '가축'이라고 부른다. 고양이도 가축이다.

성체成體가 되어서도 사람에게 야옹거리거나 '꾹꾹이(새끼 고양이가 어미젖이 잘 나오게 하려고 앞발로 어미 배를 누르던 행동에서 비롯한 것으로 사람이나 이불을 반복해서 누르는 고양이의 행동을 포괄해서 말한다)'를 하는 것은 가축화 이전의 고양이 연구에서는 보고된 적 없는 행동이다. 이를 '유형성숙neoteny'이라고 부르는데, 다 자란 뒤에도 미성숙한 동물의 행동을 여전히 유지하는 것을 뜻한다. 인간은 고양이의 야옹 소리에 매력을 느끼고 긍정적으로 반응한다. 고양이와 오랫동안 유대 관계를 맺은 사람은 맥락과 소리에 따라 그 의미를 점점 더 잘 알아듣게 된다. 밥을 달라, 물을 달라, 창문을 열어라, 이제 누워라, 장난감을 움직여라, 오늘은 나가지 마라, 네가 와서 반갑다, 날 왜 부르느냐 등등 고양이는 다양한 의사를 인간에게 호소하도록 진화했다.

동물을 야생동물과 가축으로 딱 잘라 나누는 것은 다소 거친 분류다. 그러나 거칠게라도 나누는 이유는 동물과 인간이 맺는 관계, 그 과정에서 나타난 유전적 변화, 그로 인한 동물의 서식지 선호, 현존하는 개체 수 같은 요소들이 동물은 물론 인간 사회에도 미치는 영향이 뚜렷하기 때문이다. 이 영향은 우리가 동물을 윤리적으로 대하는 태도의 핵심 근거가 된다.

예컨대 인간에 의해 멸종위기에 몰린 야생동물이 가축을 사냥했을 때와 인간이 의도적으로 개체 수를 늘린 가축이 멸종위기 야생동물을 사냥했을 때를 비교해 생각해보자. 전자의 경우에는 인간이 가축을 충분히 보호하지 못했다는 점에서 윤리적 책임이 생긴다. 담비가 사냥하는 대상이 삵이라면 그 죽음에는 대체로 인간의 책임이 없지만, 만약 고양이라면 담비의 서식지에 고양이를 이동시킨 인간에게 책임이 있다. 이런 경우에 인간은 고양이가 담비의 공격을 피할 수 있도록 조치를 취해야 한다. 이제껏 인류는 담비를 죽여서 고양이를 지키는 반생태적 행태를 반복해왔지만, 이제는 풀어놓고 기르는 고양이를 지키기 위해 멸종위기종인 담비를 죽이는 행위는 용납되지 않는다. 즉, 인간이 서식지를 옮기고 번식시킨 가축종이 인간의 돌봄을 벗어나 고통받고 있는 상황과 야생동물이 본래 살던 서식지에서 고유한 생태적 압력으로 인해 고통받는 상황, 이 두 가지 경우에서 인간의 책임은 달라진다. 이 둘은 생태적 작용도 완전히 다르다.

 후자의 경우에는 인간이 가축을 야생동물의 서식지에 풀어놓아 생태에 개입했다는 점에서 윤리적 책임이 생긴다. 고양이를 잡아먹을 만한 동물이 대부분 절멸한 한반도에서 고양이는 포살당할 확률보다 포살자가 될 확률이 높다. 멧토끼, 다람쥐, 청설모 같은 포유류부터 조류, 양서류, 파충류까지 한반도에 남은 대부분의 야생동물은 고양이가 재미로 사냥할 수 있는 물리적 조건을 가지고 있다. 가축인 고양이가 야생동물을 죽여 생태계에 악영향을 미친다면 그것은 고양이를 옮겨놓은 인간의 윤리적 책임이다. 고양이를 보호하지 못한 전자의 사례와 비교해서, 전지구적으로 파괴적 결과를 낳는 것은 확실히 후자다. 모든 생명이 소중하다거나 모든 동물이 고통받지 말아야 한다는 추상적 관념은 여기에서 어떠한 실천적 결론도 내지 못한다.

 고양이는 야생동물이 아니다. 일부 동물보호단체에서 고양이가 삼국시대에 한반도에 들어왔다며 '자생종'이라는 표현을 쓰기도 하는데, 이는 부적절하다. 자생종은 인간의 개입 없이 생태계를 구성하는 종을 말한다. 개나 소, 말, 닭처럼 몇천 년 동안 어느 지역에서 인간이 길렀다고 해서 그 지역의 자생종이 되는 것이 아니다. 자생종이 아니니 야생에서 모두 없애야 한다는 말은 더욱이 아니다. 모두 없애는 것은 불가능한 일이기도 하다. 외래종을 무조건 '박멸'하자는 주장은 고려할 필요도 없다. 그러나 고양이와 같은 가축종이 인간과 함께 서식지를 넓히면서 생태계에 영향을 미친다면, 그것은 고양이가 유발하는 문제가 아니라 인간 행위의 결과로 보고 책임 있게 다루어야 한다.

고양이를 돌봄이 필요한 가축종으로 보지 않고 자생종 혹은 야생에서 생태 균형을 심각하게 깨뜨리는 야생동물이라고 전제한다면, 우리는 지금보다 훨씬 더 고양이의 안위보다는 생태계의 균형 쪽으로 치우친 판단을 하게 될 것이다. 이는 물론 고양이에게 치명적일 것이다.

경계동물 길고양이

21세기에 들어서 동물을 어떻게 대해야 할지 고민하는 연구자들이 기존의 분류에 딱 들어맞지 않는 동물에 '경계동물'이라는 말을 사용하기 시작했다. 길고양이나 비둘기처럼 가축화된 종이면서 인간의 온전한 돌봄을 받지 못하거나, 여우나 너구리처럼 도시에 깃들어 사는 야생동물을 그렇게 부른다. 그러한 동물들이 인간과 정치 공동체를 이루어 산다며 시민권을 가져야 한다는 주장도 있다. 동물의 주권이나 시민권에까지 공감하지 않더라도 경계동물이라는 표현은 그럴듯하게 들린다.

도시화의 진전으로 실내외가 물리적으로 분리되고, 소유권이나 접근성에 의해 공간이 단절되기 시작한 것은 비교적 최근의 현상이다. 이와 함께 동물 돌봄의 경계를 분명히 하라는 요구가 커졌다. 그 경계선을 명확히 그을 수 없는 동물이 바로 길고양이라는 시각에서 경계동물이라는 표현이 사용된다. 길고양이는 도시에 모인 사람들과 얽혀 인간의 생산 활동에서 나오는 자원에 의존해 살지만, 그렇다고 인간의 집에 들어가 안락하게 살려고 하지는 않는다. 자본주의가 득세하면서 가축종 동물에 대한 개인의 소유권과 책임 또한 강조하게 되었는데, 길고양이는 그런 개념으로 규정하기에 어려운 삶의 형태를 가지고 있다.

그러나 다른 한편으로 길고양이처럼 사는 방식을 굳이 경계동물로 묶어야 하는가 물음표가 남는다. 소, 돼지, 닭 같은 다른 가축종과 비교했을 때 사람과 거리를 두려 하는 고양이의 습성이 대단히 유별난 것은 아니다. 단지 인간이 고양이에 비해 다른 가축종의 공포를 덜 주목하고 덜 배려할 뿐이다. 여기에는 고양이의 신체적 특징을 사람이 잘 다루기 어렵다는 점도 작용하는 것으로 보인다. 고양이는 소나 돼지처럼 묶어서 한 공간에 머물게 하거나, 개처럼 목줄을 묶어 끌고 다니거나, 닭처럼 좁은 곳에 가두어두기 어렵다. 개나 소만큼 물리적

작업실 앞마당에 앉아 있던 고양이 '냐냐'가 찰칵 플래시가 번쩍이자
눈을 제대로 뜨지 못한 채 카메라를 바라보았다.

2021년 10월 13일 경기도 파주시 아울렛 작업실 앞으로 사람에게 위협이 되지도 않는다. 이런 몇 가지 맥락에서 경계동물이라는 규정은 고양이가 대도시에서 잘 증식(잘 적응한다고 하기에는 삶의 질이 너무 나쁘다)해서 사람들 눈에 자주 띄고, 인간이 고양이를 귀여워하며 맺게 된 관계에서 비롯한 고려가 아닌가 싶다.

경계동물이라는 명명은 소속이 불명확했던 동물에게도 도덕적 지위를 인정하자는 점에서 받아들일 만하다. 어떤 동물도 종의 특성이나 삶의 형태로 인해 배척당해서는 안 된다는 취지 역시 귀담아들어야 한다. 그러나 과연 길고양이를 경계동물로 고정해놓고 그대로 살게 하는 것이 길고양이에게도 이익인지는 따져볼 필요가 있다. 동물이 갖게 되는 도덕적 지위와 동물에게 실제로 영향을 주는 인간의 행위는 일치하지 않을 수 있다. 길고양이를 무엇으로 볼 것인가는 정치적으로든 감정적으로든 속 시원한 답을 내릴 수 없는 문제이지만, 무엇으로 부르든 그들을 더 자세히 들여다보려는 노력은 필요하고 아름답다.

인간-고양이 관계

2023년 초, 마라도의 길고양이가 논쟁의 불씨를 당기는 일이 벌어졌다. 마라도는 한 시간이면 한 바퀴를 다 돌 수 있는 작은 섬이다. 섬에 고양이가 많아지고 있다는 사실에 먼저 경각심을 가진 것은 고양이를 돌보던 일부 주민이었다. 이들은 몇 년 전부터 동물보호단체의 도움을 받아 마라도에 살고 있는 고양이를 모두 중성화하기 위해 노력했다. 그 결과 100여 마리의 고양이 중 90퍼센트 정도를 중성화했다고 한다. 포획에 실패해 중성화하지 못한 고양이들은 시간을 두고 차차 중성화하겠다는 계획을 세우고, 앞으로 섬에 더 이상 고양이를 반입하지 않는 방향으로 마을 규약도 준비하던 중이었다고 한다. 이미 대부분이 중성화되었고, 마을 차원의 관리가 시작되었기 때문에 앞으로 고양이의 수는 점점 줄어들 것이라 예상할 수 있는 상황이었다.

봄이 되면 이곳에서는 뿔쇠오리 *Synthliboramphus wumizusume*, 섬개개비 *Locustella pleskei* 같은 멸종위기 철새들이 번식한다. 철새들은 번식을 위해 먼 거리를 날아 잔뜩 지친 채로 섬에 도착하는데, 도착할 때쯤이면 포식자를 피하기에 취약한 상태가 된다. 마라도 주민들이 쥐를 잡기 위해 수십 년 전부터 들여왔던 고양이가 철새를 위협한다는 사실이 알려지면서 생태학자들과 탐조인들이 천연기념물 관리당국인 문화재청에 민원을 넣기 시작했다. 이제껏 마라도의 천연기념물 보전을 위해 아무런 노력도 하지 않던 문화재청은 민원 폭탄을 맞자 주민들과 상의도 없이 갑자기 고양이를 모두 잡겠다는 계획을 밝혔다. 전체주의적일 뿐 아니라 동물에 대한 이해가 없어 실현 불가능한 계획이었다.

온라인 세상이 고양이와 새 이야기로 뜨겁게 달아올랐다. 한국에서 동물보호단체들이 대규모로 성장하고 고양이를 좋아하는 문화가 생긴 2000년대 이후 줄곧 고양이가 생태에 미치는 영향을 말하기 어려운 분위기였다면, 마라도 건을 계기로 한 걸음 나아간 논의를 할 수 있을 것으로 보였다. 정부 관료의 무지와 고양이를 좋아하는 사람들의 종 편향이 각각 생태와 생명이라는 가치를 허수아비처럼 세워놓고 생산적이지 못한 방식으로 강하게 부딪쳤다. 그래도 길고양이가 철새를 얼마나 잡는지부터 TNR의 효과까지 그간 공론장에 나오지 못하던 많은 이야기가 모습을 드러냈다. 건강한 논의를 방해하는 동물 혐오와 여성혐오는 여전히 큰 숙제로 남아 있다.

새로워서 가장 어렵고 힘이 센 이 정동情動은 불과 10여 년 사이에 급격히 나타나 인간-고양이 관계를 다시 형성하고 있다. 생태적 관점에서 길고양이의 역할은 대체로 악영향으로 드러나고 있지만, 한국 사회에서 길고양이와 인간이 맺은 관계는 그 판단을 끊임없이 되돌아보게 하는 들끓음 속에 있다. 새로운 인간-동물 관계는 진리처럼 여겨지던 과학적 사실도 해체하고 재구성하는 힘이 있다.

이 글을 쓰는 동안 마라도에서는 길고양이 40마리가 잡혀서 제주도로 옮겨졌다. 고양이를 전부 잡겠다던 문화재청의 계획은 예상대로 실패했다. 고양이의 반출을 반대하던 동물보호단체는 보호 시설을 만들고 마라도에 살던 고양이를 가정으로 입양시키기 위한 캠페인을 시작했다. 마라도 주민들은 고양이가 좋은 곳으로 갈 거라는 말만 믿고 큰 저항 없이 고양이를 잡아가는 것에 동의했다. 사람들이 싸우는 동안 아무것도 모르는 고양이는 잡혀가거나 남겨졌다. 우리가 고양이에게 무엇을 해주고 싶은지보다 고양이가 어떤 일상을 경험하는지가 우리 고민의 중심에 있기를 바란다.

위   집으로 돌아오는 길, 주차장 너머로 빼꼼히 보이던 고양이 '미니'의 얼굴.
2022년 5월 13일 서울특별시 종로구 구기동 주택 단지

아래   작업실 앞에 작은 새 한 마리가 죽어 있었다. 다가가 살펴보니 배에 검붉은 구멍이 나 있었다. 호랑이, 여우, 토끼… 내가 이름 지어준 고양이들의 얼굴이 스쳐 지나갔다.
2022년 5월 12일 경기도 파주시 용미리 작업실

3장

사람과 서로
사랑할 수 있는 동물

개

개*Canis lupus familiaris/Canis familiaris*(*Canis lupus*는 늑대로, 늑대와 개를 같은 종으로 보는지 별개의 종으로 보는지에 따라 학명이 다르게 쓰일 수 있다)는 다른 어떤 동물보다 인간과 가까운 종이다. 개가 느끼기에도 인간보다 가까운 종은 없을 것이다. 개는 개끼리, 사람은 사람끼리 부대껴야만 얻을 수 있는 희로애락이 존재하는 것처럼, 개와 인간이 상호 작용하는 경험은 동종인 누군가가 대체할 수 없다. 나도 내 개와 함께 지낸 20대와 30대를 그 까만 개 없이 상상할 수 없다. 개 중에서 가장 가깝게 지낸 개였다. 우리가 서로에게 미친 영향은 너무 커서, 나보다 수명이 훨씬 짧았던 그 개의 흔적은 개가 떠난 지 몇 년이 지난 지금도 습관이 되어 남아 있다. 인간이 동물과 친구가 되는 경험을 진하게 하기에 개만큼 적당한 종은 없다.

개와 인간이 각자의 방식으로 하는 이야기는 서로에게 가 닿을 만큼만 가 닿는다. 그래도 충분하다. 서로의 소통 방식을 이해하고 수용하는 만큼 친구가 된다. 언어 표현이 중요한 인간은 '앉아'나 '잘했어' 같은 간단한 신호를 보내기도 하고, 그날 학교에서 있었던 억울한 일을 개에게 한참 떠들기도 한다. 그 긴 이야기를 인간의 언어로 다 이해하지 못하더라도 개는 자신에게 미주알고주알 떠드는 인간이 지금 위로의 눈빛을 원한다는 정도는, 둘이 진지한 시간을 오래 보냈다면 충분히 알아챌 수 있다. 꼭 얼굴을 쳐다보지 않아도, 인간의 무릎에 턱을 괴거나 얼굴에 흐르는 눈물을 핥아주기만 해도 충분하다.

그렇게 인간과 개가 개별적으로 맺은 관계들은 인간과 비인간 동물 전체의 관계에도 영향을 준다. 인간 외의 동물과 우정을 쌓을 수 있으리라고는 생각도 해본 적 없는 사람들이 어떤 개 한 마리와 사랑에 빠지면서 다른 동물에 대해서도 다시 생각하게 된다. 이런 일은 전체 인구의 4분의 1이 개를 기른다고 하는 2025년의 한국에서 매우 흔하고 격렬하게 일어나고 있다. 물론 이 통계에 나타나는 '개'는 '반려견'이라고 불리는 개다. 여름철 보양식으로 기르던 개는 통계에 포함되지 않는다. 개를 먹는 사람이 야만인 취급을 받는 사회가 되면서 대중은 이제 막 개체로 인식하기 시작한 동물들을 보호와 연민의 대상으로 여기게 되었다.

부슬부슬 비가 내리는 날, 울산의 한 사설 동식물원을 찾았다.
입구를 지키던 백구의 털에는 녹슨 쇠사슬 자국이 나 있었다.

2024년 2월 17일 울산광역시 동구의 한 사설 동식물원 입구

우리는 개를 무엇으로 만들고 싶어 하는가

그런 맥락에서 군색한 구호가 나오는 것 같다. "개는 가축이 아니라 가족입니다", "모든 개는 반려동물입니다", 여기서 한 걸음 더 나아가 "반려동물이 아니라 가족입니다"라는 말을 들으면 동물과 인간의 관계를 설명하는 언어를 찾는 여정은 멀고도 험하구나 하는 생각이 든다. 물론 어떤 마음인지는 너무 잘 알지만, 달라진 개의 지위를 설명할 적당한 언어를 찾지 못해 큰 말을 골라 쓰다가 의식까지 덩달아 과장하게 된 것이 아닐까 싶다. 개는 대체 무엇이 되어야 합당한 대우를 받을 수 있을까? 우리는 개를 무엇으로 만들고 있는가? 그리고 내가 가장 중요하게 생각하는 질문, 우리가 개를 무엇인가로 만들려고 한다면 그것이 개에게도 좋은 일인가?

가축은 야생동물의 반대말로 쓰인다. 개의 가축화 과정에 대해서는 아직 정리되지 않은 여러 가지 가설이 있지만, 분명한 것은 개가 모든 가축종 중에서 가장 먼저 가축화된 종이라는 사실이다. 인류에게는 농경보다 수렵에 의존하던 세월이 훨씬 길었다. 늑대와 인간은 비슷한 형태의 사냥을 하는 동물이었다. 계획적인 장거리 추적에 능한 이 두 종의 동물은 무리를 지어 사냥감이 지칠 때까지 쫓아가서 협공해 죽이는 방식을 선택했다. 함께 사냥을 하며 어떤 사건들을 겪었을 것이고, 그 과정에서 서로 가까운 존재로 남는 것이 유리했기 때문에 가축화가 시작되었을 것으로 보인다. 늑대는 개가 되었고,

인간이 한곳에 정착해 살기 시작하면서 개들도 인간의 마을에 정착했다. 이렇게 야생동물이 인간과 함께 살면서 서로 영향을 주고받아 종 수준에서 집단적으로 변하는 것을 '가축화'라고 하고, 그렇게 변화한 동물을 '가축'이라고 부른다. 개는 가축이 맞다.

'개는 가축이 아니다'라는 구호는 개를 잡아먹는 문화가 아직 남아 있는 한국에서 개를 다른 가축종처럼 잡아먹지 말자는 의미에서 나왔다. 즉 이 구호는 '가축은 대량으로 죽여서 먹는 동물'이라는 인식을 깔고 있다. 동물보호단체들은 우선 개부터 구하는 거라고, 다른 동물들도 곧 혜택을 볼 거라고 변명해보지만 개를 가축에서 빼자는 주장을 통해 다른 동물이 낙수 효과를 얻을 여지는 별로 없어 보인다. 축산법에서는 개를 가축으로 규정하고 개를 집단으로 길러 이윤을 창출하도록 정한다. 개고기를 생산하기 위한 육견 농장이나 '강아지 공장'이라고 불리는 애완견 농장을 운영하는 사람들은 모두 축산법에 의해 농업인의 지위를 갖는다. 법적으로 인정받은 농업인은 대출이나 세제 혜택, 농지 이용 등의 권리를 누릴 수 있다. 개가 가축이 아니라는 주장은 이 축산법에 문제를 제기한다. 개를 축산업에 이용하지 말자는 캠페인이 만약 동물 산업 전반에 대한 반대로 이어진다면 아마 다수의 가축종에게 이익일 것이다. 그러나 단지 개가 가축이 아니라는 주장만 내세우는 것은 개와 다른 가축종의 차이를 부각하거나 전에 없던 차이까지 새로 만들어내는 경향을 강화할 뿐이다.

종간 차이를 과장하거나 강조하는 '습관'은 인간이 오랫동안 인간과 비인간 동물 사이에 만들어왔던 장벽에서 비롯한다. 이 장벽은 인간이 스스로를 다른 동물보다 도덕적으로 우월한 존재로 만들기 위해 세우곤 하던 것으로 이제는 현대 과학으로 거의 다 반박되어 껍데기만 남았다. 개는 가축이 아니라는 주장은 이 장벽을 개와의 사이에서만 허물자는 것이다. 개가 '그냥 동물'이 아니라 인간과 가까운 특별한 존재가 되어야 그간 우리가 개에게 가졌던 타자성을 일부라도 지우고, '준인간'으로 만들어 가족으로 삼을 수 있기 때문이다. 그러나 이런 생각은 다른 많은 비인간 동물도 가지고 있는 인간과의 공통점(고통이나 통증을 느낄 수 있고, 기쁘고 즐거운 경험을 할 수 있기 때문에 동물에게도 도덕적 지위를 주어야 한다는 공리주의적 관점)을 다시 부정하면서 개만 특별하게 취급하는 결과를 낳을 수 있다. 개와 다른 가축종이 달라야 하는 이유를 굳이 만들어야 한다면, '인간과 맺는 관계' 정도가 적당할 것이다. 그러니까, 집 안에서 예뻐하며 가족으로 삼는 동물이기 때문에 특별하다는 것이다. 그러나 이런 논리라면 가족이 된 개와 농장이나 마당에 남아 있는 개를 또 나눠야 하는 '나누기 지옥'에서 벗어날 수 없다. 관계주의는 이토록 허술하면서도 강력해서 이 세상의 모든 존재와 가족이 되지 않는 한 누군가를 차별하는 결과를 가져올 수밖에 없다. 모두와 가족이 되는 것은 불가

바깥이 시끌시끌해 고개를 돌려보니 창문 너머로 커다란 들개들이 뛰노는 모습이 보였다.

2024년 2월 3일 서울특별시 종로구 구기동 주택 단지

능하다.

철학자 도나 해러웨이는 "자식이 아니라 친족을 만들자 Make Kin Not Babies"라는 슬로건을 통해 인간과 비인간의 경계를 허물어보려고 했다. 그가 제시하는 '친족' 개념은 동물과 식물뿐만 아니라 미생물과 기계까지 돌보는 관계로 삼아보자는 시도다. 종이 무엇이든, 존재의 본질이 무엇이든, 인간과 혈연이 거의 없더라도 누구나 친족이 될 수 있다는 뜻이니 언뜻 환상적이고 아름다운 말로 들리기도 한다. 가족이 아니었던 개를 가족으로 만들어 돌봄이 시작되면 좋은 일 같기도 하다. 그러나 우리에게 문제를 일으키는 것은 과연 기존의 '관계' 때문인가? 그래서 새로운 '관계 맺기'를 통해 지금의 문제를 해결할 수 있는가? 인간이 아닌 존재들과 어떤 관계를 맺을지를 고민하는 일은 물론 필요하지만, 어떤 관계 속에 동물을 넣어야 한다는 생각이 나는 왜인지 불편하다. '관계'로 동물을 얼마나 잘 설명하고 존중할 수 있을지 불안하다. 친족이나 가족이 되지 않더라도 동물을 그 자체로 이해하고 공감할 수는 없을까? 우리의 인식 속에서, 그리고 동물보호법에서 꼭 개를 특별한 동물로 지정하고 여타의 동물과 다르게 대해야만 할까?

우리는 이제 막 개라는 동물을 가족으로 여기기 시작했다. 물론 '가족'이라는 말도 빠르게 변하고 있어서 그 구성원이나 구성원 사이의 관계를 무어라 딱 규정하기는 어렵지만, 대략 한 집에서 함께 생활하며 서로 아끼고 사랑하는 관계를 가족이라고 한다면 한국의 개가 사람과 가족이 된 것은 불과 20~30년 사이의 일이다. 그전까지 개는 고기의 생산이나 사냥, 집 지키기 등 명확한 용도를 위해 길렀고, 더 이전에는 가족의 테두리에 걸친 채로 혹은 그 바깥 어딘가에서 자유롭게 돌아다니거나 한곳에 묶인 채로 인간과 함께 살았다. 그렇다면, 이렇게 짧은 기간에 갑작스럽게 '가족'으로서 관계를 맺게 된 것이 과연 개에게는 어떤 변화일까?

'반려동물'이 된 개

1970~80년대 서구에서는 동물보호운동의 제2물결이라고 불리는 파도가 일기 시작했다. 이 무렵, 그전까지 잘 사용되지 않던 'companion animal'이라는 말이 애완동물을 중심에 둔 동물보호운동과 함께 본격적으로 등장했다. 한국에서도 2000년대에 동물보호운동이 발흥하면서 'companion animal'을 '반려동물'이라는 말로 번역해 사용하기 시작했고, 2015년경부터는 '애완동물'을 대체해 '정치적으로 올바른' 용어처럼 쓰이고 있다. '애완'이라는 말이 동물을 장난감(완구)처럼 여기는 인식을 강화한다는 주장이 힘을 얻으면서 '함께com', '빵을 먹는panion' 사이라는 영어 단어를 '짝 반伴'에 '짝 려侶'로 번역하게 된 것이다. 대학의 학과명처럼 보

수적인 성격을 띠는 자리에는 아직도 애완동물이라는 말이 사용되지만 언론이나 정부기관, 시민단체에서는 '반려동물'이 압도적으로 많이 쓰이고 있다. 그러나 두 낱말은 여전히 모호하게 의미가 교차한다. 애완동물을 반려동물로 바꿔 부르며 담고자 하는 의미는 그때그때 붙이기 나름인 것 같다.

  그 모호함은 법제도를 순식간에 파고들었다. 동물에 대한 고민이 학술적으로 이루어지지 않는 나라답게 입법에 관여하는 사람들은 정치적으로 안전해 보이면서 인기 좋은 말을 고민 없이 법에 우겨 넣었다. 동물보호법은 개, 고양이 등 여섯 종을 반려동물로 정하고 특별히 다르게 취급한다. 여기에는 "반려의 목적으로 기르는"이라는 단서가 붙었는데, 과연 반려의 목적이 무엇이기에 법에 들어가게 되었을까? 반려의 목적으로 기르는 개와 아닌 개를 어떻게 구분할 수 있을까? 위에서 언급한 것과 마찬가지로 '나누기 지옥'에 빠지게 되는 것도 문제지만, 반려동물인 경우 지켜야 할 조항들을 조목조목 따져보면 반려동물은 결코 법적으로 가족이 되지 못한다.

  한국의 동물보호법에 따르면 개는 자신의 의사와 무관하게 영업장에서 생산·판매·수입·전달되며, 행동 분석과 훈련을 강요당하기도 하고, 마스티프와 같이 두터운 두개골과 주둥이를 갖고 있다면 맹견, 즉 사나운 개로 취급되어 소유주의 의도와 다른 행동을 했을 때 국가로부터 죽임을 당할 수도 있다. 주인 없는 개가 되어 동물보호소에 잡혀 들어가면 기한도 없이 그곳에서 살거나 혹은 죽어야 한다. 만약 반려인에게 저지른다고 상상하면 끔찍한 일들이 법적 반려동물에게 일어나고 있다. 개를 유기나 학대에서 보호하는 것은 굳이 반려동물이나 가족이 아니어도 가능한 일인데, 도대체 무슨 의도로 정확한 의미도 모르는 채 '반려동물화'를 추진한 것일까? 동물의 삶의 질을 일정 수준 이상으로 보장하는 일에는 '반려종'이라는 구분이 따로 필요하지 않다. '반려'라는 개념이 종에 따라 하고 안 하고 할 수 있는 것인가?

　게다가 집 안에서 기르는 개나 고양이라고 해서 온전히 반려의 대상이 되는 것도 아니다. 나는 내가 기르는 고양이 둘을 특별히 아끼지만, 내 곁에 안전하게 두기 위해 집 안에 감금하여 기른다. 먹고 싶은 것을 다 주지도 않으며, 놀자고 할 때마다 놀아줄 수도 없다. 심지어 이 고양이들의 의사와 무관하게 내 마음대로 우리 집에 데려왔다. 고양이가 아프다면 고양이의 의사에 개의치 않고 병원에 데려갈 것이다. 그들에게 치료를 거부할 권리 같은 건 없다. 이들의 타고난 행동 욕구는 철저하게 통제되고, 이 통제는 나의 취향과 지식에 따라 누구의 간섭도 없이 평생 이어진다. 고양이들은 누구에게도 이 통제의 부당함을 호소할 수 없다. 이것이 어떻게 반려하는 관계일 수 있겠는가. 개를 기르는 사람들은 이제 자신의 개를 반려견이라고 부르고 싶어 하지만, 늑대와 함께 사냥하던 시절로 돌아가지 않는 이상 그 관계는 다분히 일방적일 수밖에 없다.

반려종 되기의 함정

그래서 나는 개를 가족으로 만들어가는 지금의 세태가 달갑기보다는 불안하다. 워낙 격렬한 변화라서 더 두려운 것 같다. 개에게 일어나는 일을 보자면 그렇다. 개에게 이름을 붙이고 인간과 비슷한 지위를 부여하려는 시도가 개에 대한 인도적 태도를 고양시키고, 나아가 개가 아닌 다른 동물에게도 더 나은 대우를 하게 할 거라는 데에는 대체로 동의하지만, 개가 '반려견'이 되면서 벌어지는 일들이 긍정적이기만 한 것은 아니다. 실제로는 일방적이고 한쪽으로 치우친 관계를 '반려동물'이라는 말이 가리고 있는 현실에서 '돌봄'이라는 이름으로 새로운 종류의 폭력이 일어나고 있다. 게다가 이러한 폭력은 인간의 진심과 믿음이 든든하게 떠받치고 있어 더 우려스럽다.

'반려종이 되어가는 개'는 우리 일상에서 점점 더 '개'로 불리지 않고 있다. 공식적인 자리에서는 '반려견'이라는 말이 쓰이고, 편안한 자리에서는 성체가 된 개도 '강아지'라고 부른다. 늙어 죽을 때가 다 되어도 '우리 귀여운 애기'다. 바야흐로 개는 귀여워야 하는 존재가 되었고, 그 외의 쓸모는 없어지면서 다 자라도 평생 어린 동물 취급을 당한다. 이에 더해서 개를 주인인 '나'와 독립된 존재로 인정하지 않고 더 깊숙이 종속시키고자 하는 욕망이 '어른'으로서의 개를 지워버린다. 예컨대 성숙한 개라면 당연히 성욕이 존재할 텐데 물리적으로 성기를 잘라내 성욕을 제거하고, 그래도 남는 성욕이 드러나면 '강아지'에게 적절하지 않은 행동이라 여긴다. '개'를 지우고 '강아지'라고 부르는 것은 바로 그런 문제다. 그러나 '개'는 쉽게 지워지지 않는다. 강아지가 자라서 개가 되기 때문에 그렇다.

오래전부터 '개'라는 말은 사람이나 사물을 낮잡아 짐승에 빗대는 용도로 쓰였다. 특별한 대우를 해줘야 하는 개는 '그냥 개'와 분리해서 애견, 애완견, 충견, 국견, 수렵견 등으로 불렀다. 이런 표현들은 대체로 애견협회, 애견연맹 같은 단체에서 오랜 세월 민중과 함께 살아온 '개'와 '애견'을 구분하기 위해 일본에서 쓰던 말과 문화를 들여온 것이다. 짐작하듯이 이는 특정한 개를 비싸게 팔고자 하는 애견 산업의 욕망과 무관하지 않다. 오늘의 '반려견'이나 '강아지'도 마찬가지로 인간의 사회문화적 혹은 경제적 필요에 따라 다른 존재가 되어가고 있다.

그 필요는 대략 '돌봄의 대상'이라는 것으로 모인다. 고기나 가죽을 얻기 위해 기르는 것 역시 돌봄으로 볼 수 있겠지만, 개를 가족으로서 돌보는 일은 약 15년에 걸친 개의 일생에서 인간이 실용적인 무언가를 얻으려 하지 않는다는 점에서 조금 다른 차원의 이야기다. 이 다름에 개를 '아기'로 보는 관점이 자리 잡고 있다. 개를 기르는 사람은 어른이 되지 않는 '아기'를 돌보는 역할을 스스로에게 부여한다. 그러면 개는 실제로 아기처럼 군다. 길고양이 편에서 언급한 '유형성숙'이

나타난다. 다 자란 동물이라도 인간에게 의존하는 법만 배운다면 내내 인간에게 칭얼거리고 요구하는 식으로 생존하게 된다. 가축화된 개, 고양이, 소, 돼지 등은 그러한 생존 전략이 어느 정도 유전자에 박힌 동물들이다. 야생동물도 가두어 기르면 개체 수준에서 이런 전략을 보인다. 반려동물로서 개를 돌보는 일은 어른 개를 '강아지'로 남게 하는 일이 되기 쉽다.

성숙에 실패한 개의 효용은 분명하다. 평생을 아기처럼 귀여워할 수 있는 존재가 되는 것이다. 한국 사회에서 귀여움은 반려종의 필요충분조건이다. 반려종은 작고 연약해서 인간의 돌봄을 필요로 한다. 반려종 스스로는 원치 않더라도 인간이 그렇게 만든다. 유전적으로 신체에 변화를 일으키기도 하고, 유아차에 태우기도 한다. 늙어서 죽음이 가까워진 단계에서도 마치 인큐베이터에서 자라는 신생아처럼 다룬다. 인간이 '돌봄'이라는 명목으로 하는 개입은 온전히 개를 위한 것처럼 여겨지지만, 때로 수의학 기술은 고통 속에 있는 개의 수명만 늘리는 결과를 낳는다. 그럼에도 인간은 이런 돌봄의 과정에서 보람을 느끼고 사랑을 한다. 동물을 귀여워해야 한다는 강박은 각 동물이 가진 사정을 뒤틀어 정형화하고 특정한 방식의 사랑을 강요한다. 뚱뚱해도 말라도 다 '예쁘다'며 '예쁜 몸'에 집착하는 '바디 포지티브'가 우리 몸은 예뻐야 한다는 강박에서 나오는 것처럼, 개는 늘그막에 수술대 위에서 만신창이가 되어도 귀여워야 하는 존재가 되었다.

한국 도시의 개들

한국의 도시에서 잘 포장된 길을 걷다가 만나는 개와 그 주인의 모습에서는 인간-개 관계의 일방성이 더 극단적으로 드러난다. 그 개들은 보통 덩치가 무척 작고 털이 길다. 아니, 본래는 털이 긴데 그 털을 온전히 내버려둔 개는 거의 없다. 대부분 정기적으로 털을 깎는다. 주인들은 피부 건강이나 더위 같은 것을 이유로 들고 싶어 하지만, 실제로는 털이 뭉치고 날리니 같이 지내기에 부담스러워서 깎는다. 자주 빗어주면 덜 뭉치지만, 억지로 빗으면 아프기 때문에 빗질을 싫어하는 개가 많다. 털을 밀면 겨울에는 추우니 인간의 옷처럼 생긴 '개옷'을 입힌다. 도시에서는 어디서나 흔하게 애견 미용실을 볼 수 있다. 한국의 독특한 '애견 문화'다. 주로 작은 개를 기르는 것도 한국의 특수성이다. 아마도 인구 밀도가 높고 아파트에 사는 사람이 많아서 그럴 테지만, 개를 '아기'로 보려는 정동도 작용했을 것이다. 작은 개가 많다는 사실이 역으로 우리가 개를 보는 관점에 영향을 주어 점점 더 작은 개가 선호되고 있다. 다른 나라의 인기 품종에는 보통 큰 개와 작은 개가 섞여 있는데, 한국은 70퍼센트 이상이 초소형견이다. 찻잔에 들어갈 정도라고 광고하던 '티컵 강아지'가 유행한 후에 개들은 점점 더 작아졌다.

몸무게가 50킬로그램쯤 나가는 늑대의 후예가 5킬로그램에도 못 미치는 동물이 되었을 때 개들에게는 무서운 일이 일어난다. 예컨대 '슬개골 탈구'라는 질병은 워낙 많아서 한국에서 개를 기르는 사람은 모두 안다. 개가 너무 작아지니 넙다리뼈의 고랑도 얕아져서 그 고랑에 쏙 들어가 있어야 하는 무릎뼈가 고랑 바깥으로 빠져버리는 질병이다. 안타깝게도 한국에서는 참조할 만한 연구가 없지만, 보수적으로 따져봐도 한국의 개 절반은 슬개골 탈구를 선천적으로 가지고 태어난다. 양쪽 다리뼈를 갈아내고 인공 인대를 설치하는 수술을 해야 할 운명을 가진 개들이 계속 생산되고 있다. 소형견 선호 때문이다. 수의사협회라도 이 비윤리적인 상황에 제동을 걸면 좋겠는데, 수술 건수를 톡톡히 올려주는 질병이라 당장의 양심선언은 어려워 보인다.

작은 품종만의 문제도 아니다. 기르는 개가 어떤 개냐고 물으면 "포메라니언이요", "비숑 프리제요" 하는 대답이 나오는 게 일반적이다. 특정 품종의 개를 기른다는 뜻이다. 품종견 혹은 순종견이라고 부르는 동물을 만들어내기 위해서는 근친교배가 필수적이다. 근친교배란 부모 혹은 형제와의 교배를 통해 다양한 표현형이 나타날 가능성을 줄이는 원리이다. 다시 말해서 말티즈끼리 교배를 시켜 시추가 아니라 말티즈라는 특정한 외형의 개가 나오도록 만드는 작업이다. 자연에서의 진화는 유전적 다양성을 높이면서 질병의 발현 가능성을 낮추는 쪽으로 이루어지지만, 품종견을 만드는 일은 그 반대다. 귀여운 (혹은 귀엽다고 여기게 된) 외모를 얻기 위해 병들고 아플 수밖에 없는 개들을 양산하고 있는 것이다. 안타깝게도 그 '귀여움'에 대적할 정동은 아직 없는 것 같다.

  개가 '가족'이 된다고 해서 이해와 공감이 자동으로 따라오지는 않는다. 귀여움이 중요해질수록 개는 온전한 개로 인식되기 어렵다. 여성은 웃어야 한다거나 예뻐야 한다는 식의 여성혐오적 대상화가 결국 여성의 의사를 무시하는 방향으로 흐르는 것처럼, '강아지'는 그저 귀여울 뿐 어떤 의사를 표현할 리 없다고 여겨진다. 여성혐오의 양상이 시대에 따라 형태를 달리하듯이, 반려견에 대한 대상화도 계속해서 새로운 모습으로 나타난다. 개에게 겁을 주어 인간이 싫어하는 행동을 '교정'하고 '훈육'하는 훈련사가 미디어에 종종 등장한다. 동물보호단체가 운영하는 보호소에서도 비슷한 장면을 볼 수 있다. 두려움에 뒷걸음질 치는 개를 목줄을 이용해 질질 끌고 가는 영상이나 사진 아래 "학대 아님ㅋㅋ 너무 귀여워요" 같은 말을 붙인 소셜미디어 게시글도 볼 수 있다. 개의 공포도 귀여움의 대상으로 삼는 장면이다. 어느 대형 동물보호단체는 상습적으로 개에게 소리를 지르고 위협을 가한 중견 활동가의 행동을 입양을 위한 훈육으로 포장하기도 했다. 그가 동물을 진심으로 사랑한다는 것을 의심하고 싶지는 않다. 훈련에 대한 배움이 짧아서 그럴 것이라 이해한다. 다만, 그 사랑이 대상화의 기제 속에서 이루어질 때 사랑은 폭력 그 자체가 되기도 한다.

있는 그대로 존중하기

전 세계에는 약 7억~10억 마리의 개가 살고 있을 것으로 추정한다. 그중 70~75퍼센트 정도는 소위 '떠돌이 개'로 본다. 다시 말하자면, 우리가 개를 '잘' 기르는 방식 혹은 '윤리적'이라고 생각하는 방식, 반려종이나 가족이 되는 방식으로 기르는 개가 반의반도 되지 않는다. 한국처럼 소위 잘사는 나라들의 일부에서만 떠돌이 개를 잡아 가두거나 죽이는 '관리'를 한다. 물론 관리 바깥의 수억 마리 떠돌이 개는 우리가 생각하는 '좋은 삶'을 살지 않는다. 자동차 사고나 질병, 싸움 등의 위험 요소 때문에 수명이 훨씬 짧고 고통스러운 죽음을 맞는다. 대신 그 개들은 집 안에만 갇혀 있거나 목줄에 매여서 주인이 데려가는 곳으로만 산책을 해야 하는 제약에서 자유롭다.

개를 대하는 태도가 어느 쪽이어야 하느냐고 묻는다면, 아마도 한국인 열에 아홉은 주인이 있고 '관리'를 받는 소수의 개를 지향해야 한다고 대답할 것이다. 아스팔트 도로와 들판을 쏘다니며 멋대로 살다가 말 그대로 개죽음을 당하는 삶보다는 정제된 도시 환경에서 살다 병원에서 죽는 삶이 더 낫다고 판단할 것이다. 도시인의 삶이 그렇듯이. 사람이 어떻게 사느냐를 스스로 정할 수 없고 주어진 사회 환경에 끌려가는 면이 있는 것처럼, 개의 삶도 그렇다. 개를 기르는 사람의 판단도 사회적 압력 아래 있으며, 그것이 개와의 관계에도 영향을 미친다. 하면 안 되는 일이 점점 더 많아지고, 더 크고 복잡한

11년을 함께한, 공놀이를 좋아했던 우리 개.
2014년 4월 22일 서울특별시 마포구 난지창작스튜디오

공원 벤치에 나란히 앉은 다섯 친구의 뒷모습. 함께 나이 들어가는
다정한 장면이다.

2010년 11월 19일 프랑스 툴루즈시 콩팡 카파렐리 정원

의료 시스템 안으로 들어가야 하는 것이 현대 도시에서 살아가는 인간과 개의 숙명인가 싶기도 하다.

  개를 무엇으로 규정하든 개는 개로 존재한다. 떠돌이든 반려동물이든 혹은 식용견이든 실험견이든 개는 개다. 개에게 필요한 것도, 개가 좋아하는 것도 어느 날 갑자기 달라지지 않는다. 선글라스를 씌우건 꽃목걸이를 걸어주건 개는 빠르게 움직이는 사냥감을 쫓아가서 물고, 갈가리 찢어서 가족에게 가져다주는 일에 만족감을 느낀다. 스스로 판단하기에 짖어야 할 때 짖고 물어야 할 때 문다. 그런데 최근 농림축산식품부 공무원들이 개에게 '양육'이라는 말을 공식적으로 쓰기 시작했다. 숨이 막힌다. 양육의 사전적 의미는 "아이를 보살펴서 자라게 함"이다. 이는 앞서 말한 '가족'과 마찬가지 맥락이다. 사육이라고 표현한다고 해서 개를 천시, 학대하는 게 아니다. 사육을 어떻게 하느냐가 문제다. 개를 돌보는 일에 동물에게 써온 '사육'이라는 말 대신 '양육'을 쓴다고 해서 해결되는 문제는 없다. 어쩌면 '반려동물'이라는 개념은 고대인들이 천국에서 사자와 어린 양이 함께 뛰노는 장면을 상상했던 것처럼 환상에 지나지 않는지도 모른다. 개에게 필요한 것을 고민하고, 개를 개 자체로 존중하면 좋겠다. 그 존중은 개가 가족이거나 인간이어서가 아니라 개라서 받는 존중이어야 한다.

4장

비둘기는
하늘의 쥐

비둘기

내가 중학생일 때 나온 밴드 '언니네 이발관'의 1집 앨범 제목은 '비둘기는 하늘의 쥐'였다. 메탈 소년이었던 나에게는 너무 진보적이고 말랑한 음악이었고, 제목도 마음에 들지 않았다. 세월이 흐르고 다시 들어보니 음악은 참 좋았다. 그런데 왜 저런 제목을 지었을까? 당시 이 밴드의 음악인들에게 비둘기와 쥐의 어떤 공통점이 크게 다가왔던 모양이지만, 동물을 좋아하는 아이에게는 이 표현이 비둘기와 쥐를 한꺼번에 멸시하는 것처럼 느껴졌다. 도시에서 사람이 남긴 찌꺼기를 먹고사는 것이 두 존재를 묶어버릴 정도로 중요한 공통점인가?

인간은 가장 과하게 먹이를 만들어내는 동물이다. 창고에 쟁여둔 식량은 기업의 이윤을 최대화하기 위해 수시로 폐기하고, 배불리 먹고 남은 음식물은 다른 동물의 중요한 식량이 되다 못해 처리 가능한 용량을 넘어서 쩔쩔매는 지경에 이르렀다. 인간이 '쓰레기'라고 부르며 역할을 부여하지 않은 이 풍부한 유기물에, 스스로 옮겨 다니는 비인간 동물이 모이지 않는 것도 이상하다. 사람을 따라 이동한 쥐와 비둘기도, 누군가에게 종속되지 않은 고양이와 개도, 야생에 살 것 같지만 인간 주변에서 흘러나오는 음식물 찌꺼기의 유용함을 학습한 멧돼지와 너구리도 도시가 배출하는 막대한 양의 영양 물질에 의존한다. 그렇다고 우리는 멧돼지를 '덩치 큰 너구리'라고 부르지 않는다.

인간과 가까운 동물의 이름은 쉽게 멸칭으로 사용된다. 전직 대통령 가운데 한 사람은 쥐로 불렸고, 또 다른 한 사람은 닭으로 불렸다. 살이 쪄서 잘 날지 못하는 도시의 비둘기는 닭과 비둘기를 합친 '닭둘기'라는 말로 불린다. 이렇게 살이 찐 것은 자주 날아올라 에너지를 소모하는 것보다 지상에서 위험 요소만 살짝 피하는 것이 비둘기에게 더 효율적인 도심의 환경 때문인데, 굳이 게으름이나 비만 같은 인간의 개념을 갖다 붙인 것이다. 그것도 모자라 A4 용지 한 장 크기도 안 되는 철제 케이지 안에서 날개도 펴지 못한 채 지내다 점점 나는 능력을 잃어가는 닭을 이용해 비둘기를 멸시하다니.

쥐도, 비둘기도, 닭도 인간이 그들을 무어라 부르건 신경 쓰지 않지만, 인간이 멋대로 부여한 이미지는 동물의 존재를 왜곡한다. 그리고 이러한 왜곡은 인간이 동물과 관계를 형성할 때 편견을 강화한다. 비둘기를 하늘의 쥐라고 부를 때, 그들 각자의 고유성은 지워진다. 쥐는 쥐고 비둘기는 비둘기다. 무역선에 곁달려 한반도에 도달한 뒤 개체 수가 많아 어디에서

비둘기 한 마리가 배수구에 얼굴을 쏙 집어넣은 채
무언가를 집어 먹고 있다.
2024년 4월 3일 서울특별시 종로구 청계천 애완동물거리

도 환영받지 못하는 동물이 된 그들에게 가져야 할 감정은 미움이 아니라 조금 미안한 마음이어야 하지 않을까?

이 많은 비둘기는 다 어디에서 왔을까?

우리가 도시에서 만나는 비둘기는 대부분 집비둘기Columba livia domestica이다. 이들은 바위비둘기Columba livia를 가축화한 품종이기 때문에 외모는 바위비둘기와 흡사하나, 가축화 과정에서 다양한 종이 섞이면서 다채로운 형질을 갖게 되었다. 이름이 '집'비둘기인 이유도, 영어 이름이 'domestic pigeon'인 이유도 가축화된 품종이기 때문이다. 집비둘기의 가축화는 5000~1만 년 전부터 시작된 것으로 본다. 닭보다도 훨씬 먼저, 최초로 가축화가 시작된 조류다. 인간과 가장 친한 새인 셈이다. 처음에 어떻게 인간과 함께 지내기 시작했는지는 정확히 알 수 없지만, 다른 가축들처럼 귀여워도 하고 잡아먹기도 하고 의례에 사용하기도 하며 오랜 시간을 함께 지내왔다. 아직 식용으로 사용하는 지역이 있긴 하지만, 인간에게 비둘기의 마지막 효용은 통신수단인 전서구傳書鳩로 이용하는 것과 올림픽 등의 큰 행사에서 '평화의 상징'으로 날리는 것이었다.

개나 고양이처럼 비둘기도 인간과 함께 전 세계로 퍼져 나갔다. 사람을 따라 이주한 동물들은 대개 원서식지가 어디인지, 어떤 경로를 타고 옮겨 갔는지 추적이 가능한데, 집비둘기는 인간과 함께 세계로 퍼져 나간 역사가 길고 날아다니는 동물이라는 특성 때문에 그 조상이 어디에 분포했는지 정확히 알기 어렵다. 한반도에 집비둘기가 언제 어떻게 들어왔는지도 알려진 바 없다. 원래 한반도에는 집비둘기와 진화적으로 가까워 비슷하게 생긴 양비둘기Columba rupestris라는 고유종이 전국에 분포했다. 그러다 어느 틈엔가 양비둘기는 멸종위기에 처하고 집비둘기가 그 자리를 대체했다. 인간이 한반도에 집비둘기를 본격적으로 푼 것은 2차 대전 이후로 보인다. 그전에도 군대가 통신용으로 집비둘기를 들여왔지만 함부로 날릴 수 없는 값비싼 도구였다면, 1950년대부터는 대통령 취임식이나 전국체육대회, 올림픽 같은 전체주의적 행사에서 집비둘기를 수백, 수천 마리씩 날려대곤 했다.

1960년대만 해도 비둘기는 '소중한 평화의 상징'으로 애착의 대상이었다. 서울시청 옥상이나 남산공원에는 서울시가 관리하는 비둘기집이 있었다. 서울시장이 밥을 주기도 하는 공식적인 사육 장소였다. 1965년 1월, 서울 남산공원에 있던 비둘기장을 철거하다 28마리의 비둘기가 죽었다. 이에 시민들은 슬퍼하며 성금을 모아 합동 장례식을 치르고 '비둘기 묘비'도 세웠다. 슬픔에 빠진 어린이들은 "동무 잃은 남산 비둘기에게 모이를 사서 뿌려주셔요"라며 신문사에 성금을 보내기도 했다. 시청 앞에서 비둘기가 차에 치여 죽어서 참혹하다는 기사

왼쪽 전선에 나란히 앉은 비둘기들 아래로 쾌적하게 조성된 산책로를 걷는 사람들과 아파트 단지, 자동차 도로가 보인다. 익숙한 도시의 풍경이다.

오른쪽 배설물이 잔뜩 쌓여 마치 행성의 표면처럼 보이는 바위에 비둘기가 앉아 있다. 앞을 보는 듯하지만 분명 카메라를 응시하고 있다.

2024년 6월 17일 서울특별시 서대문구 홍제천 인근도 있다. 기사 옆의 흑백사진에는 집비둘기로 보이는 비둘기들이 "기르는", "순한", "지능이 높고", "잘 훈련된" 등의 수식어와 함께 등장한다.

이렇게 온 국민이 열광하던 비둘기가 한국에서 미움을 받기 시작한 지는 그리 오래되지 않았다. 전체주의적 행사에서 비둘기를 의례적으로 날리던 시대가 지나자, 행사 동원을 위해 수입되고 사육되던 가축종 집비둘기들은 낯선 땅에 유기되는 신세가 되었다. 인간 세계의 수사적 평화 따위에 개의할 리 없는 비둘기는 그저 생존에 필요한 판단을 하며 도시에 적응했다. 그런 비둘기에게 인간은 신나게 먹을 것을 뿌려주며 '사랑'하는 듯하더니 지금은 더럽다고 여기며 미워하고 있다.

그 미움은 과거 비둘기를 잡아먹던 시절보다 더 뒤틀린 관계를 만들었다. 새롭게 자리 잡은 위생과 방역 개념으로 인해 이제 사람들은 집 안에서 목욕시키며 기르는 깨끗한 동물만을 허용한다. 비둘기는 어느새 비위생적이고 질병을 옮기는 동물이 되었다. 비둘기의 몸을 이용해 도시의 중금속 오염을 측정하겠다는 논문과 기사들이 나온 이후부터인 것 같다. 사람들은 콘크리트 보도를 걷다가 비둘기를 만나면 악 소리를 내며 기겁하고 피한다. 실컷 진보한 과학이 혐오 앞에 무력해지는 순간이다. 심지어 길고양이에게 챙겨주는 사료를 비둘기가 먹는다고 화를 내는 사람도 자주 보인다.

멸종위기의 비둘기

멸종위기라는 말과 비둘기는 어딘가 어색한 조합처럼 느껴진다. 도심 곳곳에서 번성한 집비둘기를 흔히 볼 수 있으니 말이다. 그러나 인간이 거대 도시를 만들고 집비둘기를 풀어 번성하게 하기 전, 한반도에는 인간보다 먼저 살던 비둘기들이 있었다. 집비둘기만큼 많지는 않아도 한반도 어디서나 만날 수 있는 멧비둘기*Streptopelia orientalis*도 있고, 양비둘기나 흑비둘기*Columba janthina*, 염주비둘기*Streptopelia decaocto*도 적은 수가 텃새로 살고 있다. 홍비둘기*Streptopelia tranquebarica*와 녹색비둘기*Treron sieboldii*는 나그네새로 종종 관찰된다. 멧비둘기는 산에 산다고 멧비둘기이지만 요즘은 도심에서도 많이 보인다. 국가에서는 그 많은 정도가 지나쳐 인간에게 피해를 준다며 유해야생동물로 지정했다. 양비둘기와 흑비둘기는 한국에서 거의 사라져 멸종위기 야생생물로 지정되어 있다.

세계자연보전연맹The International Union for Conservation of Nature(IUCN)에서는 각 종의 멸종위기 등급을 매기는데, 한국에서 멸종위기 야생생물로 지정된 양비둘기와 흑비둘기가 국제적으로는 아직 멸종과 거리가 있는 '최소 위협least concern' 등급에 속한다. 다른 지역에서는 충분한 개체 수를 유지하며 나름대로 잘 살아가고 있다는 뜻이다. 그럼에도 한국에서는 이들을 국가나 지자체가 보호종으로 지정해 관리한다. 다시 말해서 한국 정부는 멧비둘기처럼 번성하는 종은 유해야생동물로 지정해 죽이고, 마구잡이로 잡아 사라져가는 종은 세금을 들여 '종 복원'을 하는 것이다. 이러한 선택적 죽임 혹은 보호가 정의로운지 충분한 논의가 없던 시대에 시작된 야생동물 보호정책은 지금도 여전히 지속되고 있다.

인간이 적극적으로 개입해 개체 수를 늘려야 하는 종은 보호하고, 줄여야 하는 종은 제거하는 방식은 근대 서구의 전형적 '보전' 패턴이다. 그러나 늘려야 한다 혹은 줄여야 한다는 판단은 늘 불완전하고, 이러한 방식은 지금까지 수많은 패착을 불러왔다. 애초의 의도와 달리 생태계를 초토화해 그것을 되돌리는 데 다시 세금을 쓰는 사례가 수없이 많았다. 이와 같은 패착은 근대 과학의 한계와 과학의 목소리를 가볍게 짓밟고 넘어가는 자본의 횡포에 기인한다. 그래서 일각에서는 이런 방식의 개입을 완전히 중단하고, 지금 있는 그대로 자연을 '방치'하는 것으로 보전의 방법이 바뀌어야 한다고 주장한다. 그러나 나는 과학에 근거하지 않은 보전의 방식은 없다고 생각한다. 과학의 불완전함을 보완하면서, 다른 한편으로 과학의 판단을 방해하는 자본의 개입을 통제하는 것이 최선이 아닐까 싶다. 보다 근본적으로는 인간과 동물의 삶보다 자본의 자유를 앞세우는 자본주의의 끝 모를 비민주성이 사라져야 회복이 시작될 수 있을 것이다.

비둘기는 늘 우리와 가까이 살았다. 고려 공민왕이 궁궐의 정원에서 비둘기 수백 마리를 길렀다는 일화나 세종 때 비둘기 사육을 금지했으나 조선 말기에 이르면 귀족들 사이에서 비둘기 기르는 취미가 유행했다는 기록을 통해 이를 알 수 있다. 역사 속의 그 비둘기는 아마 지금의 집비둘기가 아니라 한반도의 야생에 살던 비둘기일 것이다. 비둘기는 주변에서 흔히 볼 수 있기 때문에 옛날부터 늘 그 자리에 있었으리라 여겨지지만, 사실 우리가 지금 만나는 집비둘기는 근현대에 기르다가 풀어놓은 동물이다. 가축종이었던 집비둘기가 다시 야생화feralization되는 과정을 거쳐 한반도 전역에서 우점종이 되는 동안 한반도의 비둘기 종 구성은 완전히 바뀌었다. 한반도 고유종인 양비둘기는 이제 국가에서 인위적으로 복원 중인 구례 화엄사까지 찾아가 집비둘기들 사이에서 기를 쓰고 찾아야만 볼 수 있다.

비둘기와 데면데면하게 지내기

토종은 좋고 외래종은 나쁘다는 이분법을 적용하자는 것이 아니다. 다만 옮겨진 동물이 수동적 또는 능동적으로 일으키는 문제는 동물을 마구잡이로 옮겨놓은 인간에게 전적으로 책임이 있다는 뜻이다. 완전히 해결하는 것이 불가능해 보일지라도 더 윤리적이고 더 효과적인 방법을 찾기 위해 애쓸 의무가 우리에게는 있다. 인간이 집비둘기를 풀어놓는 바람에 생태계가 망가지는 현상은 전 세계에서 일어났다.

올림픽 때마다 집비둘기를 날리던 관행은 1996년 애틀랜타 올림픽에서 어린이들이 살아 있는 비둘기 대신 하얀 종이로 만든 비둘기를 들고 달리면서 끝이 났다. 세계 각지의 도시들은 늘어난 집비둘기 수를 줄이기 위해 온갖 방법을 강구하는 중이다. 먹이에 불임약을 바르거나 비둘기집의 알을 가짜로 바꿔치기하는 등 대중이 잔인하게 느끼지 않을 방법을 찾는 데도 노력을 기울이고 있다.

  2006년 수십 년 동안 유지되던 서울시청 옥상의 비둘기집이 철거되고, 2009년 환경부가 유해야생동물로 지정하면서 집비둘기(2008년, 법제처는 집비둘기를 가축이 아니라 유해야생동물로 해석했다)의 수는 점차 줄어들고 있는 것으로 보인다. 개체 수를 조절하기 위한 예산이 거의 없는데도 비둘기에게 밥 주는 사람이 줄고, 음식물 쓰레기 처리가 엄격해지는 것만으로도 개체 수가 감소하고 있다. 최근에는 동물 전반에 대한 대중의 관점이 우호적으로 변하면서 부상당한 비둘기가 구조되어 치료받는 장면도 볼 수 있다. 야생동물을 구조하고 치료해서 방사하는 야생동물구조센터 가운데 비둘기를 구조하는 곳이 조금씩 늘고 있다. 좋은 일인지 나쁜 일인지 모르겠지만 그렇다. 비둘기의 배설물이 문화재를 삭

지하철 엘리베이터 위에 앉은 비둘기. 낮게 깔린 도시를
내려다보는 모습이 마치 정복자 같다.

2023년 5월 14일 서울특별시 종로구 신영동 삼거리 육교

집 주변에서 자주 보이는 멧비둘기 세 마리가 있다.
둘은 언제나 함께이고, 한 마리는 늘 혼자다.

2024년 4월 29일 서울특별시 종로구 구기동 주택 단지

게 한다느니 병균을 옮긴다느니 하는 불평도 잠잠해지고 있다. 외래종이라며 굳이 박멸하려 들지 않아도 집비둘기는 인간과 데면데면하게 지낸다면 적당히 도시에서 함께 살 수 있는 종인 것 같다. 굳이 나서서 먹이를 주지 않는다면 말이다.

  도시의 집비둘기 개체 수를 조절하기 위한 가장 주요하면서도 효과를 거두기 어려운 전략은 사람들이 비둘기에게 먹이를 주지 못하도록 규제하는 일이다. 2023년 12월 국회는 '야생생물 보호 및 관리에 관한 법률'을 개정하여 2025년 1월부터는 지방자치단체장이 조례를 통해 유해야생동물에게 먹이 주는 행위를 금지하거나 제한할 수 있도록 했다. 일부 언론에서 자극적으로 보도하듯 '모이 금지령' 수준은 아니지만, 필요한 경우에는 개체 수 감소를 목적으로 동물에게 먹이 주는 행위를 금지할 수 있게 된 것이다. 법이 바뀐다고 사람들의 행동 양식이 곧바로 바뀌지는 않는다. 동물보호법이 개정되어도 그것이 실제로 적용되기까지는 한참 시간이 걸리는 것처럼, 지방 공무원들이 곧장 먹이 주는 행위를 열심히 단속하러 다니지는 않을 것이다. 길고양이를 비롯해 밥 주던 동물들이 굶게 될까 걱정하는 일부 동물보호단체의 우려도 있으니 아마 더 그럴 것이다. 길에 있는 동물에게 먹이를 주고 싶어 하는 인간의 마음은 무척이나 강력하다. 본능에서 나온 것이든 문화에서 나온 것이든, 특정 종을 도시에서 번성하게 해온 이 마음을 잘 다듬어 쓸 궁리가 필요하다.

5장

인간이 가장 미워하는 동물

쥐

끈끈이에 붙어 죽은 쥐

　　쥐를 자세히 볼 일은 잘 없다. 대개 그러고 싶어 하지 않는 것 같다. 비교적 최근에 본 쥐도 '쥐 끈끈이'에 붙어 이미 죽어가는 처지였다. 숨이 사그라지고 있었는지, 이미 끊어졌는지 자세히 보지도 않았다. 일하던 동물원 한구석에 설치한 끈끈한 물질에 잡혀 죽어가던 참새 때문에 그 옆에 붙은 쥐도 그저 스쳐보게 되었을 뿐이다. 살아 있는 참새는 날개와 배가 끈끈이에 엉겨서 고개만 간신히 들고 있었다. 식용유로 간신히 떼어서 살려보려고 했지만 결국 다음 날 죽었다. 끈끈이에 붙은 작은 동물의 예후는 대개 좋지 않다. 파리를 잡겠다고 끈끈이를 여러 개 펼쳐놓은 동물원 사육사에게 당장 그것을 걷어달라고 부탁했지만 거절당했다. 한 시간도 지나지 않아 참새 한 마리가 또 끈끈이에 붙어 죽었다. 그 옆의 쥐는 어떤 모습으로 죽었는지 기억도 나지 않는다.

　동물원에는 쥐가 많다. 어느 동물원이나 그렇다. 관람객의 눈에는 안내판에 적히지 않은 쥐가 거기 있는 것이 혐오스러

작업실에 들쥐가 들어와 건물 안에 큰 소동극이 벌어졌다. 잡았다가 풀어주기를 반복하다가 결국 건물 관리인이 쥐 끈끈이를 설치했다.
2015년 11월 18일 경기도 안산시 단원구 경기창작센터

울 수 있지만, 동물원 동물들은 공식 전시 동물이 아닌 쥐와 친숙하게 지낸다. 어차피 사람이 준비한 먹이는 풍부하기 때문에 쥐와 먹이를 두고 다툴 일은 없다. 한국 대부분의 동물원에서 전시하지만 인기는 없는 마라*Dolichotis patagonum*가 밥을 먹을 때면 시간 맞춰 나타나던 쥐가 몇 마리 있었다. 실험용으로 흔히 쓰이는 흰쥐*Rattus norvegicus*였다. 마라와 흰쥐는 같은 쥐목*Order Rodentia*이니 대충 식단도 맞았을 것이다. 설치류를 뜻하는 'Rodents'는 '잘근잘근 씹다'라는 의미의 라틴어 'rodere'에서 왔다. 흰쥐와 마라 두 종의 쥐가 낡고 인위적인 느낌이 물씬 나는 나무 데크에 모여 한국의 마트에서 파는 당근과 양배추, 식빵을 씹는 모습은 마치 B급 외계 영화의 한 장면 같다. 그 흰쥐들은 산 채로 스라소니의 먹이가 되기 위해 동물원에 들어왔다가, 대대로 철창에 갇혀 사는 바람에 사냥에 소질이 없어진 스라소니가 데면데면하게 석방한 개체들이다.

한 종의 절멸을 꾀한 역사

쥐들과 적당히 어울려 사는 동물원 동물들과 달리, 우리 인간은 쥐가 나타나면 대개 기겁한다. 마치 이 세상에 있어서는 안 되는 존재인 양 혐오와 공포를 느낀다. 순간적으로 어떻게든 죽여야 한다는 생각에 빠져들고 만다. 어떤 종을 시급히 죽여야 한다는 생각이 들었을 때, 그동안 우리는 그

동물이 어떻게 죽음을 맞이할지는 고려하지 않았다. 죽임을 당하는 동물이 하는 경험과 동물이 죽는다는 결과를 분리하지 않았다. 21세기가 되어서야 가축의 도살이나 실험동물의 인도적 죽임을 법제화하는 움직임이 나타났고, 죽일 필요가 있을 때는 죽이되 그 과정에서 죽임을 당하는 동물의 고통과 죽이는 사람이 느끼는 충격을 최소화해야 한다는 것이 이 시대의 동물윤리로 자리 잡고 있다. 죽임당하는 동물의 경험, 즉 복지까지도 중요하게 여기기 시작한 것이다.

쥐약은 대개 항혈액응고제로 만든다. 온몸에 출혈을 일으켜 과다 출혈로 죽이는 원리다. '죽인다'는 사실을 맨 뒤에 놓고, 쥐약을 먹은 쥐가 죽기 직전까지 하는 경험을 살펴보면 쥐약은 쥐를 죽이는 방법 중에서도 매우 큰 고통을 주는 방법임을 알 수 있다. 현대 동물복지의 관점에서 보자면 대단히 잔인하다. 쥐를 먹이원으로 하는 수많은 야생동물과 개나 고양이 같은 가축종이 쥐약 먹고 죽은 쥐를 먹고 연달아 죽기도 한다. 빈대 잡으려다 초가삼간 태운다는 속담이 딱 들어맞는다. 그래서 동물과 생태를 생각하는 나라들은 쥐약과 관련한 면허제도를 시행해 쥐약을 제한적으로만 이용한다. 반면에 한국에는 쥐약을 제한하는 제도가 없다. 아직 동물복지도 생태도 뒷전인 나라다. 쥐약을 아무나 팔고 아무나 쓰기 때문에 취약해진 생태계라는 초가집을 일상적으로 태우고 있다.

쥐약의 무분별한 사용 때문에 덩달아 절멸의 위기를 맞은 동물이 있다. 바로 여우 *Vulpes vulpes*다. 여우는 남한에서 사실상 절멸한 것으로 보고 정부가 복원을 진행하고 있다. 중국 등지에서 남한에 살던 것과 비슷한 아종 subspecies을 들여와 번식시킨 다음 살 만한 곳에 풀어놓는 작업이다. 여우는 기후가 다양한 북반구 대부분의 지역에서 서식한다. 세계지도에 색을 칠해 표시한 여우의 분포도를 보면, 유라시아 대륙에서 남한만 다른 색이다. 혹독한 환경에서도 웬만하면 생존하는 여우의 놀라운 진화적 적응력을 오로지 한국만이 무력화한 것이다. 그 무시무시한 파괴력이 바로 1970년부터 군사독재 정권이 대대적으로 벌인 '전국 쥐잡기 운동'의 본질이었다. 쥐를 주식으로 하는 여우들이 당시 쥐약 먹고 죽은 쥐를 잡아먹고 모조리 죽어버렸다(모피를 얻기 위한 사냥이 가장 중요한 절멸 원인이라는 주장도 있고, 나도 그 가능성에 동의한다).

우리가 포유류라고 부르는 6000종 이상의 동물종 가운데 40퍼센트 정도가 쥐목이다. 여우를 비롯해 맹금과 파충류를 포함하는 중소형 육식동물이 쥐를 주식으로 하게 된 것은 쥐의 대단한 번식력과 그로 인한 개체 수의 풍부함 때문이다. 이들 동물에게 쥐는 먹어도 먹어도 새로 생겨나는 밥과 마찬가지였다. 독재 정권은 그런 쥐를 절멸시키겠다는, 생태적으로 무모한 시도를 했다. 1970년대에는 인명 피해도 적지 않았던 것으로 보인다. 1970~80년대 정부가 배급한 쥐약에는 '인체나 가축에 무해하다'는 설명이 붙어 있었지만 명백하게 유해했다. 쥐는 못 잡고 사람만 잡는다는 볼멘소리도 나왔다. 쥐를 주식으로 삼는 포식동물종 다수가 절멸한 것은 말할 것도 없다. 이렇게 생태계에 엄청난 영향을 미친 쥐잡기 운동은 독재자가 죽으면서 끝이 났다.

이 '운동'은 그 나라에 사는 사람들이 동물을 바라보는 관점에도 큰 영향을 미쳤다. 나에게도 만 세 살이 안 된 나이에 쥐를 잡겠다며 작은 상자를 들고 집을 나선 사진이 있다. 아직 제대로 걷지도 못하는 아이에게까지 쥐는 '나쁜 동물'이니 잡아서 죽여야 한다는 교육을 주입하던 시절이었다. 쥐잡기를 국가 주도의 '운동'으로 실시했던 병영 국가는 적어도 두 세대를 반反생태적 사냥꾼으로 만들었다.

원래도 사람들이 성가셔하던 쥐는 한국에서 생산되는 양곡의 20퍼센트를 먹어치우고 질병을 옮긴다는 (진실이 아닐 수 있는) 과학적 사실에 갇혔다. 전체주의 정부가 '대大를 위해 소小를 희생하라'거나 '사회를 좀먹는 존재는 박멸해야 한다'는 프로파간다를 퍼뜨리기에 딱 맞는 국가사업이었을 것이다. 쥐는 인류가 농경을 시작한 이래 수확물을 두고 인간과 경쟁하던 종이지만, 그렇다고 해서 평범한 사람이 한 종의 절멸을 떠올린 역사가 있었을까? 그게 구체적으로 가능하다거나, 그래도 된다고 생각한 농민이 있었을까?

독재국가는 그 어려운 일, 그 무시무시한 일을 기필코 해내려 했다. 안 되면 되게 하려고 했다. 사실 어느 시기에 특정 종을 악마화해서 모든 사람이 미워하고 죽이고 싶게 만드는 것은 그리 드문 일이 아니다. 지금도 환경부는 황소개구리, 큰입배스, 블루길, 뉴트리아 같은 동물을 '생태계교란 생물'로 정하고 일상적으로 잡아서 죽인다. 박멸 가능성이나 부작용 문제를 차치하고라도 동물복지의 문제가 있다. 이 '흉악한' 종들을 국가가 나서서 잡아 죽이는 과정에서 어떤 방식으로 잡고 죽여야 죽임당하는 동물이 덜 고통스러울지에 대한 지침이 없기 때문이다. 극약으로 쥐를 잡던, 아니 지금도 잡고 있는 사회에서 이는 대단한 문제가 아닐 수 있겠지만 죽임을 당하는 당사자에게는 매우 중요한 문제다. 우리는 어느덧 죽이더라도 덜 고통스럽게 죽이는 방법을 고민해야 하는 시대에 와 있다.

죽이는 쥐와 살려두는 쥐

우리네 집 천장 위를 뛰어다녔던 쥐는 시궁쥐 *Rattus norvegicus*(위에서 언급한 흰쥐와 같은 종이다)나 곰쥐*Rattus tanezumi*, 혹은 생쥐*Mus musculus*이다. 이들은 가급적 사람의 생활권 안에서 삶을 영위하는 것이 유리하다고 판단해 그렇게 지내온 종이다. 남한에 서식하는 16종 중에서 이 셋을 뺀 나머지 13종의 쥐는 민가에서 멀리 떨어진 습지나 숲을 선호한다. 시궁쥐와 곰쥐는 외래 유입종으로 이들이 한반도에 언제 유입되었는지 공식적인 자료는 없다. 인간이 타는 배에 함께 타고 들어왔을 거라고 보는 이들이 많다. 이 종들은 국가 간에 혹은 대륙 간에 동물을 옮기는 일을 대수롭지 않게 생각하던 때에 들어왔을 것이다. 돈을 벌 수 있다면 국가가 나서서 남아메리카의 대형 쥐 뉴트리아*Myocastor coypus*를 일부러 수입할 정도로 동물을 바다 건너 옮기는 일에 무지했던 시기가 불과 30년 전이고, 야생동물을 애완용으로 팔기 위해 잡아 옮기는 일은 지금도 지속되고 있다.

  인간이 유해하다며 죽이는 쥐가 있는 반면 기르는 쥐도 있다. 물론 이들은 같은 종이다. 산업 사회의 농장에서 가죽을 얻을 목적으로 뉴트리아를 길렀듯이 시궁쥐와 생쥐를 실험용 혹은 애완용으로 기른다. 이는 가축화가 되었다는 뜻이다. 인간이 가하는 의도적인 선택압에 의해 이 쥐들은 다양한 털색과 크기, 질병에 대한 감수성을 가지고 태어나게 되었다. 심지어 인간에 대한 공포심과 사회적 행동 욕구까지 유전적으로 조절된 채 태어나는 쥐들도 있다. 그런 쥐들은 개인이 개나 고양이처럼 귀여워하면서 기르기도 하지만, 대체로는 인간의 질병 모델로 사용된다. 인간이 정복하지 못한 질병을 대신 겪으며 연구에 쓰인다. 흰색 털을 가진 쥐가 주로 이에 해당하는데, 이들의 새빨간 눈을 보면 야생에서 굴을 파고 열매를 따먹는 원래의 쥐를 떠올리기 어렵다.

  쥐는 실험실에서 가장 많이 사용되는 종이다. 한국 실험동물의 약 85퍼센트를 쥐와 생쥐가 차지하고 있다. 어떤 면에서

뉴트리아 박제 표본. 언뜻 보면 인기 동물 카피바라를 닮았지만,
뉴트리아는 생태계를 교란한다는 낙인이 찍혀 퇴치 대상이 되고 말았다.
2024년 6월 11일 인천광역시 서구 국립생물자원관

우리는 인간만큼이나 쥐에 대해 자세하고 많은 정보를 가지고 있다. 쥐는 사회적 행동을 하거나 먹이를 먹으면 기분이 좋아서 50킬로헤르츠kHz 언저리의 소리를 낸다. 사람의 귀로는 들을 수 없지만 기계를 이용하면 측정이 가능하다. 최근에는 이 소리를 쥐의 웃음소리로 이해할 수 있고, 사람이 간지럽히면 쥐가 이런 소리를 낸다는 사실이 실험 결과로 밝혀지기도 했다. 19세기부터 가축화 과정을 거친 실험용 쥐는 경험에 따라 사람을 좋아하게 되기도 한다. 등이나 배를 간지럽히는 사람의 손에 익숙해지면, 손을 따라다니며 더 간지럽혀주기를 기다린다.

야생의 쥐와 실험용 쥐, 애완용 쥐에 대한 인간의 태도는 극단적이라 할 만큼 다르다. 같은 종인 멧돼지와 집돼지, 늑대와 개를 다르게 대하는 것처럼, 우리는 야생에 살던 동물을 인간의 울타리 안으로 데려와 종전에 없던 역할을 부여하고 다르게 대우한다. 가축화 과정이 동물의 행동 욕구를 유전적으로 변화시킨다 해도 여전히 야생의 원종이 필요로 하는 삶 역시 동물의 유전자에 남아 있다. 집돼지는 멧돼지처럼 새끼를 낳기 이틀 전에 둥지를 짓고 싶고, 개는 빠르게 움직이는 사물을 쫓아가고 싶다. 그럴 필요가 없어도 그러고 싶다. 가축화된 쥐에게도 야생의 쥐처럼 풀숲을 뒤지고 복잡한 사회관계를 맺는 삶이 필요하다. 귀여움을 받는 쥐는 제 수명을 채울지언정 타고난 행동 욕구를 채우지 못하는 경우가 많다.

위 널찍한 나무상자 안에 기니피그 여러 마리가 모여 있었다. 기니피그는 온순한 성격과 귀여운 외모 덕분에 반려동물로 사랑받는다.
아래 동물원 곳곳의 작은 유리관 속에 다양한 종류의 쥐들이 있었다. 실험용 쥐로 익숙한 흰 쥐도 함께 있었다.

2024년 2월 17일 울산광역시 동구의 한 사설 동식물원

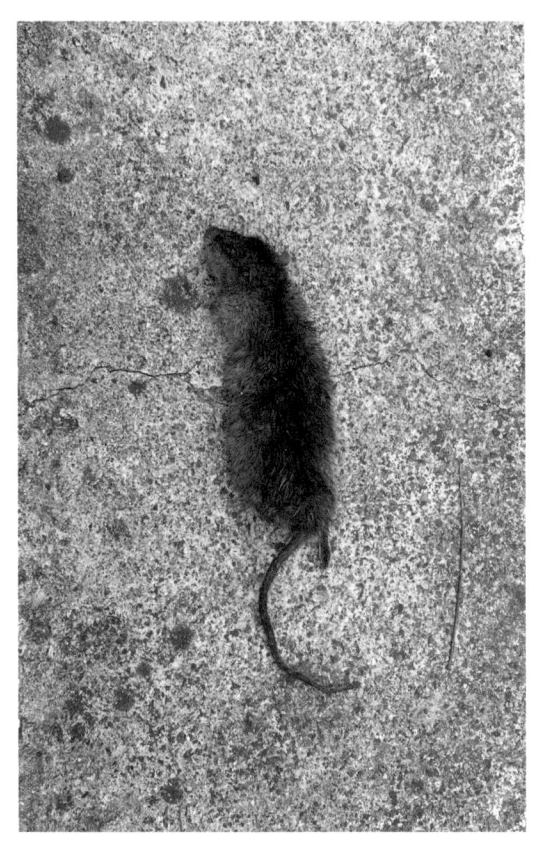

음식점 뒤편 후미진 곳에 길고양이를 위한 밥자리를 마련했다.
음식점 사장님은 고양이를 반기지는 않았지만, 덕분에 쥐가
사라졌다며 마냥 싫어하는 눈치는 아니었다.
2022년 12월 6일 경기도 파주시 아울렛

애완용 쥐의 오물거리는 입매를 떠올리며, 우리가 그동안 죽여야 한다고만 생각했던 집 밖의 쥐들이 어떻게 살아가는지, 그들에게 필요한 것이 무엇인지도 생각해보면 좋겠다. 우리는 집 주변에 쥐가 몇 마리나 살고 있는지도 모르면서, 내 곡식을 얼마나 갉아먹는지 계산해볼 새도 없이 머리털을 쭈뼛 세우며 세스코에 전화를 하고 있는 것은 아닐까? 인간을 포함해서 늘 함께 지내던 동물종들은 서로에게 대단한 해를 미치기보다는 서로 의지하며 생태계의 그물을 구성해왔다. 비록 가장 많은 바이러스가 쥐에 의해 전파된다고 하더라도 갑자기 쥐를 다른 대륙으로 옮기지 않는 이상 크게 두려워할 필요는 없어 보인다. 쥐도 개나 고양이와 같은 포유류다. 인간과 제법 비슷한 신경 체계를 가지고 있고, 비슷한 감정을 느낀다. 쥐를 죽여야겠다는 생각이 번쩍 들 때 손노리개로 애지중지 기르는 쥐를 떠올려보자고 하면……. 아, 아직은 좀 이른 일일까?

6장

혐오만으로 맺는 관계

해충

Lovebugs? Love bugs?

2022년 7월 '러브버그lovebug'는 '사랑벌레'라는 번역어와 함께 언론에 등장했다. 대다수 한국인들은 처음 보는 곤충이었다. '너무 많다'는 감각으로 다가온 이 벌레는 정체를 몰라서 더 두려웠다. 최초 보도에서는 아메리카 대륙에서 넘어온 외래종으로 추정하며 다행히 해충이 아니라고 대중을 다독이다가, 이내 한국에서 자생하는 계피우단털파리 *Penthetria japonica*라는 이야기가 돌았다. 그러나 곧 한반도에는 원래 서식하지 않았고, 중국 남부와 타이완 등지에서 서식하던 붉은등우단털파리 *Plecia longiforceps*라는 사실이 밝혀졌다.

원조 러브버그 *Plecia nearctica*는 미국 플로리다에서 20세기 초중반에 학자들에 의해 기록되었는데, 그때 이미 지역민들은 이들을 '허니문 파리 honeymoon flies'라 부르고 있었다고 한다. 늘 짝을 짓고 있어서 '머리가 두 개인 벌레 double-headed bugs', '연합한 벌레 united bugs' 등 어째 저렇게 맨날 둘이 붙어 있을까 하는 호기심을 담은 이름이 여럿 붙었다. 러브버그는 수개월 혹은 수년 동안 애벌레와 번데기인 상태로 살다가 성충(어른벌레)이 되어 고작 일주일 정도를 산다. 그 일주일 안에 번갯불에 콩 구워 먹듯 짝을 찾아 유전자를 남겨야 그들의 삶은 완성된다. 인간이 이 곤충을 인지하는 시기는 대체로 날아다닐 수 있는 성충 시기이다 보니 늘 둘씩 붙어 있는 것처럼 여기게 된 것이다.

  나는 '러브버그'라는 명명 앞에서 심경이 복잡해지곤 한다. 21세기에 섹스가 곧 사랑이나 결혼이라고 생각하는 사람이 많지는 않을 텐데, 20세기에 붙은 이름이라 그런지 이들은 계속 러브버그로 불린다. 심지어 한국에서 '러브버그'라고 불리게 된 곤충은 미국에서 기록된 원조 러브버그와 같은 종도 아니다. 그냥 그들처럼 날개를 달았을 때 내내 섹스를 한다는 이유로 대충 같은 곤충이 되어버렸다. 곤충의 사랑은 섹스가 전부라고 무시하는 건가. 그들에게 플라토닉 러브 따위는 없을 거라고 누가 단정할 수 있을까. 인간 사회 곳곳에도 아직 섹스와 사랑을 등치시키는 이들이 있으니 여기까지는 이해한다 쳐도, 같은 종도 아닌데 미국에서 쓰이던 이름을 가져와 대충 부르는 것은 여전히 불쾌하다.

러브버그 대폭발

러브버그가 갑자기 번성하는 이유에 대해 연구

자들이 추정하는 바를 따라가 보자. 곤충에게만 존재하는 놀라운 생애 주기가 있다. 바로 '번데기' 시기다. 분명히 살아 있지만 죽은 것도 산 것도 아닌 상태로 환경의 혹독함을 견디는 시간이다. 번데기 상태에서 성충이 되려면, 성공적으로 일주일을 살 만한 환경이 확인되어야 한다. 만약 환경이 맞지 않아 번데기 상태로 몇 번의 초여름을 지낸 러브버그가 땅속에 축적된다면 무슨 일이 벌어질까? 환경이 적절하게 맞아떨어지는 시기가 되었을 때 그 많은 수의 개체가 한꺼번에 우화羽化(번데기가 날개 있는 성충이 되는 것)하는 것이다. 이런 과정이 개체 수 폭발을 가져온다. 그렇게 한 번에 터져 나온 러브버그가 그해에 열심히 알을 낳으면, 그다음 해에는 (우화 조건이 맞아떨어지면) 개체 수가 더 많아진다.

   건강한 생태계라면, 갑자기 어느 종이 많아질 때 그 천적도 많아진다. 러브버그가 많아지면, 이들을 주식으로 잡아먹던 새나 잠자리도 폭발적으로 늘어난다. 그러나 서울에는 러브버그를 주식으로 하는 동물이 없었다. 원래 한반도에는 러브버그가 살지 않았으니까. 즉 러브버그가 나타났을 때 그들을 즉시 잡아먹을 동물이 없었던 것이다. 생태계의 먹이그물은 얼핏 보면 강한 동물이 약한 동물이나 식물을 대충 얻어걸리는 대로 잡아먹는 것처럼 보이지만, 사실 동물 각각의 취향은 그렇게 허술하게 만들어지지 않는다. 동물들은 안정적인 먹이원으로 삼을 수 있는 대상을 대대적으로 실험한 뒤에야 무엇을 먹고살지 결정한다. 계피우단털파리는 붉은등우단털파리와 무척 닮았지만 계피우단털파리를 잡아먹는 동물이 붉은등우단털파리를 먹을지는 알 수 없다. 알 수 없다는 말은 어쩌면 붉은등우단털파리를 잡아먹으며 번성하는 천적이 앞으로 생겨날 수도 있다는 뜻이다. 생태계는 풍부해진 먹이 자원을 안 먹던 거라고 그냥 두기보다는 먹어도 괜찮은지 시험하고 적응할 것이다.

러브버그로 불리는 곤충이 인간 사회에서 인지된 순간은 그들이 전에 없이 번성하던 시기였다. 단일한 종의 벌레가 도시를 뒤덮는 장면에서 인간은 동서양을 막론하고 놀라움과 두려움, 그리고 역겨움을 느꼈다. 1969년 플로리다에서는 (원조) 러브버그가 폭발적으로 많아져 플로리다 땅의 거의 4분의 1을 뒤덮었다고 한다. 그 순간, 옴짝달싹 못 하는 번데기 상태로 우리가 알지 못하는 온습도와 우화 조건을 기다리던 수많은 러브버그는 딱딱한 껍질 안에서 '맞아떨어진다'는 감각을 느꼈을 것이다. 한반도 북서쪽 녹지에 쌓인 낙엽층에서 겨울을 난 러브버그들도 최근 그 비슷한 경험을 했을 것이다. 성공적으로 살아남았다는 '짜릿함'에 가까울 그 감각에 인간은 손톱만큼도 공명하지 못한다. 놀란 가슴을 진정시키기 위해 고작 하는 일이라고는 '기후 위기' 같은 말을 꺼내 파리채처럼 휘둘러보는 것이다.

여름이 시작되자 어김없이 '러브버그'라고 불리는 검은 벌레들이
도시를 가득 메웠다.
2024년 6월 19일 서울특별시 종로구 구기동 집 베란다

도시에서 살아가는 다양한 생명들 간의 충돌과 그들이 남긴
삶의 흔적을 조명하는 전시를 열었다. 전등에 붙은 러브버그를
촬영한 이 작품에는 '손님'이라는 제목을 붙였다.

2024년 6월 19일 서울특별시 종로구 구기동 집 베란다

러브버그를 죽여(달)라

이 털파리과 동물은 죽은 식물을 먹어서 소화하고 분해하는 역할을 하며, 그 이름에 어울리게 식물의 섹스도 돕는다. 이들의 대거 등장에 관료제는 서둘러 그 말을 주워섬기며 '익충益蟲'이니 괜찮다고 시민들을 달랬다. 익충이라면 예산과 신경을 덜 써도 되니까. 그러나 어떤 종의 동물에 대한 사회적 인식이 형성될 때 그들이 해가 되는지, 득이 되는지, 누가 영향을 받는지 등을 따지는 것은 크게 중요하지 않다. 몇몇 연구자들의 입을 빌려 "러브버그는 익충이니……"라고 말해봐야 별 소용이 없다. 시민들은 그저 이 까만 벌레들이 너무 많다고 느낄 뿐이다. 러브버그가 죽은 나뭇잎을 분해한다는 사실을 도시인들이 '이익'으로 받아들일 리 만무하다. 어떤 여론조사에서는 응답자의 86퍼센트가 러브버그를 해충으로 여긴다고 답했다.

러브버그가 살아 있는 식물을 먹거나 사람의 피라도 양분으로 삼았다면 공무원들은 정말 날벼락을 맞았을 것이다. 다행히 러브버그는 손으로 툭툭 털면 떨어졌고, 자동차나 건물에 물만 뿌려도 그들이 먹고사는 낙엽처럼 물줄기에 쓸려가는 동물이었다. 그러나 시민들은 당황했고, 이 낯선 벌레를 이미 싫어하게 되었다. 이들을 당장 눈앞에서 사라지게 해달라는 민원이 쇄도했다. 점점 크고 강력해지는 민원 앞에서 러브버그는 유순하고 섹스밖에 모르는 외래종 동물일 뿐이니 사이 좋게 공존해야 한다고 말할 수는 없는 노릇이었다.

러브버그가 출몰하자 지자체들은 일제히 '방역'에 나섰다. 보통 방역 작업은 화학적으로 이루어진다. 살충제를 뿌리는 것이다. 사실 지자체들은 해마다 시기별로 살충제를 뿌린다. 나는 작은 지자체에서 잠시 방역 업무를 맡은 적이 있는데, 이 살충제 살포 사업은 정말이지 해충 방지가 아니라 민원 방지용으로 느껴졌다. 모기나 파리, 그리고 이제는 러브버그처럼 사람들이 죽이고 싶어 하는 몇몇 곤충을 실제로 얼마나 죽이고 있는지 파악할 수도 없고, 해충이라 여기는 곤충보다 훨씬 많은 곤충들이 받을 악영향도 고려하지 않은 채 허공에 화학 약품을 뿌리는 사업이다. 심지어 항공기로 살충제를 뿌리는 지자체가 많아지고 있어 위기감이 들 정도다. 이렇게 해서는 당연히 러브버그를 죽이겠다는 목적도 달성할 수 없다.

지난여름, 산책 삼아 집 뒷산을 오르다 밀려드는 민원으로 공무원들이 느꼈을 난처함, 그에 비해 턱없이 부족한 생태적 관점과 지식을 다시 한번 체감할 수 있었다. 숲속 산책로 주변 나무에는 사람 손이 닿는 높이까지 갈색 천막 같은 것이 감겨 있었다. 다가가서 살펴보니 천막처럼 보였던 것의 정체는 소위 '끈끈이 트랩'이었다. 비닐 막에 접착제를 넓게 발라 벌레든 누구든 신체 부위가 닿기만 하면 접착제에 몸이 휘감겨 죽는 원리다. 쥐를 잡는 방법과 같다. 접착제 범벅이 되어 죽은 벌레들이 빼곡하게 붙어 있었다. 러브버그가 몇 마리 보이긴

했지만 다른 동물이 훨씬 많았다. '끈끈이 트랩'은 산을 넘어 하산하는 길까지 계속 붙어 있었다. 화가 머리끝까지 나서 어지러울 지경이었다. 러브버그 민원에 대응하고 있다는 걸 보여주려고 작은 동물을 전부 다 죽이는구나 싶었다.

도심 속 작은 산이지만 뒷산에서는 계절에 따라 다양한 생김새와 색깔의 동물을 볼 수 있다. 어느 봄밤에는 알에서 깨어난 지 얼마 안 된 자잘한 늑대거미들의 눈이 헤드 랜턴 불빛에 마치 지브리 만화에 등장하는 정령처럼 빛을 냈다. 또 어떤 날에는 여러 형태와 모양의 나방들이 얼굴 앞으로 모여들고, 산을 걷는 내내 거미들이 쉴 틈 없이 얼굴에 거미줄을 쳤다. 눈에 다 들어오지 않는 저 위 어느 나무 위에서는 소쩍새가 울고, 사람들이 남은 음식을 자주 버리는 곳에는 너구리가 모여들어 다툰다. 이토록 다양하고 복잡한 생태계가 짜인 산에다 '누구든 한번 붙으면 죽는' 접착제를 잔뜩 뿌려놓는 건 범죄나 마찬가지다. 고작 일주일 후면 죽어 땅에 떨어질 벌레를 잡겠다고 말이다.

혐오와 민원

관료제의 무작스러움이 단지 무지와 비효율에서만 비롯된다고 생각하지는 않는다. 그보다는 해충에 대한 대중의 인식이 문제를 심화시키는 더 중요한 힘인 것 같다. 러

살려야 하는 것과 죽여야 하는 것이 공존하는 풍경. 한쪽에는 구조된 동물을 위한 사료와 조리 도구가 놓여 있고, 다른 한쪽에는 해충을 잡기 위한 끈끈이와 파리채가 자리하고 있다.

2024년 3월 19일 충청남도 예산군 충남야생동물구조센터

브버그가 사회적 문제로 등장한 지 2년쯤 되자 언론에 지자체가 러브버그를 안 잡는다는 불평이 많아졌다. 그 말은 공무원들이 조금은 과학적으로 일을 하고 있다는 뜻이기도 했다. 그러나 러브버그를 잡아달라는 민원은 논리적 사고를 거부한다. 기사를 살펴보면 민원은 대부분 개인보다는 식당, 카페 등을 운영하는 분들이 제기하는 듯하다. 가게에 러브버그가 많아서 손님들이 싫어한다는 것이다. 이 과정은 두 가지 정동이 만들어낸다.

첫 번째 정동은 '혐오'다. 점점 더 잘 모르는 존재가 되어가고 있는 곤충 혹은 '벌레'를 향한 혐오. 굳이 러브버그가 아니더라도 식당에 곤충이 많으면 불편하게 느낄 수 있다. 우리는 일상에서 곤충을 거의 소멸시켜버린 시대에 살고 있기 때문이다. 곤충을 보는 일이 드물다 보니 그들이 실제로 야기할 수 있는 위해의 가능성을 따지기 전에 곤충은 그저 '싫은 존재'가 되었다. 왜 그렇게 곤충을 싫어하게 되었을까? 위생 그 자체보다 '위생 관념'을 더 중시하는 것이 인간의 오랜 습관이라고 쳐도, 최근의 경향은 공포의 원인보다 공포 그 자체, 불안의 원인보다 불안 그 자체를 더 중요시하는 것 같다. 과학기술이 발전할수록 그 유한함 또한 드러나서일까? 근대를 넘어보자는 이야기가 나오는 시대에 동물과 관련한 생활과학은 근대화조차 거부하는 듯하다. 그 혐오의 대상이 곤충 혹은 '벌레'일 때 유독 더 그렇다.

특정 종에 대해 인간이 본능적으로 두려움을 느끼는 현상은 새롭지 않다. 두려움의 대상이 되는 종에 대해 아무런 정보가 없더라도 우리 유전자 속에는 피해야 할 종의 목록이 어렴풋이 들어 있다. 이는 비단 인간에게만 해당되는 이야기가 아니다. 다른 대부분의 종에게도 조상 대대로 정리해서 입력해놓은 목록이 있다. 이에 더해 인간과 다른 몇몇 종에게는 문화적으로 전승되어 자리 잡은 특정 종에 대한 관념이 존재한다. 이것이 두려움을 키운다. 다른 한편으로, 많은 피식동물(잡아먹히는 동물)들이 포식자가 두려워하는 종의 생김새를 따라 진화하기도 했다. 포식자의 두려움을 이용해 생존하는 것이다. 벌과 비슷하게 생긴 등에, 뱀의 눈 모양을 날개에 새긴 나방 등을 예로 들 수 있다.

그런데 지금 우리가 어떤 동물들에게 갖는 혐오는 이런 틀에서 상당히 많이 벗어나 있다. 몇몇 동물에 대해서는 적극적인 호감을 갖기 시작한 시대라 그 간극이 더 크게 느껴진다. 바퀴벌레, 파리, 모기처럼 오랜 시간 해충으로 여겨온 동물이라면 설령 그 혐오가 과도하다 할지라도 이해해볼 여지가 있다. 이와 달리 고작 한 철 땅에서 기어 나와 일주일 남짓 섹스만 하다 죽는, 이제 막 새로 나타난 동물을 미워하는 마음은 어떻게 이해해야 할까? 별것 아닌 것처럼 보이는 그런 미움은 제자리에서 타고난 모습 그대로 할 일을 하며 살아가는 거미, 메뚜기, 지렁이에게도 어김없이 향한다. '귀엽지 않은' 외모의

어렸을 때는 주변에 파리가 참 많았다. 파리채를 휘두르거나
컵으로 덮어 잡았던 기억이 난다.
2024년 5월 18일 경기도 파주시 용미리 작업실

동물들의 자리를 기어코 빼앗고야 만다.

두 번째 정동은 '민원'을 넣을 수 있는 사람이 되고자 하는 것이다. 민원이 주권자의 권리를 주장하고 보장받는 중요한 제도임은 분명하다. 공무원이 민원을 두려워하는 이유 역시 시민의 권리를 보장하고 싶지 않아서가 아니다. 문제는 적지 않은 민원이 분풀이나 실력 과시를 목적으로 이루어진다는 사실이다. 앞뒤를 재지 않는 혐오가 마음속에 일었을 때 다짜고짜 분풀이할 방법으로 '민원'을 택하는 상황은 아직 정치적 권리를 갖지 못한 동물들에게 무척 불리하다. 러브버그가 '싫다', '없애라'는 민원이 낳은 결과만 봐도 쉽게 알 수 있다. 논리적으로 따지자면 러브버그의 '창궐'은 기후 변화로 인해 한반도에 살지 않던 동물이 이주해 와서 살게 된 일이다. 그러니 이를 해결하려면 기후 변화의 원인이나 외래종의 이주 문제 등을 함께 살피며 고민해야 한다. 이는 시민으로서 해야 할 일이다. 민원인의 권리보다 시민의 의무가 중요하고 필요한 시점이다.

신자유주의가 득세하면서 '손님은 왕'이라는 말이 더 이상 비유나 농담이 아니게 되었다. 돈을 내는 소비자의 요구는 '권리'와 같은 모양새를 갖추어가고, 판매자는 재화를 파는 것을 넘어 '도덕적 의무'를 가진 주체처럼 되어간다. 물론 거대 자본은 양쪽을 모두 지배하는 왕이다. 민원인은 세금을 내기 때문에 자기가 싫어하는 벌레를 죽여달라는 요구를 국가에 할 권리가 있는 것일까? 국가는, 그리고 공무원은 고민 없이 그 민원을 처리만 하면 되는 것일까? 지리산에서 복원 중인 반달 가슴곰에 공포를 느끼는 사람이 많다며 누군가 곰을 죽여달라는 민원을 넣는다면, 그 민원은 얼마나 정의로운 것일까? 혐오와 민원이라는 두 단어는 묘하게 겹쳐 보인다. 어떤 종류의 왜곡된 시민적 권리가 비대해지기 때문인 것 같다. 해충을 둘러싼 민원에 혐오가 두껍게 깔려 있는 것은 분명하다.

우리가 존중하는 생명은 누구인가?

생명 존중. 수의대에 다니던 시절 학교 건물 앞에 고압적인 인상을 주며 서 있던 비석에 적혀 있던 말이다. 언제부터 서 있었는지 모르겠지만 20년이 지난 지금도 서 있고, 수의대에서 생명을 존중하지 않기로 특별히 결의하는 사건이 일어나지 않는 이상 앞으로 20년 후에도 서 있을 것이다. 나는 그 표어인지 다짐인지가 내내 불편했다. 생명은 무엇이고, 존중은 무엇인가. 수의대 교육 과정은 생명을 존중하는 방법보다 생명을 경시하는 정신을 주입시키는 내용이 주를 이루었다. 그때만 하더라도 선배들이 후배들을 모아놓고 모란시장에서 사 온 살아 있는 발바리를 죽여서 해부하는 행사를 열었다. 혼란스러웠다. 수의대에 입학하기 전 각자 머릿속에 20년쯤 가지고 있던 '생명'은 전혀 존중받지 못하는 것 같았다.

그로부터 20년이 지났다. 생명, 동물 같은 말은 그때보다 훨씬 중요한 말이 되었다. "그들도 똑같은 생명입니다" 같은 말들이 그 '근거'로 쓰인다. 나는 생명을 존중하자는 말이 뭘 하자는 말인지 아직 모른다. 러브버그, 대벌레, 하늘소와 그들이 옮기는 소나무재선충, 매미나방과 갈색여치에 대해 똑같은 생명이니 존중하자는 이야기를 들어본 적이 없다. 인간에게 이들은 죽여 없애야 하고, 미워해야만 하는 동물일 뿐이다. 해충은 응당 죽여도 되는 동물인가? 그들을 죽이면 안 된다고 주장할 생각은 없다. 다만, 그들을 죽여도 된다는 생각은 사슴이나 염소, 고양이나 토끼가 어느 섬에 창궐했을 때 죽일 수도 있다는 생각과 비슷하다는 것을 이야기하고 싶다. 우리는 늘 누군가를 죽이고, 그들의 죽음을 밟고 살아간다. 그 죽임의 과정이 죽는 자와 죽이는 자에게 어떤 의미를 갖는지 고민하면 좋겠다.

창문과 방충망 사이에 연두색 벌레 한 마리가 미동도 없이 멈춰 있었다. 방충망을 열기 전, 괜히 모기약을 한번 뿌려보았다.

2022년 9월 4일 경기도 파주시 용미리 작업실

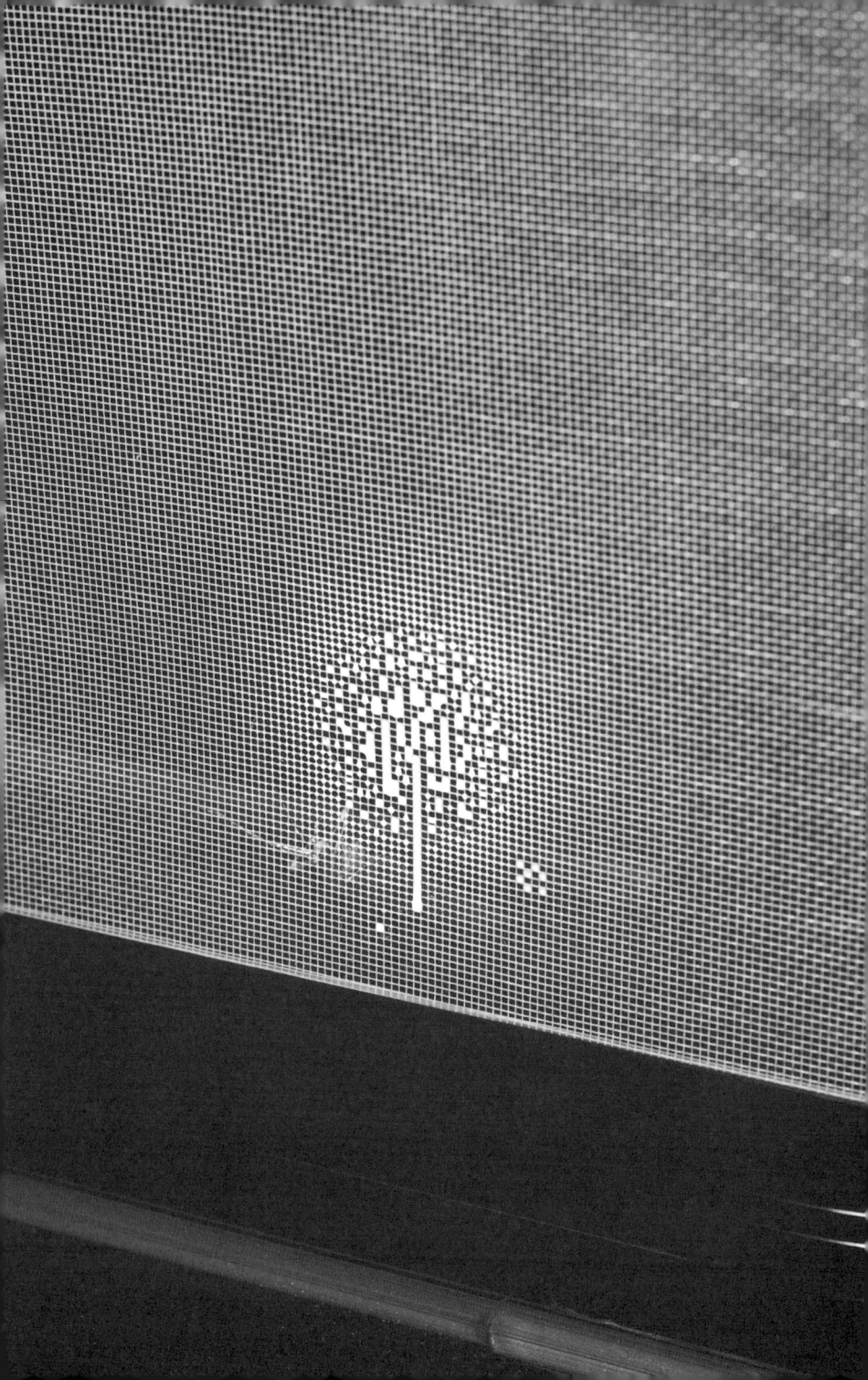

7장

폐허에서 다시 만난 제비

제비

10만 마리 제비 떼를 만나다

제비(영어로는 헛간 제비Barn swallow, 학명은 *Hirundo rustica*)다! 시야를 가리는 건물 하나 없이 도시보다 훨씬 너른 하늘에 제비 서너 마리가 방향을 잡고 날아간다. 만나지 못할까 종일 긴장하며 기다리던 그 제비다. 쌍안경을 들고 그들이 어디로 향하는지 살핀다. 북동쪽이다. 경상북도 영주시 이산면의 내성천 상류로 가고 있다. 재빨리 다시 차를 타고 같은 방향으로 차를 몬다. 구불구불한 일주도로를 타니 제비 몇이 더 보인다. 제비가 더 나타나는지 시선을 연신 하늘로 던진다. 하나둘씩 어지럽게 나는 것처럼 보이지만 모두 같은 방향이다. 나도 그 방향으로 가고 있다. 안심이다. 제비가 어디론가 모이고 있다는 뜻이다. 해가 지기 전에 제비가 모이는 장소를 찾으면 좋겠다. 지난달 제비를 만난 '번개들' 부근인 것 같다.

제비는 모여서 잠을 자려고 날아드는 중이었다. 제비가 집단으로 잠을 자는 장소를 '제비 숙영지'라고 부른다. 달리는 자동차 창문을 열고 제비 소리를 들으려 애쓴다. 콘서트홀에 가득한 관중의 함성 소리를 홀 밖에서 듣는 것처럼 멀고 커다란 소리가 어렴풋이 들린다. 차를 멈춘 하늘에 어느새 제비가 새까맣게 점점이 찍혀 있다. 자동차 엔진 소리마저 그치자 우리가 당도한 곳은 제비가 연출하는 공연장이 되었다. 이미 함성 소리가 빽빽하다. 하루살이 떼처럼 모여드는 제비는 10만 마리쯤 된다고 한다. 자연 현상에 애정을 품고 바라보는 사람이 아니라면 재앙처럼 느껴질 수도 있을 장면이다. 제비들이 모여 이룬 덩어리가 파도처럼 일렁인다. 그 파도를 이루는 한 마리 한 마리는 마치 물방울이 기름에 떨어져 사방으로 튀듯 이리저리 팔랑거리며 어지럽게 날아다닌다. 쌍안경으로 보면 육안으로는 보이지 않던 또 다른 제비 층이 겹겹이 쌓여 있다. 많다. 엄청나게 많다. 이들은 어디에 내려앉으려는 걸까? 오늘 밤 이들의 잠자리는 어디일까?

대중없어 보이는 제비 떼의 흐름을 다시 쌍안경을 통해 눈으로 좇아본다. 어디에 내려앉을지 짐작하지 못하는 하찮은 인간의 눈이지만, 도구를 동원해 기를 쓰고 보면 지상으로 쏟아지는 제비 무리가 언뜻언뜻 보인다. 아마도 남동쪽 버드나무 숲인 것 같다. 다시 차를 몰고 수몰지 주변 도로를 달려 제

제비는 정말 작고 빠르다. 카메라를 꺼내는 순간 이미 저만치 날아가 있다. 하지만 가끔은 이렇게 전깃줄에 앉아 쉬며 촬영을 허락해준다.
2024년 4월 23일 충청남도 예산군 예산시장

비가 내리는 숲으로 향했다. 둥치는 모두 물에 잠기고, 맨 꼭대기의 우듬지만 수면 위로 무성한 버드나무 숲에 제비가 내려앉고 있다. 빈자리도 없어 보이는데 하늘에서 숲으로 계속해서 제비가 떨어진다. 지난달에 제비들이 잠을 자러 들어가던 숙영지와 같은 위치다. 이미 나뭇가지 사이에는 셀 수 없이 많은 제비 떼가 오밀조밀 모여 있다. 무슨 할 말이 그리 많은지 온 숲이 울릴 만큼 종알거리며 잠들기 전까지 깃털을 고른다. 노을마저 점점 어두워지면서 버드나무 잎사귀와 제비를 구분하기 어려워진다. 제비와 함께 저녁 해도 뚝 떨어져 바람 소리 같은 제비 소리만 남았다.

댐, 거대한 폭력

제비가 이 동네에 찾아온 연유를 설명하자면 영주댐 이야기를 좀 해야 할 것 같다. 1조 원이 넘는 세금을 들여 만든 이 거대한 콘크리트 벽은 2009년에 착공하여 2016년에 완공되었다. 완공된 후에도 댐의 벽에서 물이 새는 장면을 볼 수 있었다. 댐을 제대로 짓기는 한 건지 2023년에야 준공 승인이 났다. 지율스님과 그를 지지하는 사람들은 댐을 짓는 동안 공사 중지 가처분 신청도 내고, 댐이 다 지어진 후에는 철거 소송도 냈으나 모두 졌다. 법원은 "영주댐 공사로 인한 원고의 환경상 이익이 수인한도受忍限度를 넘을 정도로 침해된다고 보기 어렵다"라는 판결을 했다. 쉬운 말로 풀이하자면 '소를 제기한 당신들에게 대단한 손해가 없으니 받아들이지 않겠다'는 뜻이다. 한국수자원공사와 삼성물산이라는 공룡들을 상대로 이길 수 있으리라 기대한 재판은 아니었다. 이 만행을 역사에 남기겠다는 의미였다.

내성천은 낙동강 상류의 지류로 어디에서도 보기 어려운 금모래가 유유히 흐르던 강이었다. 물에 잠긴 곳은 구름이 머무르는 아홉 개의 굽은 강이라는 뜻의 '운포구곡雲浦九曲'이라 불리던 절경이었다. 댐이 다 지어지기 전에 나는 지율스님을 따라다니며 가파른 절벽 아래로 비단 같은 모래사장이 물결과 함께 미끄러지는 강을 맨발로 걸어보았다. 강물은 200미터가 넘는 강폭을 넓게 쓰며 얕게 흘렀다. 물은 모래 위로만 흐르는 것이 아니라 모래 안으로도 흘렀다. 물과 모래가 서로를 품고 씻으며 먼 바다로 향했다. 가장 깊은 곳도 허벅지 아래 정도에 닿는 강물은 어느 곳에서는 갑자기 차가워지고, 어느 곳에서는 물이 솟거나 푹 꺼지기도 했다. 모래강에서만 살 수 있는 흰수마자와 모래무지가 천지였다. 발가락으로 손톱만 한 재첩을 잡을 수 있는 강이었다. 도시 출신인 나에게는 유기체와 무기체가 신화처럼 배열된 듯 느껴졌다.

당연하게도 이 거대한 댐은 물과 모래의 흐름을 막아서 생태와 지형을 바꿔놓았다. 물과 모래가 오랜 시간 흘러서 만들어놓은 지형은 극적으로 변했고, 그 환경에 맞춰 살던 동식물

정부는 모래강이 흐르던 자리에 육중한 콘크리트댐을 앉혀
물 흐름을 막았다. 물만 막힌 것이 아니라 지천의 지천이 흐르는
곳의 생태까지 송두리째 변하고 있다. 한국은 댐 왕국이다.

2025년 1월 18일 경상북도 영주시 영주댐 / 사진 최태규은 그 자리에서 죽거나 떠났다. 이명박 정부는 멀쩡히 낙동강에 1급수를 공급하던 내성천 상류에 '낙동강에 1급수를 공급하겠다'며 거대한 댐을 세우기로 결정했다. 그리고 누구나 예상할 수 있었던 결과가 벌어졌다. 4대강 사업이 저지른 여느 만행처럼 '녹조 라떼'가 가득 고였다. 물을 가두면 썩는다는 것은 누구나 아는 사실인데, 이 나라는 어째서 물을 가두어 맑게 하겠다는 정책을 과감하게도 비가역적으로 실행해버리는지 모르겠다. 국가 재정을 쓸어 담는 토건 재벌, 그들과 결탁한 정치꾼 외에는 모두가 피해자가 되는 파괴적 사건이라 하지 않을 수 없다.

제비가 몰려드는 강, 사람이 쫓겨난 강

제비는 너른 들판을 좋아하는 새다. 낮고 빠르게 날며 지면 가까이에 떠 있는 파리목(모기, 파리, 등에 등) 동물을 공중에서 잡아먹는다. 많지 않은 한국의 제비 연구를 살펴보면 제비의 주 서식지는 한반도 서해안의 저지대이다. 제비가 번식기에 새끼를 낳아 기를 집을 짓기 위해서는 진흙이 필요한데, 이곳의 구릉과 습지에서 진흙을 구하기 쉽기 때문이다. 또한 저지대에는 제비가 집을 짓기 좋은 '민가民家'가 많이 분포하고 있기도 하다. 최근 고산 지대에서 제비가 발견되었다며 서식지의 변화를 걱정하는 보도를 종종 보게 되는데,

강폭만큼 넓게 퍼졌던 모래밭에는 흙이 쌓이고 풀이 자랐다.
그만큼 강폭이 좁고 깊어졌다.

2025년 1월 18일 경상북도 영주시 내성천 / 사진 최태규 내가 제비 떼를 만난 내성천의 영주댐 수몰 지역도 태백산맥과 소백산맥이 만나는 산지 지역이다. 이 산골 마을에서는 제비 떼가 발견된 기록이 없다. 그저 읍내 건물에 집을 짓고 번식하던 제비들이 있었을 뿐이다. 내성천에 제비 떼가 나타난 것은 갑자기 일어난 변화였다.

  이곳에 찾아온 제비 떼는 2018년 지율스님이 평은리 강동마을에서 처음 발견하고 기록했다. 그 후 영주댐의 담수량에 따라 제비 떼는 수몰지 여기저기로 숙영지를 옮겨 다니는 중이고, 그 규모는 매년 커지고 있다. 2012년부터 내성천을 지키고 있는 지율스님은 4대강 사업의 마지막 댐인 영주댐의 공사 과정과 완공 후 초대형 저수지가 만들어진 지금까지 내성천이 겪은 변화를 기록하고 있다. 토건 자본이 저주처럼 끊어낸 강줄기에서 일어나는 변화를 사계절 내도록 걸으며 영상으로 남기는 한 사람이 있었고, 그 덕분에 강에 깃들어 살던 뭇 생명들이 죽고 떠나는 장면이 기록되었다. 갑자기 나타난 제비도 함께 기록되었다. 정부 기관도 조류학자도 아닌, 그저 끈질기게 강에 붙어 있는 한 사람 덕에 영주댐 수몰지의 제비 떼는 인간 세상에 알려지기 시작했다.

  인간과 비인간 거주민이 살다 쫓겨난 공간에 왜 제비가 찾아온 것일까? 댐 공사로 수몰된 곳은 사람이 살던 곳이기도 했다. 내성천을 품은 땅을 위성 지도로 보면 자잘한 골짜기가 수도 없이 잎맥처럼 물과 모래를 강으로 쓸어내린다. 골짜기마다 다락 논이 앉아 있다. 사람들은 수천 년 전부터 골짜기마다 경작지를 일구어 살고 있었다. 농업도 지형을 만드는 데에 한몫했을 것이다. 댐에 물을 가두기 위해 국가는 그곳에서 농사를 짓고 살던 사람들부터 쫓아냈다. 사람이 쫓겨난 땅은 물을 담기 전까지 인간의 개입이 멈춘 땅이 되었다. 국가가 강제 수용한 농지에서 농업이 중단되자 제비에게 유리한 조건이 형성되었던 듯하다. 제비의 먹이를 죽게 하던 농약 살포도 중단되었을 것이고, 인위적으로 재배되던 농작물과 농민이 내쫓고 싶어 하던 '잡초'가 자리를 바꿔 앉았을 것이다. 논은 습지가 되어 버드나무숲이 들어섰다. 어쩌면 이런 변화에 더해 서쪽의 너른 평야에 농약 살포가 많아지면서 제비들이 동쪽으로 쫓겨 왔을지도 모른다.

일시적으로 농업이 중단된 땅, 국가 권력에 의해 인간의 개입이 멈춘 강가, 녹조 가득한 물이 들어차기 전의 수몰지는 잠깐 동안 누군가에게 피난처가 된 것 같다. 10만 마리 제비 떼에게는 그 시간이 '잠깐'이라는 인식이 없었을 것이다. 몇 년 동안의 공백은 인간에게는 잠깐이지만, 제비에게는 몇 세대에 걸쳐 그곳을 낙원으로 점찍을 만한 긴 시간이었을지 모른다. 먹이와 잠자리가 풍족한 땅이 한반도에 '새로' 생겨났다는 발견에 지지배배 소리 내며 서로 축하 인사를 주고받았을지도. 다시 인간의 관점으로 돌아와 생각해본다면, 완전히 망가졌다고 포기했던 땅에도 희망을 심을 능력이 우리에게 아직 남아 있다는 뜻이 아닐까.

    제비 떼가 내성천을 찾기 전, 번식을 마치고 원래 쉬어 가던 곳이 어디인지는 모른다. 매년 늦여름이면 어딘가에 모여서 남쪽 나라로 떠나기 전까지 두세 달 동안 몸을 만들었을 것이다. 제주도나 흑산도 같은 곳에서 제비 떼가 발견되기는 했지만 내성천에서만큼 큰 규모는 아니었다고 한다. 제비의 평균 수명이 2~4년이라고 하니 작년에 온 제비가 올해 만난 제비인지도 확실하지 않다. 무엇 하나 정확히 알 수 없지만, 제비들이 어디에선가 삼삼오오 모여서 경험과 감정을 서로에게 전수하고 있는 것만은 분명하다. 한반도, 혹은 그 북쪽의 어딘가에 흩어져 번식을 마친 뒤 편안하게 머물 만한 장소를 제비들은 어떻게 공유하고 있는 것일까? 그들은 과연 얼마만큼 상의하고 계획할 줄 아는 것일까?

파괴를 멈추지 않는 자본과 관료제

    11월이 되면서 제비 떼는 대부분 남쪽 나라로 떠났다. 내년에도 잠자리를 찾아 날아드는 제비 떼를 만날 수 있을까? 어쩌면 이 제비 떼는 겨우 찾아낸 숙영지에서 곧 쫓겨날지도 모른다. 2024년 8월, 영주시는 제비가 찾아오는 바로 그 자리에 '수생태정원 조성사업'을 하겠다며 용역 착수 보고회를 열었다. 물에 반쯤 잠긴 곳에 관광 시설을 짓겠다는 계획이었다. "생태습지 및 친환경 탐방로 등을 조성"하겠다는 이 사업에 '생태'라는 말의 본뜻이 들어 있을 리 없다. 다 망가뜨려놓고 왜 이제 와서 새로 '조성'을 하겠다는 것인가. '생태'는 정말이지 아무 데나 갖다 붙이는 말이 되었다. 전국의 산야에서 벌어지는 토건 사업이 모두 '생태'라는 말을 내걸고 있지만, 하나같이 콘크리트 인공 구조물을 덕지덕지 바르는 '반反생태' 사업이기 때문이다.

저 생태 어쩌고 떠드는 개발 사업을 조금이라도 생태적으로 만들 가능성이 있을까? 토건 자본이나 그들의 수요를 채워주는 관료제에 선의를 기대하기는 어렵겠지만, 시민의 정치적 힘으로 민중과 동물, 산천초목에 득이 되는 쪽으로 방향을 틀어볼 수는 없을까? 물을 가두어 이미 망가뜨린 땅에 콘크리트를 부어 더 공고히 망가뜨리겠다는 계획을 나는 흔들고 싶다. 얼마 전 환경부 홈페이지에 "생태 특성을 고려한 야생동물 전시 시설 도입 분석 및 협의체 운영"이라는 연구 용역 공고가 올라온 것을 보았다. 야생동물을 '전시'하면서 '생태 특성'을 어떻게 고려하겠다는 것인지 이해하기 어려웠지만, 좋은 일을 해보겠다는 관료제에 아이디어를 줄 수 있는 기회인 것 같았다. 그래서 나는 곰보금자리프로젝트의 이름으로 연구 용역 입찰에 참가했으나 선정되지 못했다. 영주댐에 가둔 물을 빼고 그 지역은 그대로 두어 제비를 만나는 곳으로 쓰자는 제안이었는데, 댐을 지은 원죄를 저지른 환경부의 입장에서는 아마도 부담스러웠을 것이다. 강이든 산이든 파헤치고 망가뜨리면서 돈을 벌겠다는 이 토건 자본주의를 어떻게 멈출 수 있을까?

처음으로 도시에서 제비가 사라진 시대

제비과 조류는 전 세계에 산다. 심지어 남극에도 산다. 한국에는 제비*Hirundo rustica*가 가장 많고, 다음으로는 귀제비*Cecropis daurica*가 주를 이룬다. 그중 제비는 유라시아 대륙과 아프리카 북부, 북아메리카까지 북반구 전체에 광범하게 서식한다. 제비 서식지는 도시화, 산업화가 이루어진 모든 지역과 겹친다. 인간이 만든 도시에는 늘 제비가 있었다. 개나 고양이, 비둘기처럼 인간이 사육하기에 유리한 방향으로 진화하는 '가축화'를 거치지는 않았지만 도시인과 가장 가까이에 살며 도시 문화에 깊이 개입하게 된 종이다. 한국에서 '제비'라는 이름을 붙인 이 종은 영어로 'Barn swallow(헛간 제비)'이고 중국어로는 '家燕(집제비)'이다. 중국어 사용자들은 제비과 조류를 뜻하는 '옌燕(제비 연)' 자에 '쯔子'를 붙여 입말로는 '옌쯔燕子'라고 부른다.

제비는 전통적인 도시의 새였다. 사람이 모여 사는 곳에는 제비도 모여 살았다. 이런 제비가 이제 도시에서 사라지고 있다. 도시의 경관이 변했기 때문이다. 산업화 이전의 도시에는 제비가 집을 지을 곳도 있었고, 먹을 것도 있었다. 농약을 뿌

위 작고 빠른 그림자가 휙휙 천장의 구멍을 드나든다. 제비 한 마리가 샌드위치 패널 지붕 틈새에 기막힌 보금자리를 마련했다.
아래 구석구석 자세히 들여다보면 마치 숨은그림찾기처럼 제비들이 모습을 드러낸다.

2024년 4월 23일 충청남도 예산군 예산시장

리지 않는 농경지도 있었다. 천적에 취약한 제비는 인간과 공생하는 법을 익혀 인간이 지어놓은 구조물에 둥지를 틀었다. 인간이 많은 곳이 천적의 공격을 피할 수 있는 안전한 곳이라는 것을 여러 세대에 걸쳐 유전자에 새기고 행동 양식으로 수용했다. 이렇게 해서 제비는 도시의 동물이 되었다. 그런데 도시의 풍경이 급격한 변화를 맞으면서 제비는 더 이상 이곳에 살 수 없게 되었다. 풍부한 먹을거리를 제공하던 들판은 사라졌고, 집을 지을 만한 진흙 밭은 콘크리트와 아스팔트로 뒤덮였다. 수없이 많은 제비들이 떠나간 뒤에야 우리는 도시에 제비가 얼마나 남았는지 확인하고 있는 실정이다.

나는 제비가 집을 짓고 벌레를 물어다 새끼에게 먹이는 장면을 하염없이 바라보던 어린 시절을 경험했다. 도시에서 제비가 사라지기 시작한 1980~90년대에 도시의 제비들을 일상에서 만나던 마지막 세대였다. 그리고 지금은 제비가 없는 도시에 산다. 제비와 함께한 적이 있으니 행운이라고 해야 할까? 아니면 제비가 사라지는 것을 체감하고 있으니 불운이라고 해야 할까? 지금 한국의 도시에서 태어나는 이들은 아마 인류가 농경과 정착 생활을 시작한 이래로 제비가 없는 곳에 사는 첫 세대일 것이다. 제비가 도시에 다시 돌아올 가능성을 기대할 수 있을까? 그보다는 제비가 없는 도시에 위로를 보내는 편이 맞을 것이다. 도시가 아니더라도 남아 있는 제비를 보러 갈 기회가 우리에게 있기를 바란다.

2부

도시 속 야생동물의 의미

1장

가까이 살지만
보이지 않는 야생동물

너구리

아파트 옆 숲속의 너구리

2년 전 여름, 지금 사는 집으로 막 이사를 왔을 때 이상하게 밤만 되면 개가 지르는 비명 소리가 들렸다. 아무래도 누군가가 개를 괴롭히는 것 같았다. 아직 동네에 적응하지 못한 터라 괜한 의심이 많던 시기이기도 했다. 어느 집에서 나는 소리인지 알아보려고 귀를 기울였다. 개가 내는 특유의 '깨갱깽' 소리와 달랐다. '꺄꺄꺄꺄' 하는 소리였다. 게다가 소리는 집 바로 옆의 숲에서 들렸다. 창밖으로 손전등을 비추니 너구리*Nyctereutes procyonoides*가 보였다. 그 숲길은 사람들이 산책하며 너구리가 먹을 만한 것들을 많이 흘리고 가는 곳이었다. 번식기도 지난 때였으니 날카로운 소리는 분명 너구리들이 그 쓰레기를 먹겠다고 다투는 소리였을 것이다. 너구리가 그렇게 열정적으로 의사소통하는 소리를 그때 처음 들었다. 요즘도 우리 집에서는 해 질 녘부터 자정까지 종종 너구리 소리를 들을 수 있다.

서울에서 아파트 창문 밖으로 너구리를 볼 수 있는 집이라고 하면 특별한 경우라고 생각할지도 모르겠다. 그러나 사실 도심에는 생각보다 많은 야생동물이 살고 있다. 우리의 관심이 미치지 않아 보이지 않을 뿐이다. 나 역시 개 소리와 너구리 소리를 구분할 수 없었다면, 창문을 열고 너구리를 볼 생각은 하지 않았을 것이다. 우리가 뭉뚱그려 '새' 혹은 '벌레'라고 부르는 다양한 동물은 물론이고, 개나 고양이 같은 포유류도 여러 종류가 이 거대한 도시에서 함께 살고 있다. 화단을 빠르게 지나는 족제비, 베란다 어느 구석에 붙은 안주애기박쥐, 한강 둔치의 고라니와 삵, 수달은 모두 우리와 함께 도시의 삶을 사는 야생동물이다.

너구리가 먹고사는 일

너구리는 만만한 음식인 라면에 이름이 붙을 정도로 흔한 동물이다. 한반도에 사는 다른 육상 포유류와 비교해 새끼를 많이 낳고, 행동권(동물이 살면서 대부분의 시간을 보내는 일정한 공간)이 좁아서 개체 수가 많다. 제법 사냥을 잘해서 개구리나 쥐, 두더지 같은 작은 동물을 잡아먹기도 하고, 물속에 들어가는 것을 두려워하지 않아서 물고기도 잡아먹는다. 새알을 주워 먹거나 식물의 열매, 잎, 줄기, 뿌리까지 모두 먹어서 에너지원으로 쓰는 동물이다. 이런 특성 덕분에 '쥐잡기 운동'이 만연해 쥐를 포식하는 여우가 절멸할 때도 너구리

모두가 숨죽여 기다리던 순간, 드디어 너구리가 나타났다.
조용한 환호 속에서 조심스럽게 셔터를 눌렀다.
2023년 6월 2일 서울특별시 양천구 신정동 아파트 뒷산

는 살아남았다. 물론 너구리 가죽이 여우 가죽보다 값싸서 의도적인 포획이 적었던 영향도 있을 것이다.

깊은 산속보다 산 아래 저지대를 선호하는 너구리는 인간과 서식지가 겹친다. 민가 근처까지 와서 가장 영양가 높고 구하기도 쉬운 인간의 음식물 쓰레기를 즐겨 먹는다. 요즘은 도심에 널린 고양이 사료도 너구리의 식단에 자주 오르는 것 같다. 너구리는 고양이보다 몸집이 확실히 크지만, 특별한 이유가 없다면 고양이를 공격하지 않는다. 육식동물인 고양이를 굳이 공격해 스스로 다칠 위험을 감수할 필요는 없으니 말이다. 그것은 고양이도 마찬가지라서 두 종은 도심에서 낮은 수준의 경쟁자로 함께 사는 것 같다.

당연하게도, 인간이 의도적으로 이 두 종에게 먹이를 주는 일은 바람직하지 않다. 특정 종의 수를 늘리는 일이고, 그 결과로 그들이 포식하는 종을 감소시키는 일이기 때문이다. 인간의 행동이 생태계에 심각한 영향을 주고 있는 상황에서 앞뒤를 재지 않는 동정심은 독이 된다. 길고양이에게 밥을 주는 것이 유행하면서 고양이 사료를 영양원으로 이용할 수 있는 다른 동물들까지 고양이 밥자리에 모이고 있다. 너구리를 비롯해 비둘기, 까치, 까마귀, 물까치 같은 종들이다. 상대적으로 사람에게 경계심을 덜 느끼고 육식이 가능한 잡식종들은 고양이와 먹이를 공유하며 도심 생활에 대한 적응력을 높여간다. 그렇다고 그들에게 이익이라고 할 수도 없는 것이 개체 수가 늘어나면 그만큼 경쟁과 싸움도 치열해지고, 그들의 몸과 환경이 이루고 있던 균형이 깨지면서 전에는 문제가 되지 않던 질병이 문제가 될 수도 있기 때문이다.

보신 '산업'이 만든 수난 시대와
살아남은 너구리들

이렇게 적응력 좋은 너구리가 늘 번성했느냐 하면 그렇지는 않다. 지금도 개선충이라는 기생충에 감염된 너구리가 많이 보여 개체 수에 영향이 있지 않을까 염려하고 있다. 가까운 과거에 너구리 개체 수가 급격히 감소했을 것으로 보이는 시기가 있다. 1980년대 후반에서 1990년대 초반, 너구리가 정력에 좋다는 소문이 퍼지면서 '보신 동물'로 인기를 끌었다. 너구리 고기를 찾는 사람이 많아지자 고양이와 개까지 너구리로 둔갑시켜 한 마리당 30~40만 원에 팔았다고 한다. 1992년 2월 9일 자 경향신문 기사를 보면 "살아 있는 너구리는 주문이 밀려 있어 2, 3일 정도 기다려야 구입할 수 있다"라는 성남 모란시장 상인의 인터뷰가 나온다. 너구리가 2, 3일 만에 어디선가 조달된다는 이야기다. 같은 기사에서 "개와 흑염소, 닭, 오리 등 가축과 애완동물은 물론 오소리, 너구리, 노루 등 귀한 산짐승들도 쉽게 구할 수 있다"라는 내용도 볼 수 있다.

너구리 데이비드는 생후 2개월 무렵 차량과 충돌한 상태로
구조되었다. 치료 후 줄곧 충남야생동물구조센터에서 지냈고,
촬영 당시는 열두 살이었다.
2024년 3월 20일 충청남도 예산군 충남야생동물구조센터

갑자기 살 만해진 사람들이 과거에는 가난해서 엄두도 내지 못했던 사치를 부리기 시작한 것이다. 거기에는 산업화 이전 산과 들에서 야생동물을 잡아먹던 추억도 한몫했을 것이고, 음식이 '마법'을 부린다고 믿는 전근대성과 뭐라도 팔아서 돈을 벌면 그만인 천민자본주의가 더해졌을 것이다. 이런 아수라장 속에서 온갖 동물을 닥치는 대로 잡아먹는 통에 한반도에서는 곰, 여우, 늑대 같은 포식동물이 절멸하고 오소리, 너구리, 노루 같은 중간포식동물이나 피식동물도 급격히 줄어들었다. 그전에도 물론 인간은 야생동물을 잡아먹고 살았지만, 야생동물을 잡아서 사고파는 '산업'이 등장하면서 그 파괴력은 전에 없던 속도로 수없이 많은 동물을 없애나갔다.

이렇게 사라져간 야생동물들은 우연한 계기로 다시 인간의 눈에 띄기도 한다. 1997년 KBS에서 〈종묘 너구리〉라는 제목의 다큐멘터리를 방영했다. 종묘라는 문화재 보호 공간에서 번식하는 한 너구리 가족을 추적하는 내용이었다. 서울 도심에 너구리가 산다는 사실이 이제는 대단히 새롭지는 않지만, 그때만 해도 세간의 관심을 모았다. 너구리 가족이 살아가는 생생한 모습을 지켜본 도시 사람들은 잠깐 사이 잊고 말았던 너구리라는 동물을 다시 발견하고 애정을 갖기 시작했다. 잡아먹을 대상인 야생동물이 아니라, 우리를 둘러싼 환경 속에서 살아가는 하나의 존재로서 야생동물에 관심을 갖는 사람들이 늘어났다. 사람들의 인식이 달라지자 보신 문화는 주춤하게 되었고, 줄곧 우리 주변에 머물렀으나 보이지 않던 야생동물들이 조금씩 모습을 보이기 시작했다. 모조리 사라진 줄 알았던 도심의 야생동물들은 빽빽한 인공 구조물과 사람들의 무관심 속에서도 생존을 위한 틈을 찾아내 결국 살아남았던 것이다.

산 너구리와 죽은 너구리

현대 한국인들은 너구리와 무척 가까이 산다. 정확히는 죽은 너구리와 산 인간이 함께한다. 살아 있는 너구리는 근처에 있어도 인지하지 못하고, 죽은 너구리의 털가죽을 살에 부비며 산다. 겨울에 입는 두툼한 옷의 모자나 소매에 달린 털은 열에 아홉이 너구리 털가죽이다. 이 털가죽은 대개 중국의 농장에서 기른 너구리를 통해 생산한다. 밍크 농장, 여우 농장, 너구리 농장은 모두 한국에서도 유행한 적이 있는 산업이다. 1934년 7월 25일 자 조선일보에는 "最新事業(최신사업) 너구리를 飼養(사양)하라"라는 카피와 함께 일본에서 수입한 너구리를 길러 돈을 많이 벌라는 광고가 실렸다. 시간이 흘러 지금은 동물 털가죽을 생산하는 농장이 한국에서 대부분 사라졌지만, 이제 한국은 동물 털가죽을 대규모로 수입하는 국가가 되었다. 동물보호운동이 활발한 유럽과 북미에서 털가죽 수입이 줄어 가격이 떨어지자, 한국은 때를 기다렸다는 듯이 신나게 털가죽을 수입하고 있다. 외투 전체를 동물 털가죽으로 덮는 스타일은 이제 유행이 지났지만, 너구리 털을 군데군데 붙인 옷은 여전히 많이 눈에 띈다. 털가죽을 오려 붙인 것이라 동물 형체가 보이지 않으니 통가죽보다는 사람들이 거부감을 덜 느끼는 모양이다.

  살아 있는 너구리는 야생동물구조센터에서 만날 수 있다. 야생동물구조센터는 다치거나 조난당한 야생동물을 구조해서 돌보고 다시 야생으로 방사하는 기관이다. 너구리는 개체수가 많고 자주 구조되는 포유동물이다 보니 이곳에 많이 오게 된다. 그런데 이 너구리들이 자칫 인간에게 길들면 야생으로 나가지 못한다. 다시 야생으로 돌아갈 수 없다면, 건강한 상태라도 구조센터에서는 안락사 대상이 된다. 방사가 불가능한 동물을 다 기를 공간도 자원도 없고, 기르는 것이 그들에게도 좋은 일이 아니라는 판단에서다. 그런 너구리 중에는 가끔 정이 들어서 안락사 기회를 잃고 평생 구조센터에 남는 개체들이 있다. 그들은 이름을 갖게 되고, 사람을 따른다. 아름다운 털은 계절에 따라 다른 모습을 보이며, 인간의 손에 부드러움을 선사한다. 죽은 너구리를 목에 두르는 것과는 비교할 수 없는, 너구리를 감금하고 사육하며 유대를 형성할 때 누릴 수 있는 사치다. 너구리에게도 인간에게도 미래가 되어서는 안 되는 사치다.

저녁 산책을 나갔다가 너구리를 만난다면

앞에서 우리의 '무관심' 때문에 야생동물이 근처에 있어도 보지 못한다고, 그것을 아쉬워하는 투로 이야기했다. 살아 있는 너구리에 대해 알지 못한 채, 어린이의 모습으로 나타나는 만화 캐릭터나 라면 이름으로만 너구리가 기억되는 것은 분명히 문제가 있다. 가까이에 존재하는 너구리의 삶을 없는 것으로 여기면, 무심코 너구리를 괴롭히거나 죽이게 된다. 천연기념물이 사는 땅을 개발하려면 그나마 환경영향평가라도 있어 운 좋은 경우 한 번은 제동이 걸리지만, 숲에 너구리가 산다는 이유로 지으려던 아파트를 짓지 않는 경우는 없다. 흔한 동물은 흔하게 죽고, 그 죽음은 인지되지도 기억되지도 않는다.

동물 개별 개체의 수준에서 보자면, 야생동물에게는 무관심이 필요하기도 하다. 인간이 개나 고양이를 대하듯 관심을 가지면 야생동물에게는 득보다 실이 많을 수 있다. 호의로 먹이를 주거나 만지는 것은 단연코 재밌는 일이지만, 일단 동물에게 위험하다. 야생동물이 인간을 좋아하게 되면 서로가 위험에 처할 확률이 높아진다. 인간이 동물에게 인수공통감염병을 옮길 수도 있고, 야생동물이 인간을 물어 심각한 부상을 입히거나 질병을 옮길 수도 있다. 저녁에 산책을 나갔다가 혹 너구리를 보게 된다면, 가장 좋은 행동은 데면데면히 지나가는 것이다. 만약 그 너구리가 개선충증에 감염되어 털이 다 빠지

너구리 쩡이는 태어난 지 2주가 되었을 때 어미를 잃었다.
사람에 대한 경계심 없이 자라 이제 열네 살이 되었다.
2024년 3월 20일 충청남도 예산군 충남야생동물구조센터

고 기력이 없어 보인다면 야생동물구조센터에 전화를 걸면 된다. 열정적인 전문가들이 데려가 치료해줄 것이다.

이제 우리 사회는 적어도 양식 있는 개인들의 수준에서는 야생동물을 잡아먹는 대상이 아니라 보호해야 할 대상으로 여긴다. 특별히 무엇을 따로 실천하지 않더라도 그것이 옳은 방향이라고 생각하는 사람들이 많아지는 것이 중요하다. 전국의 강산이 콘크리트로 덮이고 자동차도로가 동물의 길을 끊어버리는 가운데도 웬만한 야생동물은 인간이 일부러 잡아서 죽이지만 않는다면 어떻게든 다시 번성한다. 삶의 터전을 밀어버리지만 않는다면 너구리는 대개 알아서 잘 산다. 우리에게 필요한 '무관심'은 그들을 건드리지 않고, 그들이 곁을 지나도록 그냥 두는 것이다.

노파심에 덧붙이면, 너구리는 라쿤*Procyon lotor*과 완전히 다른 종이다. 너구리를 영어로 'Raccoon Dog'이라 부르기도 하고, 라쿤을 '아메리카너구리'라고 부르기도 하지만 너구리는 개과 동물이고 라쿤은 아메리카너구리과 동물이다. 둘 다 귀엽지만, 둘 다 우리의 귀여워함을 필요로 하지 않는다.

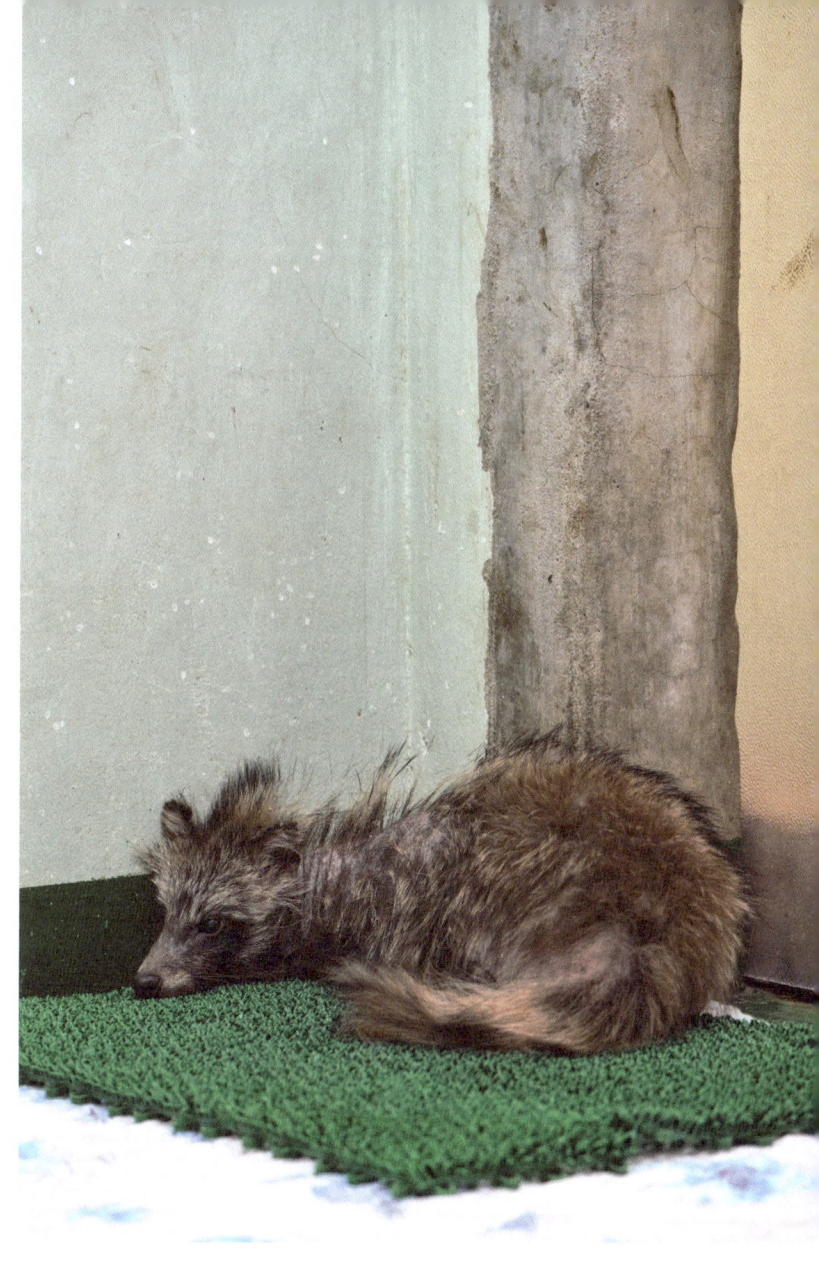

개선충증에 감염된 채 고양이 집에 들어가 있다가 구조된 너구리로
피부가 돌같이 굳어 보였다. 치료 후 방생할 예정이라고 한다.
2024년 3월 18일 충청남도 예산군 충남야생동물구조센터

2장
난동 전문 동물

멧돼지

멧돼지를 만나면 어떻게 해야 하나요?

멧돼지는 한반도에 남은 야생동물 중 덩치가 단연 큰 육상 포유류다. 멧돼지가 사냥감으로 여겨질 때는 100관(375킬로그램)짜리가 잡히곤 했다지만, 일반적으로 멧돼지 성체의 무게는 100~150킬로그램 정도다. 사람보다는 확실히 크고, 무게에 비해 근육이 많고 탄탄해 힘도 세다. 멧돼지와 사람이 몸과 몸으로 맞부딪치면 아마 사람은 가을 낙엽처럼 바닥을 구를 것이다. 그래서 우리는 멧돼지를 두려워하는 것일까?

내가 야생 멧돼지를 처음 만난 것은 경북 상주에 살던 시기였다. 그 무렵 나는 덩치 큰 래브라도리트리버 '호두'와 라이카종의 '토온(소설 『북극의 개』의 주인공 이름을 땄다)'을 데리고 야산을 즐겨 찾았다. 어느 날, 한낮이지만 어두컴컴한 북사면의 골짜기를 지나고 있었다. 산을 탈 때면 라이카보다 가축화가 훨씬 많이 이루어진 리트리버 호두는 동행하는 인간의 머릿속을 들여다보기 위해 수시로 눈을 마주치곤 했다. 반면에

늑대를 닮은 라이카 토욘은 제 세상을 만난 듯 산책길을 앞뒤로 정신없이 왕복하고, 숲속 동물들의 흔적을 좇으며 나는 듯 뛰어다녔다.

토욘이 어느 순간 심각한 일이 있다는 듯 한곳을 응시했다. 시선 끝에는 바윗덩이 같은 멧돼지 두 마리가 우리를 보지 못한 채 먹이질foraging(땅을 파헤치며 먹이를 찾는 행위)을 하고 있었다. 말릴 새도 없이 토욘은 멧돼지가 있는 골짜기 건너로 달리기 시작했다. 토욘의 다리에 마른 풀이 스치는 소리를 듣고, 멧돼지들은 개 두 마리와 인간 하나가 가까이에 왔다는 것을 알아챘다. 멧돼지도 짖는다는 사실을 그때 처음 알았다. 굳이 한글로 적어본다면 '웍'에 가까운데, 소리의 크기 때문에 '꽝'처럼 들리는 단말마를 내뱉고 멧돼지들은 반대편 비탈 위로 뛰었다. 짧은 시간에 와르르 일어난 일에 나의 머리는 곧바로 대응하지 못했다. 잠시 뜸을 들이다 정신을 차리고는 "토욘! 이리 와!"라고 외쳤다. 사냥개로 태어났지만 사냥 경험이 없는 토욘은 다행히 인간이 협조하지 않는 사냥에 뛰어들 만한 패기는 없었기에 순순히 내가 있는 쪽으로 돌아왔다.

산에서 멧돼지를 만나면 어떻게 해야 하느냐는 질문을 종종 받는다. 사실 인간이 할 일은 딱히 없다. 인기척을 느끼면 멧돼지가 먼저 도망간다. 인간은 늘 멧돼지를 사냥해왔고, 멧돼지는 본능적으로 그것을 안다. 혹여나 멧돼지에게 우리가 알기 힘든 어떤 사정이 있어서 사람에게 달려든다면 나무 위

집 뒷산에 멧돼지 여러 마리가 살고 있다. 봄에 보았던
그 새끼 멧돼지일까? 제법 자라서 이제 혼자 다닌다.
2024년 1월 6일 서울특별시 종로구 구기동 주택 단지

겨울이 되니 멧돼지의 털이 제법 풍성해졌다.
등을 따라 난 털깃이 유난히 멋스럽다.

2024년 1월 6일 서울특별시 종로구 구기동 주택 단지

로 올라가면 된다. 멧돼지가 인간에게 달려드는 경우는 공포와 혼란에 갇힐 때뿐이다. 안전한 곳으로 도망갈 수 없다고 판단하면 싸워야겠다는 마음이 드는 것은 동물이라는 존재의 필요조건이다. 멧돼지는 먹이를 찾아 산 아래로 내려왔다가 종종 산으로 돌아가는 길을 찾을 수 없는 상황을 맞닥뜨린다. 미로와 같은 도시 구조물 속에서 빠져나갈 수 없다는 감각을 느낀다. 이럴 때 멧돼지는 스스로를 지키기 위해 주변과 싸우기 시작한다. 인간에게는 난폭하고 어리석어 보이는 행동이 멧돼지로서는 살 길을 찾기 위해 허둥지둥하는 모습이다. 그래서 도심에서 멧돼지를 만나면 산에서와는 달리 멧돼지 키보다 높은 벽 뒤로 빠르고 조용하게 숨어 멧돼지가 갈 길을 찾도록 기다려주는 것이 좋다.

멧돼지 출입금지

2018년 1월, 연합뉴스는 한 식당에 멧돼지가 들어왔다는 소식에 「"돼지고기 먹고 싶었나"··· 삼겹살집 난입한 멧돼지」라는 제목을 달아 보도했다. 식당에 멧돼지가 나타나자 밥을 먹던 사람들이 혼비백산하고, 멧돼지는 한동안 날뛰던 끝에 식당 밖으로 달려 나가는 CCTV 영상과 함께. 멧돼지의 입장을 이해해보려는 사람에게는 제목부터 참 불쾌한 보도다. 재미도 없고 교훈도 없다. 벌떡 일어나 멧돼지와 최대한 멀리 떨어지려고 하는 사람, 칸막이로 멧돼지를 몰려고 시도하는 사람, 마지막에는 출입문으로 뛰쳐나간 멧돼지를 쫓아가는 사람까지, 아수라장 속에서 그려지는 멧돼지의 모습은 느닷없이 난입해서 사람을 위협하는 괴물이다.

매년 한국 어디에선가 벌어지는 일이다. 그러나 이 장면에서 멧돼지의 당혹스러움을 깊이 고민하는 목소리는 들리지 않는다. 인간들의 세상에서도 '안전'을 찾아 헤매야 하는 시절에 감히 야생동물 따위가 인간의 영역을 침범하다니. 도시는 인간의 영역이라 굳게 믿는 이들은 사람을 피해자로, 멧돼지를 가해자로 규정한다. 얼핏 보면 현대 사회는 동물을 그저 먹거리로 취급하거나 귀여움의 대상으로 가두어 기르는 일을 완벽하게 수행하고 있는 듯하다. 특히나 도시의 삶은 인간이 동물을 완전히 통제할 수 있고, 통제하고 있다고 믿게 만든다. 도심에 출현한 멧돼지는 이런 굳건한 믿음에 균열을 만든다.

눈에 보이지 않는 바이러스도 통제할 수 있다고 믿는 인간이 고작 멧돼지 따위에 굴복할 리 없다. 호랑이나 표범 같은 '위험한' 동물을 한반도에서 박멸했던 역사에서 얻은 자신감도 있다. 소방재난본부는 매년 멧돼지의 도심 출몰에 관한 통계를 내고 분석하며 대응한다. 그 통계에 따르면, 서울시에서 멧돼지가 '출몰'해 출동한 건수가 2012년 56건에서 2016년 623건으로 11배 이상 증가했다고 한다. 출동 건수의 증가는 무엇이 늘어났다는 뜻일까? 서울 근교의 멧돼지 개체 수도

뒷산에서 단지 앞마당으로 이어지는 길에 철조망을 설치했지만,
들개들이 땅을 파놓은 탓에 다시 멧돼지가 마을로 내려오기 시작했다.
2023년 10월 13일 서울특별시 종로구 구기동 주택 단지

4년 만에 11배나 늘어난 것일까? 아니면 도시 사람들의 멧돼지 신고 정신이 투철해진 것일까?

우리가 멧돼지에 대해 아는 것
- 아프리카돼지열병의 매개체

이 자그마한 한반도에서 멧돼지의 분포와 생태가 어떤 상황인지 우리는 아는 것이 별로 없다. 한국에 멧돼지 전공자는 한 손에 꼽을 정도다. 무지는 공포를 부추긴다. 2019년 아프리카돼지열병 African Swine Fever(ASF)이 한국에 들어왔을 때 어떤 경로를 통해 들어왔는지 의견이 분분했다. 아프리카돼지열병 바이러스가 북한에서 남한으로 넘어왔다는 의견이 중론인데, 바이러스를 가진 멧돼지가 헤엄쳐서 휴전선을 넘어왔다는 주장과 수계를 따라 물에 쓸려온 음식 찌꺼기에 바이러스가 붙어 있었을 것이라는 주장 사이에서 결론을 내지 못했다. 아프리카돼지열병이 퍼지면 양돈 산업이 피해를 입는 것은 물론 야생 멧돼지까지 전멸할 수 있다는 전망도 나왔다.

환경부는 아프리카돼지열병의 전파 속도를 늦추기 위해 2019년부터 4년 동안 멧돼지 약 35만 마리를 죽였다고 발표했다. 전국 산야에 1831킬로미터짜리 울타리를 그물망처럼 쳐서 멧돼지가 지역 이동을 하지 못하게 했고, 엽사가 멧돼지를 잡으면 국가에서 한 마리당 20~30만 원의 포상금을 지급했다.

이렇게 잡은 멧돼지의 피를 뽑아 아프리카돼지열병 바이러스에 대한 항체를 갖고 있는지 검사를 실시했다(항체는 바이러스가 멧돼지 몸에 들어왔던 흔적이다).

매개체의 서식 밀도가 낮아지면 바이러스 전파 속도가 느려진다. 그 효과를 노리고 아프리카돼지열병 감염 사례가 발견되지 않은 지역에서도 밀도 높은 멧돼지 사냥이 이루어졌다. 국립생물자원관의 '야생동물실태조사'에 따르면 그 사이에 한국의 멧돼지 서식 밀도는 1제곱킬로미터당 5마리(2015년)에서 1.1마리(2022년)로 4분의 3 이상 줄었다. 같은 기관에서 조사한 1998~2018년 사이의 자료를 보면 멧돼지의 서식 밀도는 1제곱킬로미터당 3.5~5.6마리를 오르내릴 뿐 그 아래로 내려간 적은 없다. 2019년 이후 몇 년간 얼마나 많은 멧돼지를 죽였는지 여실히 알 수 있다. 그러나 이러한 조치들이 바이러스 전파 속도를 실제로 얼마나 늦추었는지는 증명하기 어렵다. 속도가 빨랐든 느렸든 아프리카돼지열병 바이러스는 남진을 계속해 부산에서 잡힌 멧돼지에게서도 확인되었다. 멧돼지가 아닌 일반 가축인 돼지가 감염되는 일은 경기, 인천, 강원 지역에서 집중적으로 나타나지만 최근에는 경북 영덕의 돼지 농장에서도 병이 발생했다.

야생 멧돼지가 한국에서 아프리카돼지열병 바이러스를 옮기고 있다는 증거는 아직 충분하지 않다. 사람의 신발이나 축산업에 사용되는 자동차 바퀴가 바이러스를 옮겼을 것이라는 등 의견이 분분하다. 이런 상황에서 한돈협회의 어깃장처럼 멧돼지를 '박멸'할 수는 없는 일이다. 바이러스를 없애겠다고 한반도에서 멧돼지라는 종을 없애는 것은 빈대 잡자고 초가삼간을 태우는 일이다. 호랑이와 표범, 늑대를 절멸시키는 바람에 멧돼지가 늘어나 문제가 되었는데, 그다음 순서로 멧돼지를 절멸시킨다면 우리는 그다음, 또 그다음에 누군가를 박멸해야 하는 상황을 마주할 것이다. 게다가 설령 마지막 한 마리 남은 멧돼지까지 다 잡아서 죽인다고 해도 바이러스는 사라지지 않을 수 있다.

멧돼지 죽이기

사실 멧돼지를 죽여야 한다는 목소리는 아프리카돼지열병 감염 발생 이전부터 나왔다. 야생동물로 인한 농작물 피해가 정치적으로 점점 중요한 이슈로 떠올랐기 때문이다. 피해 금액의 절반 이상은 늘 멧돼지의 '소행'이었다. 통계에 허수가 더 많던 시기이기는 하지만, 2000년대 초반 '유해야생동물 포획'으로 죽이는 멧돼지는 1년에 수백 마리 수준이었다. 국가가 나서서 멧돼지를 죽이는 것에 생태적 근거를 댈 자신이 없기도 했고, 누군가를 '죽이는 일'을 윤리적으로 정당화하는 데 부담을 느끼던 시절이었다. 그러나 아프리카돼지열병이 발생하면서 '멧돼지 죽이기'는 추진력을 얻었다. 우리나라는 멧돼지를 죽이는 일에 무척 과감해져 2019년에는 10만 923마리, 2020년에는 9만 7045마리를 죽였다. 멧돼지뿐 아니라 유해야생동물로 지정된 고라니, 꿩, 까치, 청설모 등의 포획도 2004년 9만 5789마리에서 2018년 73만 7346마리로 부쩍 늘었다.

  동물보호센터에서 매년 개와 고양이 10만 마리 남짓을 안락사하는 것이 큰 사회문제로 대두되는 것과 비교하면, 야생에서 뛰어다니던 동물들을 국가가 대량으로 죽이는 일이 소리 소문 없이 이루어지는 것은 이해하기 어렵다. 심지어 고양이는 중성화해 다시 풀어주는 정책만 시행하고 있고, 고양이를 죽이자는 주장은 '혐오'로 여겨져 함부로 할 수 없다. 사실 생태적 가치와 영향만 따진다면 야생동물을 죽이는 일이 외래종인 개와 고양이를 죽이는 일보다 훨씬 더 조심스러워야 한다. 동물을 죽이고 살리는 일은 해당 개체만이 아니라 동물을 둘러싼 환경 전체에 영향을 미치기 때문이다. 도시인들이 개와 고양이에 더 큰 관심을 갖는 것은 자연스러운 일이기도 하지만 야생동물과 개, 고양이에 대한 인식이 확연히 다른 것은 그리 건강해 보이지 않는다.

멧돼지를 더 자주 만날 내일

  천적이 사라져서 늘어난 멧돼지를 죽이는 일은

괜찮은가? 멧돼지는 정말 늘어났을까? 얼마나 많아졌고 얼마나 줄여야 하는 걸까? 유럽의 멧돼지 연구를 살펴보면 멧돼지의 생사에는 포식과 자연 치사율, 로드킬 등의 영향은 미미한 반면, 영양과 인간의 사냥이 결정적으로 작용한다. 포식자가 사라진 환경에서 멧돼지 죽음의 85퍼센트는 인간의 사냥에 의한 것이라고 한다. 새끼를 많이 낳고 그중 일부가 상대적으로 낮은 확률로 살아남는 야생동물의 번식 전략을 r-전략이라고 부르는데, 번식력이 높은 멧돼지도 여기에 속한다고 할 수 있다(멧돼지의 생태가 r-전략의 모든 조건을 충족하지는 못하지만 이를 판단하는 절대적인 기준은 없다). 그러나 이제는 인간이 멧돼지라는 종을 겨냥해서 사냥하지 않으면 r-전략의 기반이 흔들려 개체 수가 걷잡을 수 없이 늘어나는 상황이 되고 말았다.

한국이 바로 그런 상황이고, 도시에서는 이런 경향이 더 심화되고 있다. 한국의 거의 유일한 멧돼지 연구자 이성민의 2020년 연구에 따르면, 서울은 거창보다 멧돼지의 밀도가 높으며 이는 상대적으로 낮은 포획압과 관련이 있다. 즉 같은 면적이라면 시골보다 도시에 멧돼지가 더 많이 사는데, 이는 사냥 인구가 적고 먹을 게 많기 때문이다. 무엇보다도 풍부한 먹이가 특정 지역의 한배 새끼 수와 밀도에 직접적인 영향을 미치는 중요한 변수로 보고되었다. 인구 밀도가 높은 도시의 야산에서 음식물 쓰레기가 덜 나오게 하거나, 도시인들이 사냥을 더 많이 하게 할 방법은 별로 없어 보인다. 그렇다면 앞으로 도시인은 멧돼지를 더 자주 만나게 될 것이다.

 멧돼지의 입장에서는 정말이지 망한 세상일지도 모르겠다. 도시 근교에 사는 멧돼지들은 우연히 산 아래로 내려갔다가 자동차 불빛과 네온사인으로 어지러운 미궁에 갇혀 '난동'을 부리다 죽음을 맞는다. 서식 밀도를 줄이겠다는 정부 정책을 알지 못하는 멧돼지로서는 미리 절망할 도리는 없겠으나, 총소리와 개 짖는 소리를 동반한 사냥꾼을 전보다 더 자주 만나고 있을 것이다. 그나마 지금은 서식 밀도가 다소 줄었으니 멧돼지끼리 경쟁하는 상황이 덜한 잠깐의 호시절인지도 모르겠다. 그러나 인간이 부지런히 '죽여주지' 않으면, 동종 간 경쟁 압력이 낮아진 멧돼지는 다시 빠르게 늘어날 것이다. 한반도의 인간은 멧돼지의 천적을 모두 없애버린 죄로 멧돼지를 계속 죽여야 하는 시시포스의 노동을 하게 되었다. '공존'이라는 말을 대충 쓰기에는 너무 늦었다.

3장
끝내 살아남은 도심 속 사슴

고라니

차에 치어야 가까이 마주하는 동물

시골에서 동물병원을 할 때의 일이다. 캄캄한 밤 트럭에 고라니 *Hydropotes inermis* 한 마리가 실려 왔다. 누워 있는 고라니의 허벅지가 먼저 보였다. 허벅지 옆면에는 금잔디 색깔의 뻣뻣한 털이, 엉덩이 쪽으로는 희고 부드러운 털이 나 있었다. 마취하지도 않고, 죽지도 않은 고라니를 그렇게 가까이에서 보는 경험은 처음이었다. 내가 통제할 수 없는 야생동물이라는 생각에 두려운 마음이 들었다. 가느스름히 부는 가을바람에 두 종류의 털이 다른 모양으로 흩날리고 있었다. 내 눈에 보이는 그 다름은 고라니가 바람을 느끼는 감각의 다름일 것 같았다. 마치 내 가느다란 눈썹과 굵은 머리카락이 바람을 다르게 느끼는 것처럼.

고라니는 차에 치여서 동물병원에 실려 왔다. 아직 숨은 쉬고 있었지만 의식은 없었다. 입에서 흘러나온 피가 검게 굳었다. 머리의 어느 부위가 심각한 충격을 받은 것이 확실해 보였다. 휴대폰 불빛으로 동공 반사를 확인하니 초점이 맥없이 풀려 있었다. 괜한 애는 쓰지 않는 것이 나아 보였다. 힘겹게 붙어 있는 숨을 끊어주는 것이 고라니를 위한 최선이라고 판단하고 고라니를 병원 안으로 옮겼다. 피식동물은 공격을 당하면 우수수 털이 빠진다. 그렇게 해서 포식자를 회피할 가능성을 높이는 것이다. 고라니의 거친 털이 뭉텅이로 빠져 내 옷에 붙었다. 마취제와 안락사 약물을 챙기러 약제실에 들어갔다 나오니 고라니는 이미 숨이 멈춰 있었다. 전화를 받고 잠옷 차림으로 나올 때부터 예상했던 일이다.

차에 치인 고라니가 회복 가능한 상태였다면, 애초에 사람에게 잡혀 구조될 가능성도 낮다. 고라니는 다리 하나쯤 부러져도 사람이 쫓아가 잡을 수 있는 동물이 아니다. 고라니가 차에 치여 길가에 쓰러지고, 누군가에게 발견되고, 그 누군가가 고라니에게 아직 숨이 붙어 있다는 것을 확인한 다음 야생동물 구조센터에 신고하고, 구조센터 직원들이 고라니를 데려온 뒤 진료대 위에서 고라니를 살려낼 확률은 대단히 희박하다. 차에 치여 사람에게 발견된 고라니는 거의 다 죽는다는 뜻이다.

동물이 차에 치여 죽는 것을 '로드킬Roadkill'이라고 부른다. 한반도에 아스팔트 차도가 본격적으로 깔리기 시작하고, 고라니보다 훨씬 빠르게 달리는 자동차가 불어난 강물처럼 야생동물의 길을 끊어놓은 것은 불과 50년 사이의 일이다. 국립생태원에서는 로드킬로 연간 6만 마리의 고라니가 죽는다고 추정하고 있다. 가축종인 고양이를 제외하면 야생동물 중에서

작업실로 가는 길, 도로 한쪽 끝에 쓰러져 있는 어린 고라니를
발견했다. 촬영 후 지자체에 신고했다.

2024년 12월 28일 경기도 파주시 혜음로 혜음터널 인근는 가장 많이 죽는 종이다. 현대인의 저열함이 잘 드러나는 온라인 커뮤니티에서는 자동차 사고를 당한 여성과 자전거 이용자를 고라니에 비유하며 낄낄거리기도 한다. 어떻게 피해자의 서사를 이토록 무례하게 조롱하는지 아연하다. 고라니를 잘 알지도 못하는 자들이 집약적으로, 지속적으로 일어나는 로드킬로 고라니를 설명하고 구성하는 중이다. 그들은 '멍청하게 자동차를 피하지 못해 죽는 동물'을 고라니라고 부른다.

국립생태원에서는 로드킬 조사용 앱을 이용해 매년 로드킬 당한 동물을 신고받는데, 고양이와 고라니가 확연히 많이 신고된다. 그러나 실제로 고양이와 고라니가 찻길을 건너다 그렇게 많이 죽는 것인지, 아니면 다른 종에 비해 인지하기 쉽고 사람과 가까운 곳에 살아서 눈에 많이 띄는 것인지는 알 수 없다. 개구리목이나 다람쥐과 동물 혹은 새 등이 로드킬을 더 많이 당하지만 작은 동물이라 인간의 눈에 잘 띄지 않는 것일 수도 있다. 내 경우를 돌이켜 봐도 이렇게 작은 동물들은 확실히 차로 친 적이 있지만 아직까지 고양이나 고라니를 친 적은 없다. 혹은 이렇게 생각해볼 수도 있다. 작은 동물은 자동차에 치여 쓰러져 있더라도 인간이 그들의 부상이나 죽음에 공감해 구조나 신고 등 어떤 행위를 하기에는 어려울 수 있다. 자동차 전조등에서 닦아내기 어려운 사체로만 기억되는 곤충들까지 떠올려보면, 동물에 대한 우리의 편향이 얼마나 큰지 새삼 깨닫게 된다.

차량과 충돌해 도로 경계석에 쓰러져 있던 고라니는 고개를 가누지도 못하고 일어서지도 못하는 상태로 구조되었다고 한다.
2024년 3월 19일 충청남도 예산군 충남야생동물구조센터

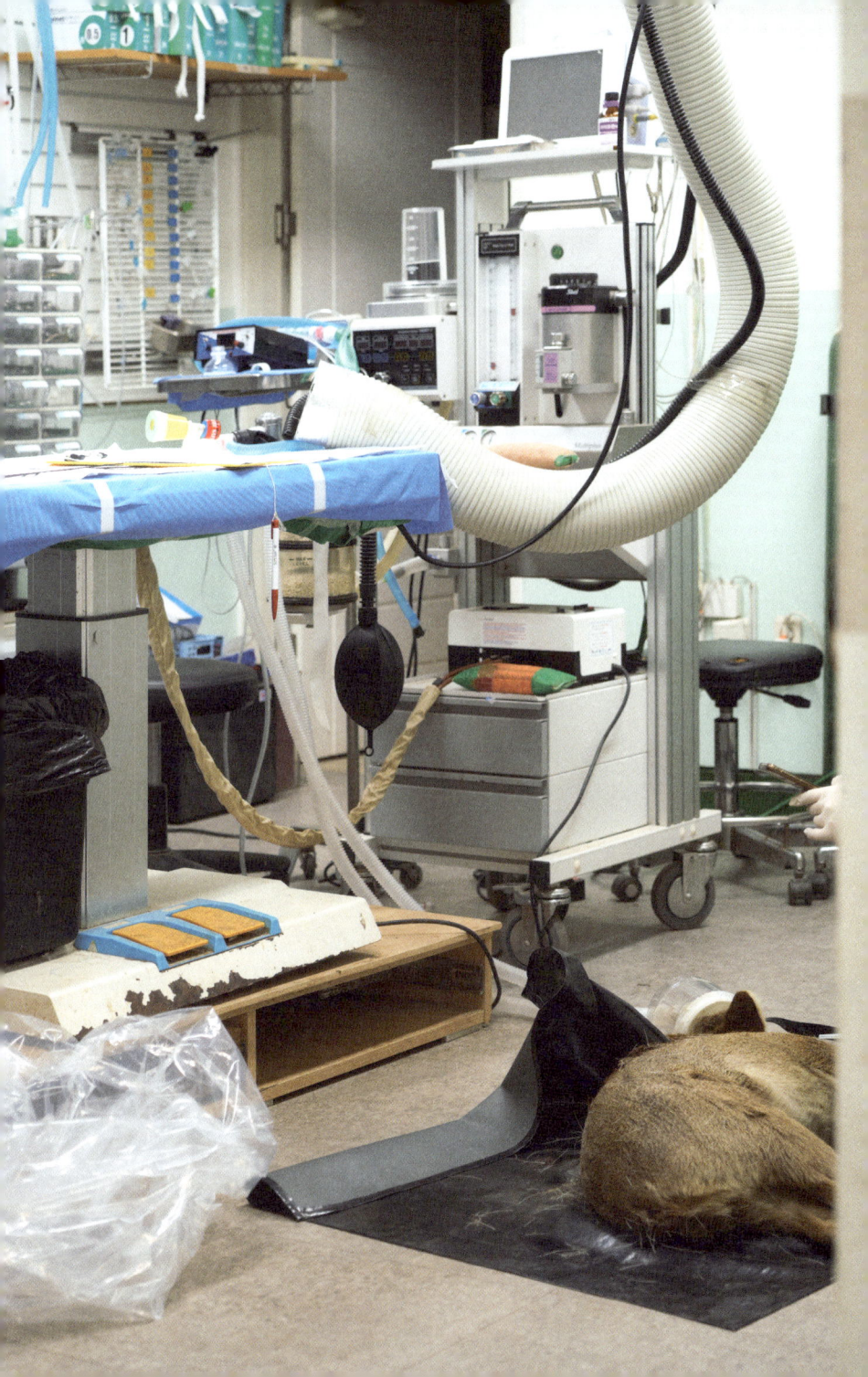

인기 좋은 사냥감

그토록 많은 고라니가 차에 치여 죽는 비극이 일부 파렴치한 사람들에게 조롱을 사는 지경에 이르렀지만, 사실 고라니는 자동차보다 사냥에 의해 훨씬 더 많이 죽는다. 사슴과 동물은 고대부터 인간의 주된 사냥감이었다. 이 대형 초식동물은 개체 수도 풍부하고 고기와 가죽의 양도 많은 데다가 미학적·상징적·종교적 아름다움을 지닌 '뿔'까지 가지고 있어 인간에게 줄곧 매력적인 죽임의 대상이 되었다. 그 가운데 고라니는 특히 영국에서 사냥감으로 인기를 끌었는데, 100여 년 전 영국인들이 사냥감으로 중국의 고라니를 데려가 풀어놓는 바람에 현재 전 세계 고라니의 10퍼센트가 영국에 분포한다는 보고도 있다. 게다가 영국에서 고라니는 침입종으로 규정되어 사냥해서 죽이는 것이 정당화되기도 했다.

한국에서도 고라니는 인기 사냥감이다. 유해야생동물 포획 통계를 살펴보면 한국의 사냥꾼들은 까치 다음으로 고라니를 많이 사냥한다. 이는 농작물에 주는 피해를 이유로 고라니가 '야생생물 보호 및 관리에 관한 법률'에 의해 유해야생동물로 지정되었기 때문이다. 한국의 어느 시골 마을에서든 고라니에 대한 농민의 불평을 들을 수 있다. 하지만 멧돼지가 밭을 뒤집어놓고 과수원의 나뭇가지를 분질러놓는 것에 비한다면 고라니가 농작물에 주는 피해는 고작 새순이 올라오는 계절에 좋아하는 콩잎과 고구마순을 똑똑 끊어 먹는 정도다. 어떤 지역에서는 고라니가 와서 좀 뜯어먹어야 농사가 잘된다고 이야기하는 어르신을 만난 적도 있다. 그러나 자본주의와 만난 농업은 아무리 작더라도 경쟁자란 경쟁자는 모조리 제거하고 싶어 하는 탓에 고라니는 사냥해서 죽여도 되는 동물이 되었다.

유해야생동물 포획 사업 이외에도 수렵 허가를 받고 혹은 밀렵으로 사냥하는 사람도 많기 때문에 고라니는 실제로는 통계보다 더 많이 사냥당하고 있을 것이다. 우리 사회는 얼핏 동물을 죽이는 행위를 비난하는 듯 보이지만, 실은 공식적으로 야생동물 사냥을 장려하고 있다. 사냥으로 연명해온 포식동물종은 눈앞에 사냥감이 나타나면 심장이 두근거린다. 농사를 지으며 먹고산 지 수천 년이 지난 인간에게도 사냥으로 배를 채웠던 수십만 년의 본능이 살아 있을 것이다. 농작물 피해나 전염병 예방 같은 것은 어쩌면 그 본능을 잠재우고 싶지 않은 인간의 핑계에 지나지 않는지도 모른다. 펄떡이는 사냥감의 몸에서 피가 솟구치는 모습에 열광해온 역사가 인간의 뇌에 깊숙이 남아 동물을 미워할 구실을 찾게 하는 것이 아닐까.

20여 년 전 어느 시골 마을에서 밀렵하는 이들을 따라가 구경한 적이 있다. 동물을 재미있어 하며 개도 기르고 소도 기르는 다양한 연령의 토박이 남성들이 사냥을 즐겨 했다. 겨울에는 수렵 허가를 받아서 사냥에 나서기도 했지만 틈만 나면 밀렵을 다녔다. 그들의 말에 의하면 1990년대까지는 고라니를 신경통 약으로 썼기 때문에 잡아서 15만 원에 팔 수 있었고,

배고픈 시절에는 소중한 간식거리로도 이용했다고 한다. 그러나 21세기에 고라니를 죽여서 얻을 수 있는 물질적 이익은 없다. 오늘의 고라니 사냥은 그저 농번기가 지난 시기 저녁 무렵에 동네 남자들이 즐길 수 있는 짜릿하고 원시적인 유희일 뿐이다. 정식으로 수렵이 가능한 계절은 겨울이다. 이때는 경찰서에 보관해두었던 총을 들고 가 사냥을 할 수 있다. 다른 계절에는 '유해야생동물 구제驅除(해충 따위를 몰아내어 없앰)'라는 명목이 붙지 않는 한 사냥을 할 수 없다. 그래서 이때는 총 대신 손으로 개조한 창을 쓴다. 어느 계절이든, 불법이든 합법이든 사냥은 언제나 개와 함께 한다. 개와 사람, 두 종이 누군가를 함께 죽이는 일은 그 관계의 근원을 이어가는 일이기도 하다.

내가 따라갔던 밀렵꾼들은 고라니 사냥에 총도 창도 없이 개와 서치라이트만 썼다. 해가 지고 농사일을 하던 사람들이 들에서 철수하면 그곳은 고라니와 너구리의 세상이 된다. 그들은 어둠을 위장막 삼아 인간이 생산해놓은 풍부한 영양원을 느긋하게 즐긴다. 밀렵꾼들은 그레이하운드나 디어하운드처럼 시각에 의존해 빠르게 달리는 개를 차에 태워 야생동물들이 차지한 깜깜한 들판을 쏘다닌다. 고라니는 멀리서부터 점차 다가오는 자동차 소리에 조금 긴장하지만 그 시간, 그 어두운 들판에서 누군가가 자신을 사냥할 수 있다는 상상은 하지 못한다. 어둠을 믿고 앉아서 차가 지나가기를 기다린다. 밀렵꾼이 서치라이트로 들판을 비추면 고라니 눈 속의 휘판(빛을 반사시켜 어둠 속에서 더 잘 볼 수 있게 하는 기관)이 번쩍 빛난다. 강한 빛을 받은 고라니의 시야는 빛이 뿜어져 나오는 서치라이트에 점으로 갇힌다. 그때 밀렵꾼은 개를 푼다. 차에서 뛰어내린 개는 빛이 도착하는 지점으로 달리도록 훈련받았다. 개의 뜀박질 소리를 들은 고라니는 이내 쓸모없어진 시각을 버리고 청각에 의존하여 달리기 시작하지만, 이미 가속도가 붙은 개는 금방 고라니를 따라잡는다.

"웨엑" 하는 단말마의 비명이 들렸다. 순식간에 숨이 끊어진 고라니는 축 늘어졌고, 노련한 개는 주인의 부름에 다시 차로 달려와 트렁크에 올라탔다. 밀렵꾼은 고라니 사체를 들여다보지도 않았다. 날이 밝으면 수거할 거라고 했다. 하룻밤에 열 마리는 잡는다는 자랑을 들었다. 그날 밤엔 두 마리를 잡고 철수했다. 나는 어릴 적부터 동물에게 일어나는 일이라면 늘 쫓아다녔고, 수의과대학에서 동물의 몸에서 일어나는 웬만큼 끔찍한 장면은 다 봤다고 생각했지만 그날의 경험은 무척 충격적이었다. 그토록 빠르고 거칠게 달리는 개의 근육 다발과 그토록 공포에 질린 고라니의 비명은 처음이었기 때문일까? 인간의 신체 능력을 훨씬 뛰어넘는 두 종의 동물이 어둠 속 농경지에서 경합하는 장면을 바라보며 순간적으로 미물을 바라보는 신과 같은 전지전능함을 느낀 것일까? 다시는 밀렵 현장에 따라가지 않았다. 잔인한 도륙이 싫었기 때문이라기보다는 너무나 강력한 '길티 플레저guilty pleasure'에 중독될 것 같은 두려움 때문이었다.

그 경험을 바탕으로 상황을 다시 살펴보자면, 현재 고라니는 국가가 허가한 사냥과 불법 밀렵으로 하루에도 수백 마리가 사냥당하고 있다. 정확한 개체 수 조사 결과는 없으나 한국에는 아직 고라니가 꽤 많다. 그래서 야생 포식자가 사라진 곳에 고라니가 너무 많아졌으니 인위적으로 솎아낼 필요가 있다는 주장이 나온다. 반대로 세계자연보전연맹 적색 목록 취약 Vulnerable 등급인 고라니는 전 세계에서 중국 동부 해안과 한반도에만 자생하며 그 대부분은 한반도에 몰려 사는데, 지금처럼 함부로 잡다가는 세계 최대의 고라니 서식지에서 고라니를 멸종시키는 결과를 초래할지 모른다는 주장도 있다. 한국 정부는 지금까지 전자의 주장에 손을 들어주었다.

사람의 마을에 살아남은 고라니

고라니는 물사슴water deer이라는 영어 이름에 어울리게 저지대 습지를 좋아한다. 이런 곳은 인간이 농사를 짓는 지역, 그리고 이제는 도시가 형성된 지역과 일치한다. 그래서 서울을 비롯한 한반도 대부분의 도시 녹지에는 고라니가 살고 있다. 고라니를 직접 보기는 어려워도, 아스팔트 사이로 드물게 남은 도시의 진흙 밭에 발굽이 둘로 갈라진 발자국이 찍혀 있는 것은 보았을 것이다. 그 대부분이 고라니의 흔적이다. 인구 밀도가 높고, 온 나라가 전쟁으로 황폐화되어 대형 포유류 대부분이 절멸한 한반도에서 사람과 생활 영역을 공유하는 사슴과 동물이 어떻게 제법 번성한 상태로 살아남을 수 있었을까?

명쾌한 해답은 들어본 바 없지만, 연구자들의 설명은 대략 다음과 같다. 전쟁과 가난으로 산림이 급격히 황폐화되는 과정에서 '숲'이 중요했던 동물들은 대부분 서식지를 잃었다. 예컨대 민둥산이 많아지자 사슴들은 먹을 나뭇잎이 부족했다. 반면에 고라니의 서식지인 '습지'는 상대적으로 인간이 개발하기 어려운 탓에 1970~80년대 산업화 시기를 어느 정도 넘어갈 수 있었던 듯하다. 게다가 벼농사가 주력인 나라라 인공 습지인 무논이 충분히 많았기에 고라니가 생존할 수 있는 조건이 갖추어졌을 것이다. 이후 농지에 콘크리트 수로를 대규모로 설치하고, 수계마다 보와 댐을 건설해 습지가 사라지면서 이런 조건은 점차 약화되고 있다.

고라니가 살아남은 더 중요한 이유는 인간에게 고라니가 쓸모없는 동물이었다는 점이다. 한국은 뿔이 중요한 약재로 쓰이는 문화권에 속하는데, 공교롭게도 고라니는 한반도에서 유일하게 뿔이 없는 사슴이다. 고라니와 달리 뿔을 가진 대륙사슴(혹은 꽃사슴)*Cervus nippon mantchuricus*과 노루*Capreolus pygargus*는 뿔을 약재로 쓰려는 사람들에 의해 멸종되거나 개체 수가 심각하게 줄어들었다. 고라니와 마찬가지로 세계자연보전연맹 적색 목록 취약 등급인 사향노루 Moschus moschiferus 역시 '사향'이라는 향료를 얻기 위한 남획으로 남한에서 거의 절멸하고 말았다. 고라니는 고기로도 쓰임새가 크지 않았다. 30년 전만 해도 고라니 고기를 먹는 사람들이 있었고, 최근에도 어느 영국인 유튜버가 고라니 고기를 요리해 먹는 장면을 보여주기도 했지만 그렇게 간혹 먹는 정도로는 멸종까지 가지 않는다. 뿔이나 가죽, 사향처럼 동물의 신체가 값비싼 '상품'이 되고, 그 상품의 거래가 '산업화'되는 일이 특정 종에게 일어날 때 그 종은 순식간에 사라진다. 고라니는 시장에서 팔 만한 부위가 없는 동물이라서 살아남았다.

야생동물의 멸종을 이야기할 때는 꼭 '서식지 파괴'와 '밀렵'이 그 원인으로 따라붙는다. 그러나 특정한 몇몇 종이 멸종한 역사를 돌아보면, 거기에는 분명하고 직접적인 이유가 존재한다. 멸종이라는 사건은 '인간의 욕심', '환경 파괴' 같은 흐릿하고 넓게 펼쳐진 이유로 일어나지 않는다. 진짜 원인이 분명히 존재하는데, 그것을 인간 일반의 과오로 덮어버리려는 사람들이 있어서 자꾸만 '인간이 미안해' 같은 말이 나오고 애꿎은 이들이 죄책감을 느낀

사계절출판사 옆 동산에 고라니들이 자주 찾아온다는 이야기를
듣고 몇 차례 방문한 끝에 만났다.
2025년 1월 24일 경기도 파주시 파주출판단지

두 시간가량의 '잠복' 끝에 정오가 되기 전, 바스락거리는 소리와 함께 고라니가 나타났다. 숲속에서 조심스럽게 걸어 나오는 모습이 마치 애니메이션 〈원령공주〉의 사슴신과 같은 신성한 존재처럼 보였다.

2025년 1월 24일 경기도 파주시 파주출판단지

다. 세월호와 이태원 참사에 대해 명백히 책임져야 할 사람들은 뻔뻔하게 빠져나가고, '어른이 미안해' 같은 한숨 섞인 말이 사회 곳곳에 힘없이 떠다니는 꼴과 같다.

역으로, 특정 종의 번성에도 특정한 맥락이 작용한다. 고라니는 앞서 이야기한 몇 가지 이유를 비롯해 우리가 다 알지 못하는 과정을 거쳐 우리 곁에 살아남았다. 연간 20만 마리 이상을 총이나 차로 죽이는 상황에서 과연 '살아남았다'고 안도해도 될지 모르겠지만 말이다. 이렇게 많이 죽이고도 너무 많다는 아우성이 나오는 판이니 이런 조건에서도 유지되는 생태 균형이나 그 비슷한 무엇이 있는 것일까. 우리는 여전히 모르는 것이 많다. 죽음을 비롯해 우리가 고라니에게 가하는 해악도 몰라서 저지른 것이라면 우리가 무엇을 얼마나 더 알아야 하는지 함께 고민하면 좋겠다. 그리고 또 한 가지, 누군가의 죽음을 조롱하지 않으면 좋겠다.

4장

돌아오려는 백로와 다시 쫓아내려는 사람들

백로

학마을에는 학이 살았을까?

교과서에 수록되곤 하던 「학마을 사람들」(이범선, 1957)이라는 단편소설이 있다. '학鶴'은 두루미를 일컫는 말이다. 소설 속 마을 뒷산 나무에 둥지를 튼 새를 두루미라고 한 것인데, 두루미는 한국에서 번식하지 않을뿐더러 더러는 나무 위가 아니라 땅바닥에 둥지를 만들어 알을 낳는다. 아마도 옛사람들은 황새나 백로, 왜가리처럼 목과 다리가 긴 새를 묶어서 '학'이라고 불렀던 것 같다. 지금처럼 칼 폰 린네의 방식(종, 속, 과, 목, 강, 문, 계의 분류 방식)으로 종을 나누기 전의 일이다. 얼핏 생각하기에 옛사람들이 우리보다 야생동물에 더 친숙했을 테니 알기도 더 잘 알았을 것 같지만, 그 앎은 지금과는 다른 필요로, 다르게 구성되었다. 그 시절 민중은 호랑이와 표범을 묶어서 '범'이라고 불렀고, 스라소니를 호랑이 새끼로 여기기도 했다. 호랑이든 표범이든 갑자기 나타나서 사람을 잡아먹는 동물이었으니 위험하기로는 별 차이가 없는 존재들이었을 것이다.

요즘도 동네 이름에 흔히 붙는 '학' 자는 민가 주변에 가장 흔한 백로과 동물이었을 가능성이 높다. 야트막한 언덕과 하천의 경계는 사람이 농사짓고 살기도 좋았고, 백로가 물에서 먹이를 구하고 높은 나무에 둥지를 틀기도 좋았다. 사람들이 집에 들어가 잠을 청하는 밤이면 백로들도 나무 둥지에 올랐고, 해가 뜨면 사람도 백로도 물이 있는 평지로 일하러 나갔다. 높은 나무가 우거진 곳에서 여름마다 집단으로 번식하는 백로과 새들은 확실히 마을의 풍경을 이루는 표지였을 것이다. 어쩌면 초여름 뒷산에 하얀 새들이 몰려드는 모습이 동네의 자랑거리였을지도 모른다. 집단 번식하는 백로를 쫓아내야 한다는 생각이 없던 시절, 쫓아내기보다는 마을 이름을 '학마을'로 짓던 시절은 꽤 오래 지속되었다.

우리가 '백로'라고 부르는 새들

백로 이야기를 하기 위해서 백로가 어떤 새인지 공부를 좀 했다. 쌍안경으로 가까이 들여다봐도 누가 누구인지 늘 헷갈리는 새인데, 우리가 '백로'라고 하면 보통 하얗고 목과 다리가 긴 새 몇 종을 동시에 부르는 셈이다. 백로라는 이름이 붙은 새로는 몸길이가 작은 순으로 쇠백로*Egretta garzetta*, 노랑부리백로*Egretta eulophotes*, 중백로*Egretta intermedia*, 중대백로*Ardea alba modesta*, 대백로*Ardea alba*가 있다. 이들은 백로과

*Ardeidae*에 속하는 새들이다. 이 가운데 '에그레타*Egretta*'라는 속명이 붙은 쇠백로와 중백로는 백로속이고, '아르데아*Ardea*'라는 속명이 붙은 중대백로와 대백로는 왜가리속이다. 그래서 중대백로와 대백로는 왜가리와 더 가까운 친척으로 본다. 이들이 속한 과는 '아르데이다이*Ardeidae*'라는 라틴어가 왜가리를 뜻하기 때문에 왜가리과라고 하는 게 맞을 것 같은데, 한국어로는 '백로과'라고 부른다. 라틴어로 된 학명은 과학자들의 합의에 따라 바뀌기도 하고 그것을 국문으로 바꾸는 원칙도 그때그때 달라서 꽤 혼란스럽다. 이 글에서는 요즘 나온 한국어 논문들을 참고해 아르데이다이과의 새들은 백로과 혹은 부르기 쉽게 '백로들'이라고 하기로 했다. 이렇게 보면, 목과 다리가 긴 새를 모조리 묶어서 학이라고 부르던 시절에 비해 과연 동물에 대한 우리의 인지가 나아지긴 했나 싶기도 하다.

백로과에는 하얀 새뿐 아니라 왜가리나 해오라기처럼 여러 가지 빛깔을 내는 다양한 새들이 포함된다. 겨울 철새인 대백로를 제외하면 백로들은 원래 여름 철새로, 봄이 되면 남쪽 나라에서 한국을 찾아와 둥지를 짓고 번식한다. 그런데 기후변화 때문인지 1990년대 후반부터 겨울이 되어도 떠나지 않는 백로들이 많아졌다. 한국에 날아오는 백로과만 해도 18종이나 되니 여기서 그 각각을 다 설명할 수는 없고 그 가운데 왜가리, 중대백로, 쇠백로 정도라도 그 특징을 알고 구분하려 노력해보기를 권하고 싶다. 이 세 종류가 도심의 하천에서 가장 자

홍제천에 홀로 서 있던 왜가리. 책에 실을 사진을 촬영하다 보니 예전에는 눈에 띄지 않던 동물들이 더 잘 보이는 것일까, 아니면 요 근래 왜가리의 개체 수가 늘어난 것일까?

2024년 6월 17일 서울특별시 서대문구 홍제천

주 마주치는 백로들이다. 왜가리는 제일 크고 머리에 검은 두건을 썼으며 몸 전체가 대체로 회색인 새이고, 중대백로는 왜가리만큼 큰데 하얀 새이다. 그리고 쇠백로는 왜가리 반만 한 하얀 새이다. 동네 하천에서 이들 가운데 하나를 만나면 셋 중에서 누구인지 궁금해하면 좋겠다. 누군지 아는 것은 관심의 첫 단계이니까.

쫓겨나고 또 쫓겨나는 백로들

학마을에 살던 사람들은 뒷산에 집단 번식하던 백로의 똥 냄새나 깃털 날림을 싫어했을까? 꺅꺅대는 특유의 울음소리를 시끄럽다고 여겼을까? 자료를 보면 깃털을 장식용으로 쓰기 위해 백로를 사냥하기도 하고, 문화자본이 있는 선비들은 종이에 백로를 그리며 놀았다고 한다. 대체로는 백로를 싫어하기보다는 좋아해서 괴롭히거나 구경을 했던 것 같다. 1960~70년대까지만 해도 국가에서 백로와 왜가리의 집단 번식지를 천연기념물로 지정해 보호하려 했다.

그런데 2000년대에 들어서는 이 하얀 새들의 집단 번식을 불편하게 여기는 사람들이 생겨났다. 여름날 가까운 숲에서 날아드는 냄새와 깃털이 '민원' 사항으로 등장했다. 몇 년 전에 백로 관련 민원이 잦은 집단 번식지를 찾아간 적이 있다. 가뜩이나 뜨거운 공기가 머무는 계절에 물고기를 먹고사는 동물의 똥 냄새가 동네를 가득 채우고 있었다. 동네 한쪽에서는 쇠백로와 황로, 중백로 100여 마리가 빽빽한 나뭇가지 사이에서 더 좋은 자리를 차지하기 위해 신경을 곤두세우고 있었다. 어린 새의 솜털과 어미 새의 속깃털이 꽃씨처럼 공중에 날아다니고, 하얀 백로들의 배설물이 죽은 나무에서 아이스크림처럼 흐르고 있었다.

백로 배설물에서 나온 강한 요산 때문에 죽은 나무의 반대편에는 여름 햇살에 뜨겁게 달궈진 아파트가 빽빽한 창문을 굳게 닫고 있었다. 그 안에는 어쩌다 보니 백로를 미워하게 된 사람들이 살고 있을 것이다. 민원이 들어가고, 관공서에서 나와 백로가 번식하는 나무를 베고, 다음 해에 날아온 백로는 매번 가던 나무가 없어진 걸 알고는 바로 옆의 숲에 다시 집단 번식지를 꾸린다. 이런 일이 해마다 반복되고 있다. 2013년 대전의 카이스트에서 백로 번식지를 파괴하는 일이 있었는데, 쫓겨난 백로가 새로 만든 번식지를 좇아 대전시 공무원들이 시내를 뱅뱅 돌며 나무를 베는 다소 우스꽝스러운 일이 일어났다. 대전시는 연구 용역까지 발주하면서 이 민원을 해결해보려고 했다. 2016년에는 월평공원으로 백로를 유인하기 위해 백로 모형을 공원에 가져다 놓고 백로 울음소리를 녹음해서 틀어놓았다. 그러나 백로들은 월평공원 대신 카이스트로 돌아갔다. 백로들이 대전시를 비웃지는 않았겠지만, 이 사업을 추진한 사람들에게는 누군가의 비웃음이 들렸을지 모른다.

백로들의 번식기인 한여름, 서식지 아래의 초록 잎들이 백로들의 배설물로 하얗게 얼룩져 있다.
2024년 6월 27일 경기도 고양시 덕양구 도내동 인근

주택 단지 개발을 위해 백로 서식지 주변의 나무를 베어낸 모습.
매일같이 달라지는 이 일대의 풍경을 백로는 어떻게 받아들이고 있을까.

2024년 5월 1일 경기도 고양시 덕양구 도내동 인근

이 사건을 계기로 지자체들은 백로의 집단 번식지로 인해 생기는 민원은 단순히 번식지를 파괴하는 것으로 해결할 수 없다는 사실을 깨달았다. 해마다 같은 곳으로 날아와 번식하는 동물들이니 작년에 둥지를 지었던 나무가 없어지면 다른 곳으로 갈 줄 알았는데, 그 예상이 보기 좋게 빗나간 것이다. 전문가와 공무원이라는 사람들이 이 정도 예측도 못 하다가 세금을 한참이나 쓴 후에야 소용없다는 것을 깨닫고 머쓱해했다. 당시 내가 좀 의아하게 느꼈던 것은 어째서 백로는 참새나 까치, 집비둘기와 멧비둘기처럼 유해야생동물로 정해서 죽이지 않는가 하는 점이었다. 물론 그런 동물들을 죽여야 한다는 의견에 동조하는 것은 아니다. 다만 어떤 기준으로 백로는 죽이지 않고 둥지를 지을 나무만 베는 쪽으로 결정했을까 궁금한 것이다. 노랑부리백로를 제외하면 백로들은 멸종위기 야생생물로 지정되지도 않았다. 백로보다 보기 힘든 오리류 철새들도 모조리 유해야생동물로 지정되었는데 백로는 어떻게 그 운명을 피할 수 있었을까? 우리에게 '학'에 대한 일말의 옛정이라도 남은 것일까? 결국엔 백로가 없어지기를 바라지만 손에 직접 피를 묻히는 것은 어떻게든 피하고 싶은 것일까? 백로의 입장에서는 서서히 번식지를 파괴하며 삶을 조여 오는 압박이 죽음보다 더 큰 시련일 수도 있어 안타까운 마음이다.

  백로의 개체 수 자체는 꽤 늘었는지도 모르겠다. 가축, 야생동물 할 것 없이 동물을 먹거리로 여겼던 1990년대까지만 해도(너그럽게 1990년대라고 썼지만 2000년대에 들어서도 크게 달라지지 않았다) 한국에 야생동물이 얼마나, 또 어떻게 살고 있는지에 대한 조사가 드물었다. 환경오염에 대한 자각이 없던 시절이라 무분별하게 사용되던 농약에 논에서 먹이를 찾던 백로들이 희생되었을 가능성이 높다. 사람들이 백로를 보신용으로 잡아먹거나 백로 알을 훔쳐 먹는 일도 흔했다. 심지어 전국의 지자체에서 운영하는 동물원들은 백로를 전시하기 위해 번식지의 나무를 털어 새끼들을 잡아 오기도 했다. 그때나 지금이나 이런 행위는 다 밀렵으로 분류되지만, 당시는 동물을 보호하는 제도가 있으나 마나 한 시절이었다. 이제는 과도한 농약 사용이 인간에게도 해롭다는 것을 알게 되었고, 굳이 백로까지 잡아먹던 분들은 아마 다 돌아가셨을 것이다. 동물원에서 백로를 전시하겠다며 나무를 흔들어대거나 밀렵업자들과 거래한 내역이 들통 나면 책임자 몇은 징계를 받을 만큼 제도도 정비되었다. 그 결과 인간의 거주지 근처에서 번식하는 백로의 수가 많아지는 것 같다.

 그래서 어떻게 민원을 해결할 수 있느냐고 묻는다면, 그게 백로 때문에 생기는 민원인가 되묻고 싶다. 백로는 고릿적부터 한 마을에 살았고 마을 이름이 되기도 했던 동물인데, 왜 갑자기 그들의 번식지가 '주거 문제'가 되었을까. 문제가 아니던 것이 문제가 된 이유로 두 가지 정도가 떠오른다. 하나는 한국이 부동산의, 부동산에 의한, 부동산을 위한 나라라서다.

백로 번식지가 가까이 있는 아파트는 마치 특수학교나 쓰레기 매립지가 가까이 있는 아파트처럼 기피된다. 우리 사회에 꼭 필요한 시설이라 해도 내 아파트 옆에 오면 집값이 떨어지니 싫은 것처럼, 백로도 어딘가에서는 살아야겠지만 내 아파트 옆은 아니었으면 좋겠다는 것이다. 백로 번식지를 사람 곁에 둘 수 없다는 생각이 새로 생겨났다면, '그렇고 그런' 사람들의 개인적인 욕심 때문이라기보다는 부동산을 경기 부양과 재산 축적의 수단으로 이용하는 사회 체제의 탓이다.

또 하나는 깨끗함과 더러움에 대한 감각이 달라져서다. 백로의 배설물 냄새는 아마 예전에는 마을 뒷산에서 때가 되면 나는 퀴퀴한 냄새 정도였을 것이다. 지금은 과거에 비해 '똥'은 더러운 것이라는 생각이 강해졌고, 도시에는 야생동물의 흔적이 있어서는 안 된다는 혐오의 감각이 만연하다. 그래서 백로가 남긴 배설물과 냄새를 마치 그 공간에 있어서는 안 되는 오물로 여기곤 한다. 백로의 솜털이 눈 내리듯 날려서 창문을 열 수 없다는 불평은 열과 소음, 먼지를 대부분 차단할 수 있게 된 현대식 창문이 생기고 나서야 우리가 느끼게 된 감각일 것이다. 그렇다고 100년 전의 주거 형태와 위생 관념으로 돌아가자고 하는 것은 하나마나한 얘기다. 그보다는 지금 우리가 가진 깨끗함과 더러움에 대한 감각이 어떤 면에서 동물에 대한 이해를 과장하거나 왜곡하며 혐오를 부추기기도 한다는 사실을 인식해야 한다. 더럽다고 느끼던 것을 당장 깨끗한

것으로 바꾸어 느낄 수는 없겠지만 우리의 관념이 어느 방향으로 향해야 할지를 우리는 제법 의도할 수 있다고 생각한다. 그토록 유행하는 '생태'라는 말에 부합하는 사회는 어느 정도 불편함과 손해를 감수해야 만들 수 있다.

도심 속 백로 서식지와 그 왼편을 지나는 도로. 현재 서식지 주변은
2027년 공공주택지구 완공을 앞두고 공사가 한창이다.
서식지 뒤편의 나무들도 모두 베어져 이곳은 민둥산이 되었다.
2024년 5월 1일 경기도 고양시 덕양구 도내동 인근

5장

길조가
유해야생동물이
되기까지

까막까치

2023년에는 길고양이와 철새 문제를 제대로 들여다보기 위해 종종 마라도에 다녀왔다. 물론 고양이가 새를 사냥한다는 것은 새로운 사실이 아니었고, 그들이 마라도 생태계에 부정적 영향을 미친다는 것도 새삼 증명까지 할 일은 아니었다. 그러나 직접 다니면서 보니 새로 알게 되는 것들이 있었다. 봄과 여름에 마라도에서 번식하는 철새를 잡아먹는 외래종은 고양이만이 아니었다. 오랜 시간 바다 위를 날아서 오느라 지친 새를 지상에서 고양이가 잡는다면, 높은 곳에 자리 잡은 둥지의 어린 철새는 까치$_{Pica\ serica}$들이 날아와 잡아먹고 있었다. 까치는 한반도에 자생하는 야생 조류이지만 원래 마라도에는 살지 않았기 때문에 이곳에서는 외래종이다. 그리고 고양이와 마찬가지로 마라도 생태계에 위협이 되고 있다. 인간은 스스로 마라도에 고양이와 쥐, 까치를 옮겨놓고는 이제는 생태를 위해 그들을 박멸해야 한다며 머리를 싸매고 있다.

길조의 이주와 박멸

1989년, 아시아나 항공 취항 1주년 및 일간스포츠 창간 20주년 기념행사에서 까치 53마리를 제주도에 풀었다. 누군가는 이를 재미있고 환상적인 아이디어라고 생각했을 것이다. 이후 제주에서는 까치가 폭발적으로 늘었다. 10만 마리까지 늘어난 2010년경부터는 마라도까지 날아오기 시작했다고 한다. 항공기 취항이나 신문 창간 기념과 까치를 방사하는 일이 무슨 상관이 있는지 지금으로서는 이해하기 어렵지만, 그 시절에는 이렇게 동물을 잡아다 다시 날리는 게 유행이었다. 심지어 까치가 없던 울릉도에 헬기로 까치를 실어 날랐다는 기사도 확인할 수 있다. '조류 연구가'라며 자신을 소개하는 사람이 KBS 뉴스 인터뷰에서 "까치가 전국에 다 살 수 있게 한다는 것은 대단히 의미가 있는 일"이라고 평가했다. 그때라고 해서 생태계 교란을 우려하는 목소리가 없었나 하면 그렇지도 않은데 말이다.

울릉도로 강제로 이주당한 까치로서는 불행하게도, 울릉도 생태계에는 다행스럽게도, 옮겨 간 까치들은 10년을 채 버티지 못하고 울릉도에서 사라졌다. 이와 달리 1970년대부터 숱한 실패를 거치며 이주시킨 꿩*Phasianus colchicus*은 생존에 성공했다. 그러나 꿩은 이후 농작물에 피해를 주고 생태계 교란을 일으키는 '주범'으로 여겨져 소탕해야 할 표적이 되고 말았다. 만약 울릉도에서 까치가 살아남았다면, 지금의 제주도 까치나

해질 무렵, 까치들이 하나둘 지붕 위로 모여든다. 잠시 머무르다 그들 중 한 마리가 날아오르자, 다른 새들도 뒤따라 하늘로 향한다. 어둠이 내리자 무리는 함께 이동한다.

2023년 10월 10일 서울특별시 종로구 구기동 주택 단지

울릉도 꿩처럼 인간의 소탕 대상이 되었을 것이다.

이런 일은 섬에서나 일어나는 것이겠지 싶겠지만, 사실 인간에게 사냥당하는 까치는 섬보다 육지에 더 많다. 1994년에 유해조수(현 유해야생동물)로 지정된 까치는 잡아먹기 위해 죽이는 가축종을 제외하면, 한반도에서 의도적으로 죽이는 동물 종 가운데 그 수가 단연 많다. 한국 정부는 2018년부터 2023년까지 1648억 원을 써서 까치 130만 마리를 죽였다. 단순 계산으로 하루에 600마리씩 죽인 셈이다. 한국전력은 '조류 포획 위탁사업'을 통해 전신주에 집을 짓는 까치를 죽인다. 사냥꾼이 까치를 잡아서 한국전력에 넘기면 한 마리당 6000원의 포상금을 받는다. 까치를 이렇게 많이 죽이고 있다는 사실은 한국인이 길조라 여겼던 까치를 그만큼 미워하게 되었다는 근거이기도 하고 결과이기도 하다.

2020년에 나는 어느 동물원에 취직을 했다. 그 동물원이 자랑하는 초대형 조류 전시장 안에는 까치를 잡기 위한 덫이 설치되어 있었다. 과수원에서 열매를 쪼아 먹는 까치를 잡기 위해 사용하는 흔한 덫이었다. 까치가 들어와 동물원에서 전시하고 있는 새들의 먹이를 빼앗고, 때로는 그 안에서 태어난 어린 새까지 잡아먹기 때문에 설치가 불가피하다고 했다. 사실 까치의 몸통이 충분히 통과할 수 있는 전시장의 성긴 그물망이 문제라면 문제였다. 조류 전시장을 담당하던 사육사는 덫에 걸린 까치를 물에 담그거나 패대기쳐서 죽인다고 했다. 명

색이 동물원인데 그러지 말자고 제안했으나 까치를 전시장 밖에 풀어주면 다시 들어온다는 대답만 들었던 기억이 난다.

유해야생동물 목록에 새로 합류한 큰부리까마귀

한국에 사는 까마귀과 조류로는 텃새로 사는 까치, 큰부리까마귀 *Corvus macrorhynchos*, 까마귀 *Corvus corone orientalis*, 어치 *Garrulus glandarius*, 물까치 *Cyanopica cyanus*, 잣까마귀 *Nucifraga caryocatactes*가 있고, 겨울에 찾아오는 떼까마귀 *Corvus frugilegus*, 갈까마귀 *Daurian jackdaw*가 있다. 잣까마귀는 높은 산에 살지만 나머지 일곱 종은 관심만 있다면 도시에서 쉽게 만날 수 있다. 길조였던 까치가 대량 학살에 가까운 형태로 개체 수 '조절'을 당하는 동안, 그와 비슷한 생태적 지위를 차지하는 까마귀가 까치의 빈자리를 채우며 늘어났다. 두 종 모두 도시 생태계에서 번성하기에 유리한 경쟁종이다.

우리가 도시에서 볼 수 있는 대부분의 까마귀는 큰부리까마귀이다. 큰부리까마귀는 까마귀보다 덩치가 조금 크지만, 사실상 크기로는 구분하기 어렵다. 윗부리 모양이 살짝 두껍고 굽은 걸 자세히 봐야 큰부리까마귀를 구별해낼 수 있다. 정작 이름이 짧아서 쉽고 익숙한 까마귀는 도시에서 만나기 어렵다. 왜 까마귀가 적고 큰부리까마귀가 많은 것일까. 원래는 까마귀라고 부르던 새가 더 많았다가 큰부리까마귀에게 밀려난 것인지, 아니면 옛사람들이 둘을 구분하지 않고 그냥 다 까마귀라고 부른 것인지 정확히 알 수 없다.

1980~90년대 한국에서는 '정력'에 좋다면 뭐든 잡아먹는 보신 열풍이 불었다. 그런 분위기를 타고 사람들은 까마귀도 열심히 잡아먹었다. 그래서인지 1990년대에는 큰부리까마귀도 까마귀도 실제로 보기가 무척 어려웠다. 이런 상황은 2000년대 초반까지 이어졌다. 까마귀가 정력에 좋다는 낭설은 1991년 기사에서 집중적으로 나타난다. 그러다가 고양이, 개구리, 뱀, 수달에 너구리, 고라니까지 잡아먹는 보신 문화를 자성하는 목소리가 나오기 시작한다. 별다른 문제의식 없이 동물을 잡아먹던 관행이 무엇이든 산업화하던 시기에 대규모로 확대되면서 대중이 위기의식을 느끼는 단계까지 갔던 것 같다. 동물의 멸종 원인을 분석할 때 가장 많이 나오는 것이 서식지 파괴인데, 어떤 맥락에서는 그것이 가장 주요한 원인이 아닐 수도 있다는 생각을 자주 한다. 인간의 능력이 특정 종을 아예 없애버릴 수 있는 수준에 도달했을 때, 그리고 그것이 산업이 되었을 때 그 종은 생태계에서 사라져버릴 수 있다.

까마귀과 새 중에서 까치, 어치, 까마귀, 떼까마귀, 갈까마귀는 수십 년 전부터 줄곧 유해야생동물로 지정되어 있었다. 농작물을 쪼아 먹거나 전력 시설에 둥지를 지어 '피해'를 준다는 것이 그 이유다. 텃새이면서도 개체 수가 적었던 큰부리까마귀는 유해야생동물이 아니었다. 그러나 삭막한 시기를 견디고 가까스로 살아남아 개체 수가 많아지자 다시 인간과의 갈등이 시작되었고, 2023년에 유해야생동물로 신규 지정되었다. 국가가 예산을 들여 총이나 덫으로 사냥하고, 사체를 매몰하거나 소각하는 방식으로 개입하는 종이 된 것이다. 지금 같은 추세로 늘어난다면 물까치도 머지않아 유해야생동물로 지정될 듯 보인다. 텃새인 물까치는 20년 전까지만 해도 한반도 남쪽의 계곡에서나 볼 수 있던 머리가 까맣고 꽁지와 날개깃이 물빛처럼 푸른 새다. 20년 사이 한국의 어느 도시에서나 쉽게 볼 수 있는 새가 되고 나니 '사람을 공격했다', '농작물을 망친다'는 등의 기사가 속속 나오고 있다. 경쟁종인 까치의 개체 수가 조절되면서 물까치가 상대적으로 늘어나기도 했겠지만, 그보다는 지구가 뜨거워지면서 물까치의 분포 지역이 점차 넓어지고 있는 것으로 보인다.

 도시화는 대체로 생물 다양성을 줄인다. 그러나 도시가 만들어낸 부자연스러운 환경은 어떤 종들에게는 예상치 못한 번성의 기회를 주기도 한다. 도시의 구조물, 자동차의 소음과 매연, 도시의 식생 분포와 그들 간의 연결, 물의 흐름, 인구 밀도와 사람들의 음식물 처리 습관 등이 그에 대한 적응력이 높은 종의 생존 확률을 높이는 것이다. 인간 위주로 만들어진 도시가 어떤 종의 천적을 없애거나 새로운 보금자리를 만들어내는 방식으로 그 종이 우점하는 도시 생태계를 만들기도 한다. 이런 식으로 인간에 의해 늘어난 까치와 큰부리까마귀를 우리는 또 대량으로 죽이면서 생태계의 균형을 이루어야 하는 것일까?

울산 태화강 떼까마귀의 군무

겨울 철새 떼까마귀도 최근 20년 사이에 찾아오는 개체 수가 크게 늘면서 주목받고 있다. 수십 년 내내 유해 야생동물로 지정되어 사냥을 당하면서도 떼까마귀들은 아랑곳없이 겨울마다 대거 한국을 찾아온다. 2000년대 초반에는 제주를 비롯해 서해로 흐르는 강 하구에 수천 마리씩이 겨울을 나러 왔다고 한다. 그러다 최근에는 울산의 태화강이나 수원, 평택, 아산의 도심에 수만 마리 규모의 떼까마귀가 나타나 하늘을 뒤덮기 시작했다.

이와 같은 무서운 증가세에 도시인들이 놀랄 법도 하다. 떼까마귀는 번화가의 전깃줄에 새카맣게 앉아 잠을 청하다가 네온사인 사이로 밤늦도록 돌아다니는 행인의 머리와 자동차 위에 똥을 싸댄다. 지자체에서는 매일 아침 떼까마귀의 똥을 치우는 인력을 배치하고, 밤마다 레이저 광선 장치로 전깃줄에 앉은 떼까마귀를 도시 밖으로 내쫓는다. 이 새들은 갑자기 왜 이렇게 많이 도심 밤거리에 찾아오게 된 것일까. 이유를 알 수 없는 사람들은 히치콕의 영화 〈새〉를 보았을 때처럼 밑도 끝도 없는 두려움을 느낀다. 일부 연구자들은 도심에서는 천적을 피할 수 있기 때문이라고 설명하지만, 떼까마귀가 이렇게 갑자기 늘어난 이유로 충분해 보이지는 않는다. 다만 이들이 원래 가던 곳보다 한국의 도심이 생존에 더 유리해지는 크고 작은 사건들이 벌어지고 있는 것은 분명하다.

한편, 도시의 녹지에서 이 까만 새 떼가 연출하는 풍경이 좀 다르게 나타나는 곳도 있다. 울산 태화강변은 예로부터 대나무숲이 울창했던 곳인데, 1980년대에 실시된 강변 정비 사업으로 넓은 대숲의 상당 부분이 사라졌다. 울산시에서는 그 가운데 일부를 남구의 삼호동과 무거동 쪽으로 옮겨 와 공원을 만들었다. 바로 이곳에 수만 마리의 떼까마귀가 찾아와 잠을 청하기 시작한 것이다. 이곳은 2000년대 이전에는 주요 도래지가 아니었으나, 지금은 전국에서 가장 큰 무리의 떼까마귀가 겨울마다 찾아오는 곳으로 유명해졌다. 울산시는 대숲 주변에 울산철새홍보관과 철새공원을 만들었고, 삼호버드페스티벌이라는 행사도 개최한다. 사람들은 대숲에 날아오는 떼까마귀의 군무를 감상하고 그림을 그리기도 한다. 이곳은 이제 새 떼가 공포감을 조성하는 곳이 아니라 노을을 배경으로 춤을 추는 공간이 되었다. 울산 사람이라고 떼까마귀 똥이 좋겠느냐마는 이 철새를 받아들이자는 공동체의 결정은 보상과 청소 지원 등을 통해 주민들을 설득해나가고 있다.

<u>왼쪽</u> 모였다가 흩어지며 춤을 추는 떼까마귀들.
<u>오른쪽</u> 하루 중 일정한 시간이 되면 태화강 인근의 건물이나 전깃줄 위에서 대기하던 떼까마귀들이 동시에 하늘로 솟아올라 장대한 군무를 펼친다. 종말이란 이런 모습일까 싶으면서도 그 웅장함에 압도당한다.

2024년 2월 22일 울산광역시 중구 태화강

군무를 마친 까마귀들이 잠드는 대나무숲.
2024년 2월 22일 울산광역시 중구 태화강 국가정원시리대숲

야생동물이 너무 많을 때

도시인은 야생동물이 없는 세계에 산다. 실제로 없어서가 아니라, 인지하지 못해서 그 세계는 야생동물이 없는 세계가 된다. 물론 야생동물이 급격히 줄어들기는 했다. 몇몇 종은 거의 박멸했다고 말할 수 있을 만큼 사라졌다. 이런 상황에서 일부 눈에 띄는 야생동물은 도시인의 인지 속에서 존재감이 두드러지게 된다. 급격히 망가지고 있는 경관 속에서 생존의 기회를 잡은 몇몇 종을 인간은 '너무' 많아졌다고 인식한다. '야생동물이 너무 많다'는 인식은 인위적 개입으로 생태계를 관리해야 한다는 산업화 시대의 산물이자, 야생동물에 경쟁심과 공포, 낯섦을 느끼는 이들의 민원에 대응하는 관료제의 정책 근거다. 얼마나 많아야 많은 걸까? 그에 대한 판단은 자연과학이나 편견, 감정 어느 하나에만 기대지 않고 복잡한 사회관계의 차갑고 뜨거운 부침에 따라 달라진다. 판단을 해도 되는지 망설이는 것 역시 하나의 판단이다. 우리는 이제야 동물의 입장에서도 생각하기 시작했다. 인간의 행위가 동물의 삶에 어떤 영향을 미치는지 진지하게 생각해본다면 야생동물이 너무 많다는 판단도 조금은 더 조심스럽게, 덜 폭력적으로 할 수 있을 것이다.

왼쪽 앞집 에어컨 실외기 위에 물까치들이 엉켜 있다.
무언가를 먹고 있는 것일까 궁금해하며 한참을 바라보았다.
2023년 9월 23일 서울특별시 종로구 구기동 주택 단지

오른쪽 검은색 투구를 쓴 듯한 이 화려한 새는 물까치다.
'꼬잉꼬잉' 우는 소리마저 신기하다. 언제부턴가 집 근처에서
물까치 떼가 자주 보이기 시작했다.
2024년 4월 5일 서울특별시 종로구 구기동 주택 단지

6장

도시에 살아남은 다양성의 세계

작은 새들

창밖으로 만나는 새

우리 집은 8차선 대로와 작은 숲 사이 좁은 틈에 끼어 있는 한 동짜리 아파트다. 창문을 열면 좀 시끄럽긴 해도 서울 시내에 살면서 창밖으로 숲을 볼 수 있다는 것은 이 집을 선택하게 한 큰 장점이었다. 집이 앉은 땅의 경계가 자연녹지지역으로 묶여 있어서 그 숲을 밀고 건물이 들어설 가능성도 희박하다. 자연녹지지역으로 지정된 곳은 야트막한 산인데 앞에서 이야기한 것처럼 너구리가 바글바글하고 새도 많다. 밤나무, 도토리나무, 소나무, 아까시나무, 감나무가 물감 섞인 듯 얽혀 있는 창밖으로 새를 보는 것은 이 집에 사는 큰 기쁨이다.

낙엽이 질 때면 나는 정육점에서 쇠기름을 얻어 온다. 사람이 먹지 않는 부위는 버리기 때문에 인심이 나쁘지 않은 정육점에서는 흔쾌히 한 봉지씩 담아준다. 정육점 주인이 뭐에 쓸 거냐고 물으면 "새 주려고요" 하고 대답한다.

"새요? 무슨 새요?"

"작은 새요."

"새가 그걸 먹어요?"

"네. 겨울엔 먹을 게 없어서 잘 먹어요."

정말 그렇다. 하얗고 미끄러운 쇠기름을 케이블타이로 엮어 베란다 난간에 매달아두면 새들이 찾아온다. 아파트 5층 베란다는 새들이 먹이가 있을 만한 장소라고 인지하기 어렵기 때문에 처음 며칠은 쇠기름이 외롭게 말라간다. 그러다가 어느 눈 밝은 새가 먼저 발견하면 다른 새들도 이내 먹이의 유용성과 그 위치를 학습한다. 주변 나무에 앉아서 기다리다가 자기 순서가 오면 베란다 난간으로 포르르 포르르 날아든다.

새들은 작은 부리로 쇠기름을 쪼아 먹는다. 미끄러운 쇠 난간이나 케이블타이를 발로 꼭 붙잡고 콕콕 쪼는 시간은 한 번에 5초 남짓이다. 크기가 직박구리*Hypsipetes amaurotis*쯤 되면 부리에 문 기름 덩어리가 사람 눈에 보일 정도라 '아, 먹는구나' 알 수 있지만, 작은 새들은 먹는 건지 아닌지 잘 보이지도 않는다. 게다가 새의 표정은 인간의 눈으로 거의 이해할 수 없다. 적극적으로 날아드는 새들의 날갯짓을 보며 한겨울 추위에서 살아남을 희망을 찾았다는 반가움을 짐작해볼 뿐이다. 겨울이 반쯤 지나면 반질반질하던 쇠기름은 뾰족한 부리에 수없이 뜯겨 흰목이버섯처럼 흐물흐물해진다. 그러다 검게 변색되기 시작하면 새로 쇠기름을 얻어다 갈아준다.

우리 집에 가장 많이 찾아오는 새는 박새*Parus cinereus*, 쇠박새

그릇과 남은 과일 조각을 베란다에 두었다. 달달한 과일을 좋아하는
직박구리들이 종종 집으로 찾아오기 시작했다.
2023년 4월 26일 서울특별시 종로구 구기동 집 베란다

Poecile palustris, 곤줄박이 Sittiparus varius 이렇게 세 종이다. 셋은 크기도 비슷하고 생활사도 비슷해서 구분하기 어렵다. 아마 이들은 사람들이 자기를 대충 '참새'라고 불러도 원망하지 않을 것이다. 참새보다 더 작은 이 텃새들은 혹독한 한국의 겨울을 몸으로 고스란히 견뎌낸다. 열매가 열리는 계절에는 주로 식물성 먹이를 먹지만, 나무도 죽은 척을 하는 겨울에는 동물성 먹이도 가리지 않는다. 혹시나 싶어 쇠기름 옆에 땅콩과 좁쌀을 넣은 모이통을 두었지만 에너지 효율 면에서 쇠기름이 월등해서인지, 아니면 맛의 차이가 큰지 곡류는 한 번도 건드리지 않았다. 황태처럼 쭈글쭈글하게 마른 땅콩은 봄이 올 무렵 쓰레기통으로 갔다.

작은 새 가까이 보기

사실 박새와 쇠박새, 곤줄박이는 꽤 많이 다르다. 이름부터 튀는 곤줄박이는 박새나 쇠박새보다 깃 색이 화려하다. 그래서 영어 이름도 '다채로운 박새 Varied tit'다. 배 전체와 뒤통수 바로 아래 어깨를 잘 익은 감처럼 진한 주황색 깃털이 환하게 덮고 있다. 꼬리와 날개는 푸른빛이 살짝 감도는 회색이다. 상아색 얼굴에 머리통과 턱 아래만 검은 깃이다. 동물의 외양을 사람에 빗대는 것을 그리 좋아하지 않지만, 이해를 돕기 위해 묘사해보자면 정수리 부분의 머리숱이 적고 턱

수염은 덥수룩한 사람을 닮았다. 이처럼 화려한 곤줄박이에 비해 박새와 쇠박새는 무채색에 가깝다. 흰색, 회색, 검은색, 그리고 언뜻 언뜻 보이는 녹색 계열의 털로 옷을 짜 입었다. 둘의 차이를 기억하려 애를 써봐도 어느새 '아, 배에 줄이 간 것이 박새던가 쇠박새던가' 하게 된다. 쉽게 구분하자면 턱부터 아랫배까지 굵고 까만 줄이 과감하게 그어져 있는 것이 박새다. 자잘한 동정同定(생물의 분류학상의 소속이나 명칭을 바르게 정하는 일) 포인트가 있지만, 새 관찰의 초보자라면 배에 있는 까만 세로줄만 기억하면 된다. 쇠박새는 이름 그대로 박새보다 작아서 '쇠'가 붙었다. 그러나 다들 참새만 해서 크기로만 구분하기는 어렵다. 쇠박새의 동정 포인트는 머리에 쓴 '두건'이다. 물론 진짜 두건은 아니다. 두건을 쓴 사람의 두상처럼 윗머리 라인이 매끈하게 뒤통수까지 빠진다. 이 까만 두건은 뺨의 흰색 깃털과 확연한 대비를 이룬다. 이렇게 세 종을 구분하는 법을 배우더라도 또 헷갈릴 수 있는 것이 한국에는 진박새Periparus ater까지 총 네 종의 박새과 새가 있다. 진박새는 쇠박새보다 턱수염이 훨씬 더 넓게 나고 정수리 깃이 삐죽 올라와 있어서 '헤어스타일'이 달라 보인다. 비록 진박새는 우리 집에 찾아오지 않지만, 이 네 종 모두 전국 어디에서나 쉽게 만날 수 있는 박새과 새들이다.

   집 안에 앉아 곤줄박이와 박새, 쇠박새를 하염없이 쳐다보고 있노라면 셋의 외모가 다르듯 행동 양식도 다르다는 걸 알게 된다. 곤줄박이는 다른 박새들보다 덩치가 큰 만큼 행동도 과격하다. 물론 몸의 길이가 한 뼘도 안 되기 때문에 사람의 눈에는 그다지 과격해 보이지 않지만, 곤줄박이는 박새와 쇠박새가 찍소리도 못 할 만큼 거친 몸짓으로 공간을 차지하며 움직인다. 큰 틀에서 보면 셋 다 포르르 날아다니는 작은 새라 해도, 셋만 놓고 비교하면 곤줄박이의 몸짓은 푸닥거린다고 표현할 만하다. 한편 곤줄박이는 인간에 대한 경계심이 가장 덜한 편이라 개체에 따라서는 사람 손바닥에 올려놓은 땅콩을 가져가기도 한다. 그래서 나는 곤줄박이를 만나면 그 장난을 치고 싶은 마음에 땅콩이 있을 리 없는 빈 주머니를 만지작거리곤 한다. 쇠박새가 움직이는 방식은 셋 중에서 곤줄박이와 정반대편 끝에 있다. 조심스럽고 빠르다. 창 건너편 나무에 앉았다가 베란다로 미끄러지듯 날아와 착 붙는다. 쇠기름에 붙어서 쪼아 먹는 시간도 가장 짧고 부리도 짧아서 저렇게 찔끔찔끔 쪼아서 뭘 먹기는 하나 싶은 생각이 든다. 박새는 그 중간인데, 곤줄박이보다는 망설이며 움직이지만 쇠박새와 비교하면 툭탁거리는 느낌이 있다. 이 미세한 차이는 글로 읽기보다는 직접 보아야 알 수 있다.

위의 두 문단을 읽으며 조금 지루하다고 느끼신 분들도 있을 것이다. 이렇게 새의 특징을 주절주절 길게 늘어놓으면 집중해서 듣는 사람이 잘 없다. 새를 좋아하는 사람은 마치 인구의 몇 퍼센트로 정해져 있는 것처럼, 이런 다양한 차이들에 호

박새 표본. 표본 수장고에는 다양한 동물 표본이 보관되어 있다.
특히 작은 새가 많은데, 유리창 충돌로 인해 수집된 개체가
대부분이라고 한다.

2024년 6월 11일 인천광역시 서구 국립생물자원관

작은 새들이 재잘대며 부산하게 움직이는 시간이 한참 지나고 난 후,
그 시간엔 보이지 않던 딱새 한 마리가 난간에 조용히 앉아 있었다.
2023년 10월 16일 서울특별시 종로구 구기동 주택 단지

기심을 갖는 사람은 극히 소수다. 그중 몇몇은 아예 직업적 새 연구자가 되었을 것이다. 그런 사람들에 비하면 나는 냉담자에 가깝다. 나는 시간을 내서 새를 보러 다닌다기보다는 정말 일하기 싫을 때나 새들이 일상적이지 않은 행동을 할 때 다급히 쌍안경을 꺼내서 보거나, 우리 집 고양이들이 창문 너머 베란다 난간에 붙은 새들을 바라보며 채터링chattering(고양이가 사냥감을 노리며 내는 빠른 음절의 소리. 의성어로 표현하자면 '꺅꺅꺅' 정도 되겠다)할 때 멀찍이 숨어 새와 고양이 양쪽의 반응을 살피는 정도에 불과하다. 분명한 사실은 도심 속 작은 새들이 보이는 다양성은 생태적 중요성을 넘어 동물에 관심이 많아지는 시대에 누구에게나 꽤 재미있는 구경거리이자 공부거리라는 점이다.

야생 조류에게 먹이를 줘도 될까?

동물과 친하게 지내는 일은 재미있다. 이때의 동물에는 인간이 포함된다. 내가 아닌 누군가와 서로 좋아하는 마음을 공유하는 일은 가슴 뭉클하고 삶에 의미가 생겨나는 일이다. 그래서 개도 기르고, 동물원에서 아무리 먹이를 주지 말라고 해도 기어이 주고 그러는 것 아니겠는가. '네가 원하는 걸 해줄게. 네가 기뻐하는 모습을 보고 싶어'라는 마음. 그 대상이 야생동물일 때 뿌듯한 마음은 더 커진다. 통제할 수 없는 동물과 '교감'한다는 감각, 여기에 생태적 곤란에 빠진 종을 구조하고 구원한다는 서사까지 붙는다면 마치 자신이 사회적으로 훌륭한 일을 한 것처럼 느껴진다. 그러나 먹이를 주면서 야생동물과 친해지는 일은 매우 조심스러워야 한다. 조금 더 단호하게 말하자면 '먹이를 주지 않는 것'을 원칙으로 해야 한다. 길고양이나 비둘기처럼 '재야생화'되고 있는 종에게도 마찬가지다. 인간이 갖게 된 영향력의 크기 때문에 일부러 먹이를 주는 행위는 전보다 더 위험해졌다. 함부로 먹이를 주어 이들을 인간이 통제 불가능한 범위까지 번성하게 만든다면 생태계에 돌이키기 힘든 혼란과 피해가 남을 것이다.

이처럼 나는 야생동물에게 먹이를 주거나 인위적으로 개입해서는 안 된다는 원칙을 가지고 있지만, 다른 한편으로 올 겨울에도 집에 찾아오는 새들을 위해 베란다에 쇠기름을 달아두겠다는 생각을 한다. 겨울에 먹을 것이 없어 고통을 겪을 새들을 걱정해서가 아니라, 집 안에만 갇혀 사는 내 고양이들이 즐거워하는 장면을 보기 위해 원칙을 어긴다. 베란다에서 쇠기름을 뜯어먹는 작은 새들의 생존 확률, 그들의 생태적 지위와 특성, 그것이 산업화된 도시에서 받고 있는 영향, 나처럼 새에게 먹이를 주는 사람의 수와 먹이의 양, 다른 먹이 대신 쇠기름을 먹은 새들이 겪게 될 신체적 변화, 나의 행위가 미생물 전파 양상에 미칠 영향 같은 것들을 종합적으로 따져보았을 때 별 문제가 없다는 결론이 났기 때문이기도 하다. 당연히 내

판단은 틀릴 수 있다.

새에게 먹이를 주는 행위에 대한 연구는 서구에서 꽤 많이 이루어졌다. 당연하게도 먹이 주는 행위는 생태계에 다양한 영향을 미친다. 새들의 영양 상태가 좋아지기도 하고, 여러 새들을 한곳에 모이게 하기 때문에 전염병의 전파 가능성이 높아지기도 한다. 인간이 제공하는 먹이를 더 유용하게 쓰는 특정 종이 생존에 유리해지기도 하는데, 그 정도가 생태계의 균형을 깰 만큼은 아닌 듯하다. 먹이 주기는 대체로 야생 조류의 번성에 긍정적인 영향을 준다. 대부분의 야생 조류의 개체 수가 감소하고 있는 상황을 고려한다면, 그들이 살기에 조금 유리해지는 것이 큰 문제를 일으키지는 않을 것이다. 부정적인 면이라면 새에게 인위적으로 먹이를 주는 시설이 새를 건물 쪽으로 유인하여 유리창 충돌의 가능성을 높일 수 있다는 것이다. 그래서 최근에는 유리창 충돌을 최소화하는 방식으로 새들에게 먹이를 주는 방법이 연구되고 있다.

보이지 않는 벽, 유리창

여성이 여성이라는 이유로 사회적으로 받는 불이익을 '유리 천장'이라고 한다. 보이지 않지만 분명히 존재하며 여성의 사회 진출과 지위 상승을 가로막고 있는 천장을 뜻하는데, 이것이 정확한 표현인지는 잘 모르겠다. 여성을 가로

작은 새 한 마리가 창밖에 쓰러져 있었다. 처음엔 고양이의 소행인가 의심했지만, 외상이 보이지 않았다. 작업실 한 면을 가득 채운 커다란 통유리창이 원인이었을지도 모르겠다.

2021년 10월 23일 경기도 파주시 아울렛 작업실

막는 사회적 장벽은 그것을 없는 셈 치려는 사람들이 있어서 그렇지 비교적 명확하게 인지할 수 있는 것들이기 때문이다. 그런데 새들에게는 정말로 물리적으로 '보이지 않는 벽'이 있다. 바로 인간이 만든 유리창이다.

새는 투명한 벽을 인지하지도 상상하지도 못한다. 진화의 시계로 보면 무척 짧은 기간인 불과 수천 년 전에 인간은 유리를 발명했고, 약 2000년 전부터 건물의 창에 유리를 끼워 넣기 시작했다고 한다. 오늘의 도시에서 볼 수 있는 온통 유리로 덮인 초고층 건물은 세워지기 시작한 지 채 100년도 되지 않았다. 오늘날 대도시의 상공에는 투명하고 납작한 벽이 우후죽순처럼 들어서 새들이 자유롭게 날던 공간을 가로지른다. 새들은 전에 없던 이런 경관에 진화적으로 적응할 시간이 충분하지 않았다. 그래서 유리창을 볼 때면 투명한 벽 건너편을 보거나 유리창에 반사된 장면을 거울처럼 보게 된다. 둘 다 착시다. 이 착시에 의해 부딪힐 위험을 미처 느끼기도 전에 유리창에 부딪힌다. 브레이크를 밟기도 전에 충돌하는 자동차 사고 같은 것이다. 유리창에 부딪힌 새의 절대 다수는 그 자리에서 죽는다.

인간이 세운 유리창 건물이 새들에게 어느 정도 영향을 미치는지 살펴보자. 미국의 어류야생동물관리국United States Fish and Wildlife Service(USFWS)에 따르면(2017년 기준) 야생 조류가 죽는 가장 큰 원인은 고양이에 의한 포살이고, 그다음으로 유리

죽은 새들을 모아놓고 보니 안타까운 마음이 들었지만, 동시에
그 깃털과 생김새의 다양함이 놀라웠고 우리 주변에 이렇게 아름다운
새들이 많다는 사실에 감탄했다.

2024년 6월 11일 인천광역시 서구 국립생물자원관

창 충돌과 자동차(와 그 밖의 탈것) 사고라고 한다. 구체적으로 1년에 인간의 개입에 의한 사고로 죽는 새 33억 마리 중에서 고양이의 포살에 의한 것이 24억 마리, 유리창 충돌에 의한 것이 5억 마리, 자동차 사고로 죽는 것이 2억 1000만 마리라고 한다. 어마어마한 숫자다. 2018년 국립생태원의 분석에 따르면 한국에서 1년 동안 유리창 충돌로 죽는 새는 800만 마리라고 한다. 이를 상세히, 제대로 분석한 결과는 한국에 아직 없다. 가장 큰 원인인 고양이의 포살에 관한 연구도 없다. 작은 새들에 대한 국가 차원의 관심이 매우 부족하다는 뜻이다.

새들은 어떤 창에는 많이 부딪혀 죽고, 어떤 창에는 부딪히지 않는다. 요 몇 년 동안 새가 유리창에 부딪히지 않도록 하는 방법이 연구되었는데, 그 주요한 원리는 새가 유리창을 인지할 수 있게 하는 것이다. 간단하게는 유리창에 촘촘하게 색칠을 하거나 스티커를 붙여서 투명하지 않게, 풍경을 감쪽같이 반사하지 않게 만드는 방법이 있다. 세로 5센티미터, 가로 10센티미터 간격으로 점을 찍으면 덩치가 작은 새도 스스로 그 사이를 통과할 수 없다고 여기고 유리창을 피해 간다고 해서 고안된 '5×10 규칙'이 잘 알려져 있다. 이에 따라 전국의 수많은 단체와 개인들이 유리창에 달라붙어 점을 찍고 있으며, 공공기관부터 의무적으로 점을 찍으라는 법과 조례 등이 만들어지고 있다.

도시에 겨우 살아남은 야생동물, 작은 새

다른 한편으로, 새가 유리창을 알지 못하는 덕에 나는 집 안에서 창가에 앉은 새를 자세히 볼 수 있다. 우리 집 유리창이 더러워서인지, 아니면 반사를 잘 해서인지 베란다 난간에 걸어둔 쇠기름에 모여드는 새들은 집 안에서 자신들을 쳐다보고 있는 고양이들과 인간들을 인지하지 못한다. 우리는 유리창 바로 건너편에 붙어서 속닥거리며 새들을 관찰한다. 쌍안경으로 당겨서 볼 때와는 또 다른 재미다. 깃털 가닥, 다리를 촘촘히 덮은 비늘, 비현실적으로 동그란 눈, 생각보다 가지런하지 않은 동물로서의 실체, 있는 것이 당연한데 미처 예측하지 못한 상처, 거기서 유추할 수 있는 그들의 경험, 결코 평화롭지 않을 일상을 따뜻한 집 안에 앉아 탐하는 마음으로 본다. 내가 사는 집의 유리창 너머에 그들이 산다는 사실에 안도하고, 또 불안해한다.

도시인들에게 야생동물이란 앞서 이야기한 너구리, 멧돼지, 고라니, 백로, 까마귀, 까치처럼 나타났을 때 '문제'가 되는 존재들이다. 이들을 문제라고 인지하는 이유는 낯선 존재를 받아들이는 인간의 사고가 대체로 부정적인 방향으로 움직이기 때문이다. 살아 있는 내내 털과 똥을 생산하고 남기는 것은 인간이나 동물이나 마찬가지인데, 사람들은 도시의 규범 안에서 정해진 하수 시설과 청소 및 폐기물 관리 시스템에 삶의 찌꺼기를 정확히 골인시키지 못하는 동물들을 더럽다고, 때로는 두렵다고 생각한다. 목줄을 매거나 집 안에 가두지 못하는 동물들은 위험하다고 여긴다. 그러니 이들은 모두 도시에 있어서는 안 되는 존재들, 문제가 되는 존재들인 것이다.

지금 도시에 사는 동물들은 21세기의 도시 시스템에 적응하는 중이다. 수가 많아지면 인간의 눈에 띄고, 그러다 인간이 마지막 한 마리까지 죽여 멸종시키거나 도시 밖으로 몰아내면 '귀한 존재'가 되어 개발주의와 충돌하는 지위에 오르기도 한다. 이들이 도심에 '침입'해 '난동'을 부리면 '너무' 많은 종이 된다. 정말 너무 많아졌을까? 전에 없이 많아진 동물은 고양이나 집비둘기, 시궁쥐처럼 대체로 인간이 직접 옮겨다 놓은 동물들이다. 인간이 옮겨다 놓기 전의 자연 상태에서는 아예 이곳에 살지 않았던 이 종들은 인간이 퍼뜨리는 도시의 자원을 함께 누리며 번성해왔다. 그러나 우리가 지금 '많다'고 인식하는 동물의 개체 수는 한반도에 근대화가 시작되던 구한말의 성긴 기록과 비교하면 말도 안 되는 수준으로 줄어든 상태다. 우리 눈에 보이는 야생동물은 도시에서 기어코 살아남은 '나머지'에 가깝다.

그 나머지 가운데서도 우리가 야생동물로 인지조차 하지 못하는 동물이 바로 작은 새들이다. 대충 '참새' 비슷한 새로 불리는 이 작은 새들은 도시에서도 꽤 다양한 종이 살아남았다. 2022년 서울시의 조사 발표에 따르면 서울에는 129종의 새가 산다. 1987년에 52종, 1990년에 46종이었던 것에 비하면 부쩍 늘었다. 새뿐만 아니라 곤충과 물고기, 식물도 다양성이 높아졌다고 한다. 박정희식의 무작스러운 개발 시대가 지난 뒤, 이명박 같은 사람도 '녹색'이라는 말을 붙여 위장(그린워싱Greenwashing)을 해야 하는 시대가 온 것이다. 새의 다양성 증가는 도시 거주민들의 삶의 질 개선 욕구가 높아지면서 도시의 생태가 점점 좋아진 결과로도 볼 수 있다. 사람들이 행복하게 사는 장면에는 늘 노래하는 작은 새들이 등장하니까.

7장

야생동물에 진 빚을 갚는 마음

야생동물
구조센터

야생동물구조센터를 둘러보면

　　야생동물구조센터는 삭막한 공간이다. 사람이 보기에도 동물이 보기에도 그렇다. 누군가에게 예쁘게 보이기 위한 동물원과는 다른 공간이다. 동물이 머무는 방은 탈출하지 못하도록 사방을 막아놓는다. 콘크리트 벽과 철판, 철조망과 나일론 그물로 둘러싸 빈틈이 없다. 작은 틈으로 몸이 덜 회복된 동물이 빠져나갔다가는 회복은 둘째치고 생존이 어려울 수 있기 때문이다. 사방이 꽉 막힌 자그마한 방마다 구조된 동물들이 바글바글하다. 당연히 이곳은 동물에게 기꺼운 공간이 아니다. 내부를 조금 더 자세히 살펴보면 가두어지는 일에 익숙하지 않은 야생동물이 벽에 부딪혀서 다치지 않도록 충격을 완화하는 장치가 주렁주렁 달려 있고, 세탁하려면 막막한 기분이 들 정도로 엄청난 양의 이불이 아픈 동물의 휴식을 돕는다.

　　사람이 지나다니는 공간에는 동물을 포획하는 데 사용하는 뜰채, 철망으로 된 포획 틀, 플라스틱 이동장 등이 어수선하게 쌓여 있다. 진료 공간에 들어서면 진료대를 중심에 두고 사방에 의료 기기가 빽빽하게 들어차 있으며, 여느 동물병원과 마찬가지로 스텐 재질의 입원장이 벽면을 차지하고 있다. 입원장 안에도 동물이 가득하다. 만약 도시의 동물병원에 이렇게 '환자'가 많다면 아마 병원 주인은 떼돈을 벌 것이다. 그러나 야생동물구조센터에 동물이 바글거린다고 해서 돈을 더 버는 사람은 아무도 없다. 동물이 많을수록 더 많은 돈이 필요하고, 공간은 늘 부족하다. 입원장 문은 유리로 되어 있는데 그것을 인지하지 못하는 동물들이 박차고 나오려다가 충돌하기도 한다. 그 문에는 바깥에서 오는 자극을 차단하는 커튼이 드리워져 있고 종종 그림이 그려져 있기도 하다. 각각의 입원장은 온도와 습도가 다르게 설정되어 있다.

이곳을 오가는 사람들은 재활관리사, 수의사, 근로 장학생 등이다. 모두 무언가를 골똘히 생각하며 손발을 쉴 틈 없이 움직인다. 재활관리사의 일과는 입소한 야생동물들이 밥을 얼마나 먹었는지 확인하고, 그들이 싼 똥을 치우고, 다시 먹이를 준비하는 일의 반복으로 이루어진다. 늘 일손이 부족해서 근로 장학생이 상대적으로 단순한 업무를 처리한다. 단순한 업무란 대체로 동물이 배설한 유기물을 청소하는 일이다. 누가 되었든 좁고 제한된 공간에서 생활한다면 더 자주, 끝도 없이 청소를 해야 한다. 화장실을 스스로 정하는 동물종이라고 해도 좁은 공간에서 그렇게 해주기를 기대할 수는 없다. 오롯이

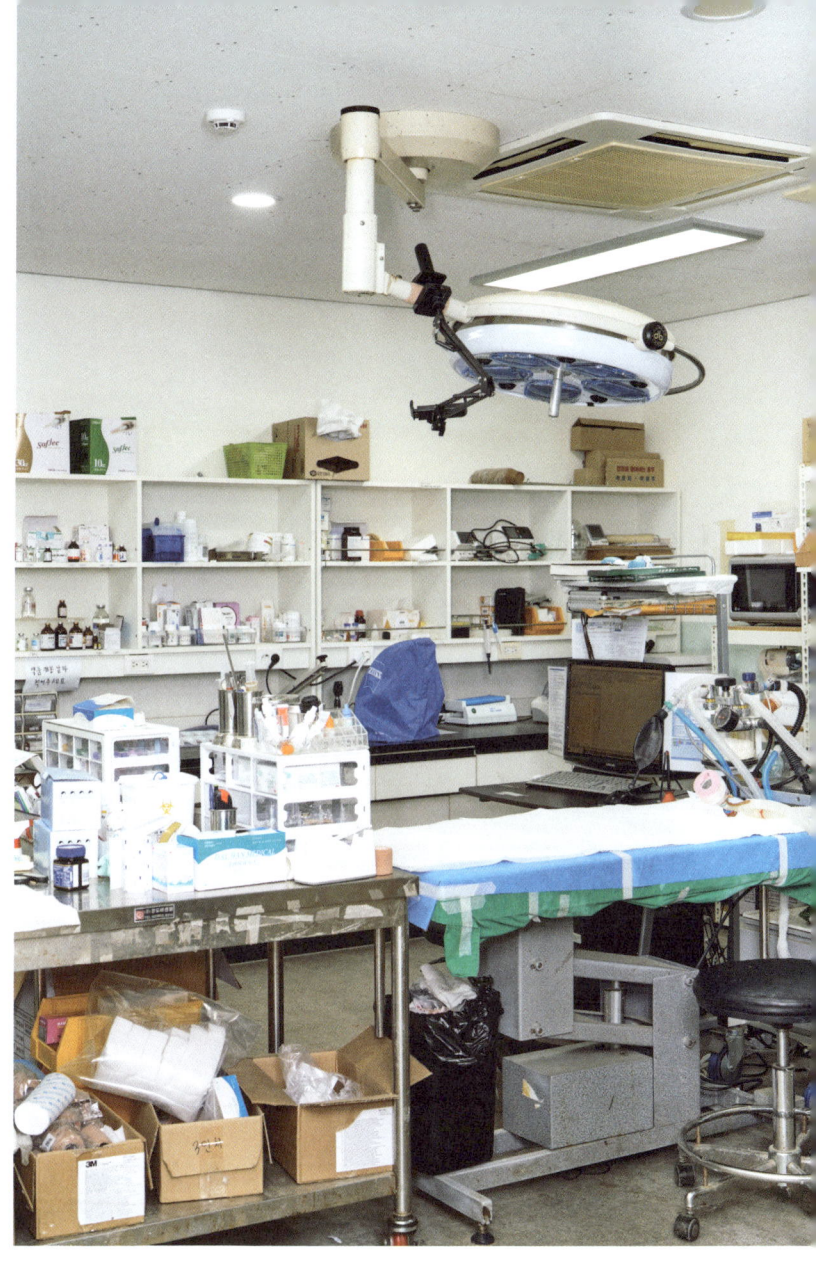

야생동물구조센터는 늘 분주하다. 수술실과 입원실 곳곳에 작은 동물들이 가득하다.

2024년 3월 19일 충청남도 예산군 충남야생동물구조센터

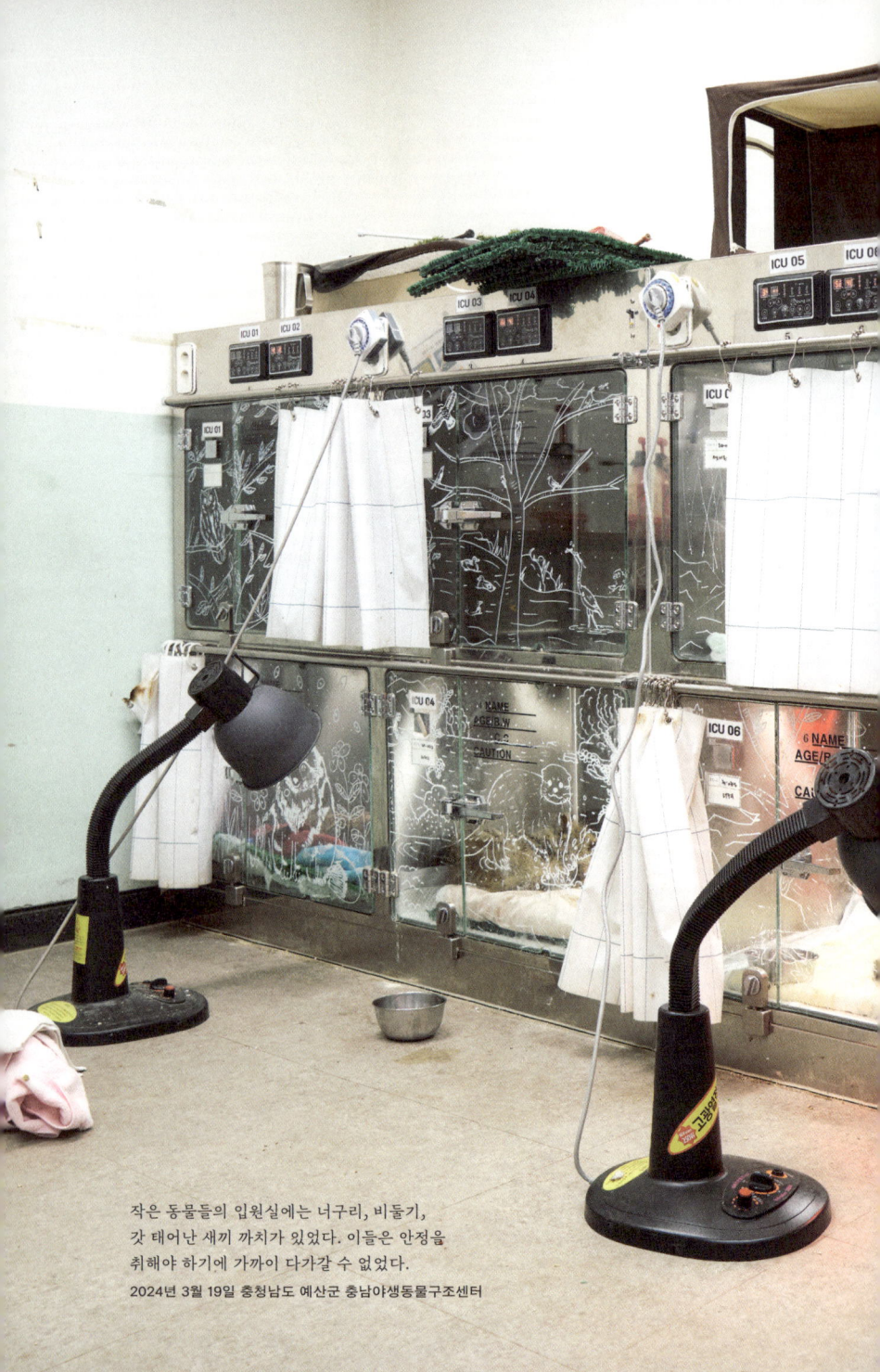

작은 동물들의 입원실에는 너구리, 비둘기,
갓 태어난 새끼 까치가 있었다. 이들은 안정을
취해야 하기에 가까이 다가갈 수 없었다.
2024년 3월 19일 충청남도 예산군 충남야생동물구조센터

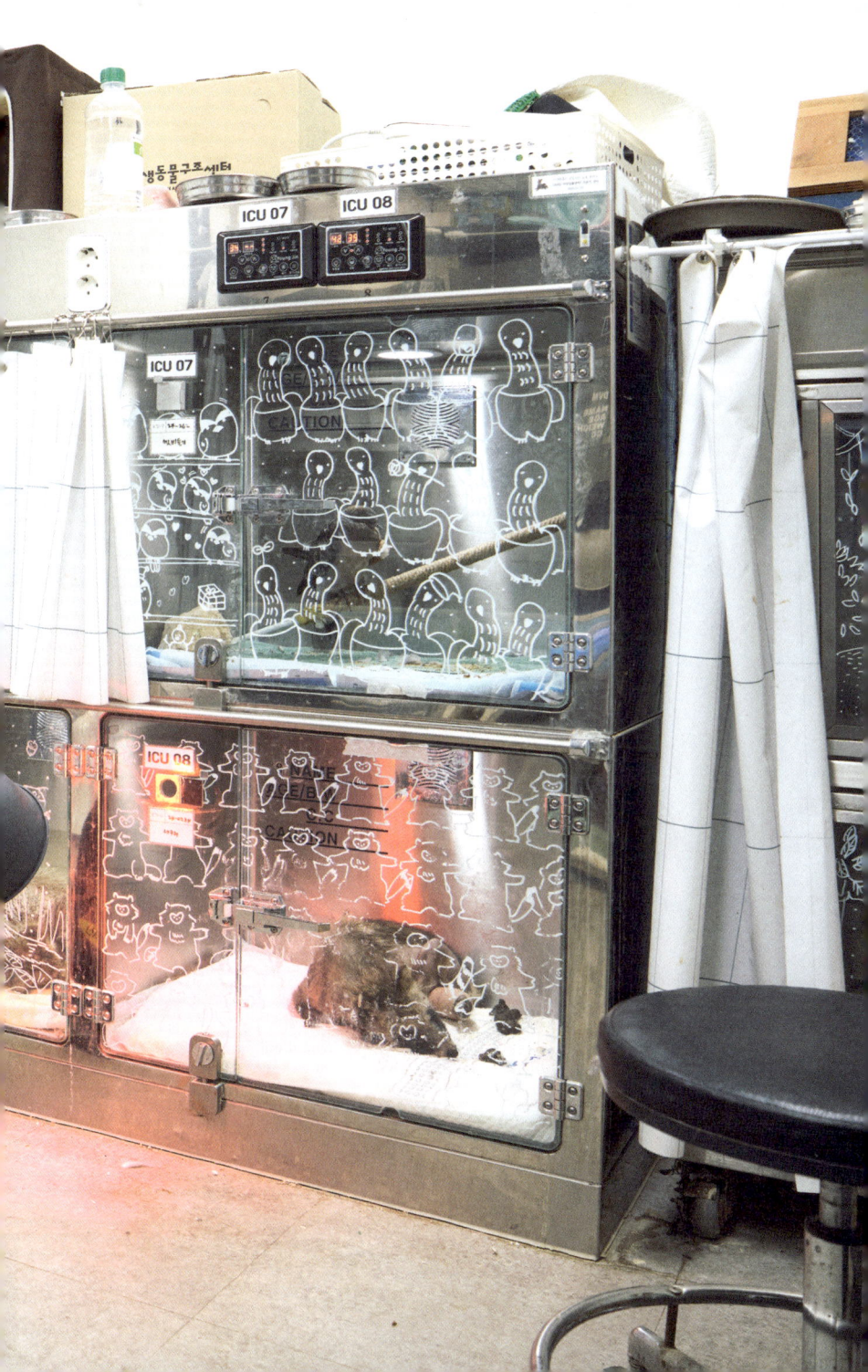

유튜브에서 유해야생동물로 지정된 까치를 제거하는 명사수를
본 적이 있다. 그가 조준하면 열에 열 모두 명중, 까치가 살아남을
확률은 없다. 구조된 까치를 보니 그 명사수가 떠올랐다.
2024년 4월 23일 충청남도 예산군 충남야생동물구조센터

사람이 쓸고 닦아야 한다.

야생동물구조센터는 동물을 좋아하는 사람들이 흔히 상상하는 '동물의 공간'이 아니다. 인간의 심미적 기준에 부합하는 것은 전혀 찾을 수 없다. 야생동물과 사람의 공존을 상상할 때 우리는 새가 지저귀고 너구리와 고라니가 뛰어노는 장면을 떠올리지만, 이곳은 사실상 재난의 현장이다. 인간의 행위, 그중에서도 도시화로 인해 생존을 위협당한 동물들이 실려 와 고통 속에 모여 있는 공간이다. 인간은 이 재난을 뒤늦게라도 책임지자며 야생동물의 구조와 치료에 국가의 자원을 쓰고 있고, 야생동물구조센터는 그 자원이 모여 동물에 닿는 곳이다.

관점의 변화와 새로운 호의

어쩌다 우리는 야생동물의 부상과 죽음에 책임을 지게 되었을까? 아니, 진짜로 책임을 지고 있는지는 확실치 않으니, 책임을 져야겠다고 생각하게 되었을까? 인류는 지구상에 나타난 이후 줄곧 야생동물을 잡아먹거나 그들에게 잡아먹혔다. 먹고 먹히는 관계는 서로에게 중요한 존재라는 뜻이다. 인간과 동물이 아프거나 다치거나 죽는 일은 삶에서 필수 불가결한 일부였고, 양자는 서로의 죽음까지도 절실하게 이용했다. 모든 삶은 다른 이의 죽음에 기대어 있고, 죽어야 다시 태어날 수 있다. 이를 깨달은 인간은 몇만 년 동안 야생동물을 숭배하기도 하고, 자신과 동일시하기도 하며 그들과 세상을 공유했다. 문자가 없던 시절에는 벽에 동물을 그려 이야기를 남겼다. 곰은 인간이 되었고, 인간이 새가 되기도 했다. 애니미즘은 그렇게 자연스러운 것이었다.

그러다 최근 몇천 년 동안 인간은 자신과 그 밖의 동물을 구분하려는 마음을 키웠다. '자연'을 지배하려고 애쓰며 새롭게 '동물'을 만들어냈다. 물론 이는 산업화와 제국주의로 지구를 정복해온 서구 문명에 주로 해당되는 이야기다. 곳곳에서 저항의 움직임이 일어났지만, 인간이 동물을 일방적으로 이용하는 것이 '문명적'이라는 생각이 점차 사람들의 머릿속을 점령하게 되었다. 곰에서 비롯한 민족이라고 자부했던 한국인들도 어느새 곰을 타자화했다. 쓸개를 먹겠다며 곰을 수입하고, 농장에서 기를 수 있게 제도를 만들었다. 살아 있는 곰에게 관을 꽂아 뽑아낸 체액은 비싼 가격에 팔려 나갔다. 곰의 고통은 더 이상 인간의 것이 아니게 되었다. 그렇다고 해서 모두가 곰의 쓸개즙을 먹고 싶어 한 것은 아니다. 이는 돈과 권력을 쥔 사람들이나 할 수 있는 일이었고, 보통 사람들은 그 장면을 보며 눈살을 찌푸리곤 했다. 그렇다면 절대 다수의 정신세계가 송두리째 바뀌었다기보다는 수천 년간 유지해온 동물과의 관계가 현금 앞에서 손바닥 뒤집듯 뒤집힌 것에 가깝다고 볼 수 있겠다.

다시 말해서, 어쩌면 인류는 내내 동물을 걱정하는 마음을 가지고 있었는지도 모른다. 마음은 있었지만 산업화 이후 도시에 모여 살게 되면서 야생동물에 관심을 둘 수 없도록 내몰린 것일 수 있다. 사는 곳이 분리되자, 야생동물에 대한 막연한 낭만만 품은 채 점차 무지해졌을 것이다. 동물과 부대끼지 않아도 먹고사는 데 지장이 없는 세상이 되었기 때문이다. 많은 남성들이 울면 안 된다거나 강해야 한다는 맨 박스에 갇히곤 하듯이, 어쩌면 우리는 인간은 동물과 다른 존재이고 분리해서 생각해야 한다는 '휴먼 박스'에 갇혀 동물을 걱정하는 마음을 외면해왔는지도 모른다. 늘 있었으나 돌아보지 않았던 그 마음이 이제 다시 열리고 있는 것일까? 인간은 이제 세금을 들여 '주인'도 없는 야생동물을 구조하고 치료해서 다시 살던 곳으로 돌려보내는 일을 하게 되었고, 그 일을 하는 곳이 바로 야생동물보호센터이다.

그러나 야생동물구조센터가 처음부터 '야생동물' 개체를 구조하고 보호하려는 목적으로 만들어지지는 않았다. 1990년대 말 소수의 민간단체가 다친 야생동물을 구조 및 치료해서 야생으로 돌려보내는 일을 시작했고, 2000년대에 들어서 환경부, 문화재청 등이 예산을 집행하는 야생동물구조센터가 문을 열기 시작했는데(2023년 기준으로 전국에 17곳) 애초의 취지는 자연의 일부로서 기능하는 '종'에 초점을 맞추고 천연기념물이나 멸종위기종을 보호하겠다는 것이었다. 여기에 문화재청의 예산이 들어가는 이유도 '천연기념물'을 구조하는 비용을 지원하는 것이었다. 다시 말해서 생태적으로 가치가 높다고 판단되는 동물을 기능적으로 되살리는 역할에 가까웠다.

그런데 최근 들어서는 야생동물구조센터의 운영 목적이 조금씩 변화하고 있다. 인간이 망가뜨린 생태계를 복원하거나 파괴 속도를 늦추기 위해서는 생태적 가치가 높은 야생동물의 구조와 치료에 집중해야 하지만, 지금 야생동물구조센터에서 가장 많이 구조되는 동물은 개체 수가 많은 종들이다. 즉 가장 흔한 동물을 가장 많이 구조한다는 뜻이다. 여전히 유해야생동물로 지정된 종은 공식적으로 구조하지 않거나 소극적 대응을 하는 곳도 있지만 뚜렷하게 보이는 경향성은 유해하건 아니건, 흔하건 아니건 다치거나 조난당한 동물이 야생동물이기만 하다면 구조하는 것이다. 개나 고양이 같은 가축종은 유기동물보호센터에서 담당하고 있으니 가축종이 아닌 야생동물 종은 구조 대상에 모두 포함된다고 볼 수 있다. 이런 흐름을 보면 한국의 야생동물구조센터는 생태적 고려보다는 동물의 고통을 더 중시하는 쪽으로 변화하는 과정에 있다고 할 수 있다.

인간이 야생동물의 '조난'에 개입한다는 것

어쩌면 이런 경향은 개별 야생동물에 생태적 가치를 매기는 일이 필연적으로 과학적 불확실성을 수반하기 때문에 나타나는지도 모른다. 더 중요한 야생동물과 덜 중요한 야생동물을 나누는 것이 윤리적으로 옳은지는 둘째치더라도 그 생태적 가치를 과학적으로 판단하는 일 자체도 무척 어렵다. 법에서 정하는 멸종위기 야생생물과 천연기념물을 기준으로 가치를 따질 수도 있겠지만, 그 지정 기준이 반드시 과학적이지만은 않다. 학자들과 관료들이 숙고해서 정하기는 하나, 그 과정에는 정치·사회·문화적 잣대가 작용하기 마련이다.

다른 한편으로, 야생동물구조센터에서 하는 일의 생태적 의미나 영향이 미미할 뿐이라는 판단도 해볼 수 있다. 환경부의 보도자료에 따르면 전국의 야생동물구조센터에서 2023년 한 해에 구조한 동물이 2만여 마리라고 한다. 그중에서 멸종위기 야생생물에 해당하는 종은 5.8퍼센트였고, 그 가운데 7321마리가 자연으로 돌아갔다고 한다. 인간이 구조해서 살렸다고 믿는 7000마리 남짓의 동물은 현장에서 피와 땀을 쏟은 결과임이 분명하나, 한국에서 1년에 유리창 충돌로 죽는 새 800만 마리와 비교한다면 미미한 숫자다. 구조해 돌려보낸 7000마리를 모두 새라고 가정해도 죽는 새의 0.1퍼센트가 되지 않는다. 개체 수로만 봤을 때 야생동물구조센터가 남한 생태계에서 파괴와 멸종의 속도를 늦추는 데 거의 기여하지 못한다고 보는 편이 과학적일 것이다. 안타깝지만 그렇다.

인간이 동물의 삶에 개입하는 것이 동물에게 도움이 된다는 생각은 인간만의 것일 가능성이 높다. 인간의 개입이 동물의 생존 기간을 연장할 수도 있고 장기적으로 삶의 질을 좋게 할

끈끈이에 붙어 날개가 손상된 까치와 유리창 충돌로 입소한
황조롱이를 만났다.
2024년 4월 23일 충청남도 예산군 충남야생동물구조센터

낚싯줄에 날개가 묶이는 바람에 전깃줄에 몸이 엉킨 왜가리와
유리 구조물에 충돌해 어깨가 탈구된 비둘기가 치료를 받고 있다.
2024년 3월 18일 충청남도 예산군 충남야생동물구조센터

수도 있지만, 그것이 동물의 입장에서도 '이익'을 의미할까? 종 수준의 이익까지 따지는 것은 더 복잡한 일이니 차치하더라도, 과연 조난당한 개체에게는 이익일까? 동물의 몸에 개입해서 상처나 질병을 낫게 하겠다는 판단은 온전히 인간의 것이다. 결과적으로 어떤 동물이 죽음에 가까이 갔다가 삶을 회복한다 해도 그 과정에서 개체가 하는 경험은 강제로 잡혀서 갇히고 끌려 다니고 찔리고 잘리는 고통이다. 인간의 구난 행위를 인간 이외의 동물이 이해할 가능성은 희박하다. 반면에 대부분의 동물이 그 개입을 '가해'로 받아들일 것은 거의 확실하다. 수의학은 인간이 동물을 더 잘 이용하기 위해 발달했고, 집에서 기르는 개나 고양이를 가족으로 여기며 동물병원에 데려가는 행동도 동물의 동의를 얻은 것은 아니다. 통증을 느끼는 상황을 끝낼 수 있다는 믿음은 오롯이 인간의 것이다.

인간이 가두어 기르는 동물, 즉 가축종의 조난에 개입하는 것을 넘어, 인간의 간섭 없이 살아가는 야생동물의 삶에까지 개입하는 것은 새로운 시도다. 당장 직접적인 이익을 보는 사람이 없는데도 실행되는, 다소 놀랍고 신기하기까지 한 일이다. 물론 야생동물을 치료해 돌려보내는 일이 그들의 고통을 보며 괴로움을 느끼는 사람들의 민원을 해결하기 위해서일 수도 있다. 인간이 무너뜨린 생태계의 균형을 조금이라도 바로잡으려는 시도이기도 할 것이다. 어느 쪽이 되었든 동물의 의지와는 무관한 인간의 욕망이라고 볼 수 있다. 그런데 그렇게

만 보기에는 무엇인가 더 있을 것만 같다. 혹은 무엇인가 더 있기를 바라도 될 것 같다. 야생동물의 삶에 마취약과 메스를 들이대는 일이 과학적 탐구에 대한 집착이나 일단 살리고 보자는 맹목적 개입이 아닐 수도 있지 않을까? 우리가 야생동물구조센터에 기대하는 것은 무엇일까?

야생동물을 구조하는 일이 의미가 없다고 폄하할 생각은 없다. 나 역시 야생동물구조센터의 역할이 사회적으로 중요하다고 생각한다. 인간이 자연에 저지른 가해(혹은 자해)에 대한 즉각적 회복 기능이 없더라도 말이다. 우리 사회가 먹거리도 애완용도 아닌 야생동물을 걱정하기로 했고, 그 걱정에 몰두하는 사람들이 모여 마치 시시포스의 노동과도 같은 동물 구조에 애쓰고 있다는 사실은 그 자체로 새로운 의미를 만들어낸다. 누구의 소유도 아닌 동물들이 보호받는 대상이 되고 있다는 뜻이기 때문이다. 그동안의 동물복지 논의가 인간의 뚜렷한 돌봄 아래에 있는 가축종만을 포함했다면, 이제는 야생동물도 그저 동물이기 때문에 개체로서 존중받기 시작했다. 흔히 '야생'이라고 하는, 마치 인간과 완전히 분리되어 존재하는 것처럼 여겨지던 환상 속 세계가 이제 우리 사회에서 깨어져 나가고 있는 것이다. 야생동물구조센터는 야생동물의 삶이 인간의 관심사가 되어가는 과정을 최전선에서 이끌고 있다.

다양한 크기의 새들이 착용할 보호구와 다른 동물들의 입마개가
함께 걸려 있다. 구조된 동물들의 안전한 치료를 위해 반드시
필요한 도구들이다.

2024년 4월 23일 충청남도 예산군 충남야생동물구조센터

주인 없는 야생동물에 몰두하는 사람들

야생동물 재활관리사의 등산복 바지 주머니에 든 휴대폰이 울린다. 농약에 중독된 오리를 먹고 2차 중독으로 쓰러진 독수리를 구토시킨 직후다. 전화를 받아보니 작은 새가 건물 앞에 쓰러져 있다고 한다. 아마도 유리창 충돌 사고인 것 같다. 숨은 쉬는데 눈을 감고 있다고 한다. 사진을 요청해 받아서 보니 파랗게 빛나는 물총새다. 여름새이지만 기후 위기 탓인지 겨울에도 종종 구조되곤 한다. 독수리가 구토를 해서 위를 얼추 다 비워낸 시점이라 다행이다. 지금 출동한다면 먹이를 먹지 못하는 입원장의 어린 새들은 다른 재활관리사에게 맡겨야 한다. 아픈 동물들이 회복 중인 계류장을 청소하는 일은 다녀와서 해야겠다. 황조롱이가 다시 날 수 있는지 확인하려던 일도 내일로 미뤄야 할 것 같다. 작은 새를 신고한 곳은 왕복 세 시간 거리에 있는 곳이다. 내가 도착할 때까지 그 새가 살아 있을까? 알 수 없지만 일단 가야 한다. 다행인지 불행인지 물총새를 살아 있는 상태로 구조센터에 데려왔다. 새는 눈을 감은 채 얕은 숨을 몰아쉬고 있다. 이 새는 살아서 나갈 수 있을까?

야생동물 수의사는 마침 여유가 있는 날이다. 저녁 시간(이라고 해서 퇴근 시간은 아니다)이 다 되었고, 오늘 들어온 동물 중 천연기념물을 따로 정리해서 문화재청 포털 사이트에 올리는 중이다. 천연기념물로 지정된 종을 구조, 치료하면 지원금

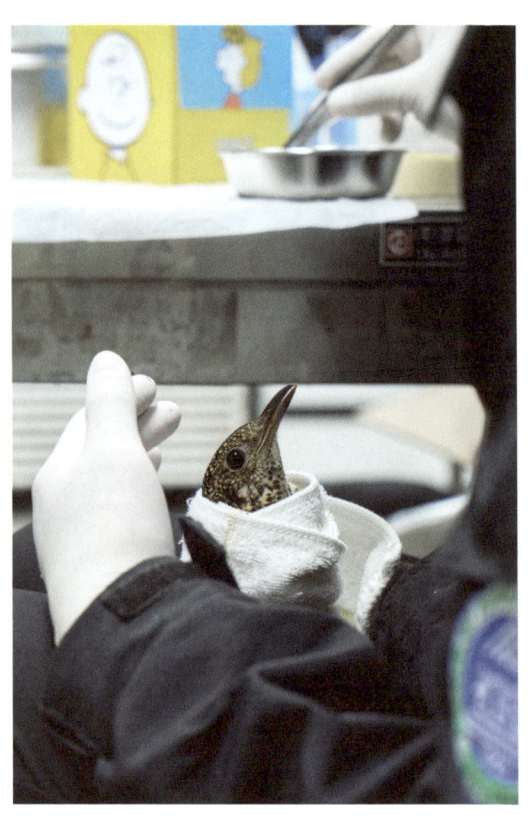

왼쪽 치료를 받고 있는 호랑지빠귀의 표정이 어쩐지 행복해 보였다.
오른쪽 독수리들은 농경지에서 농약에 중독되어 구조되는 경우가 많다고 한다. 이동 시기를 놓치면 다음 해까지 보호소에서 머무르며 회복을 기다리기도 한다.

2024년 4월 23일 충청남도 예산군 충남야생동물구조센터

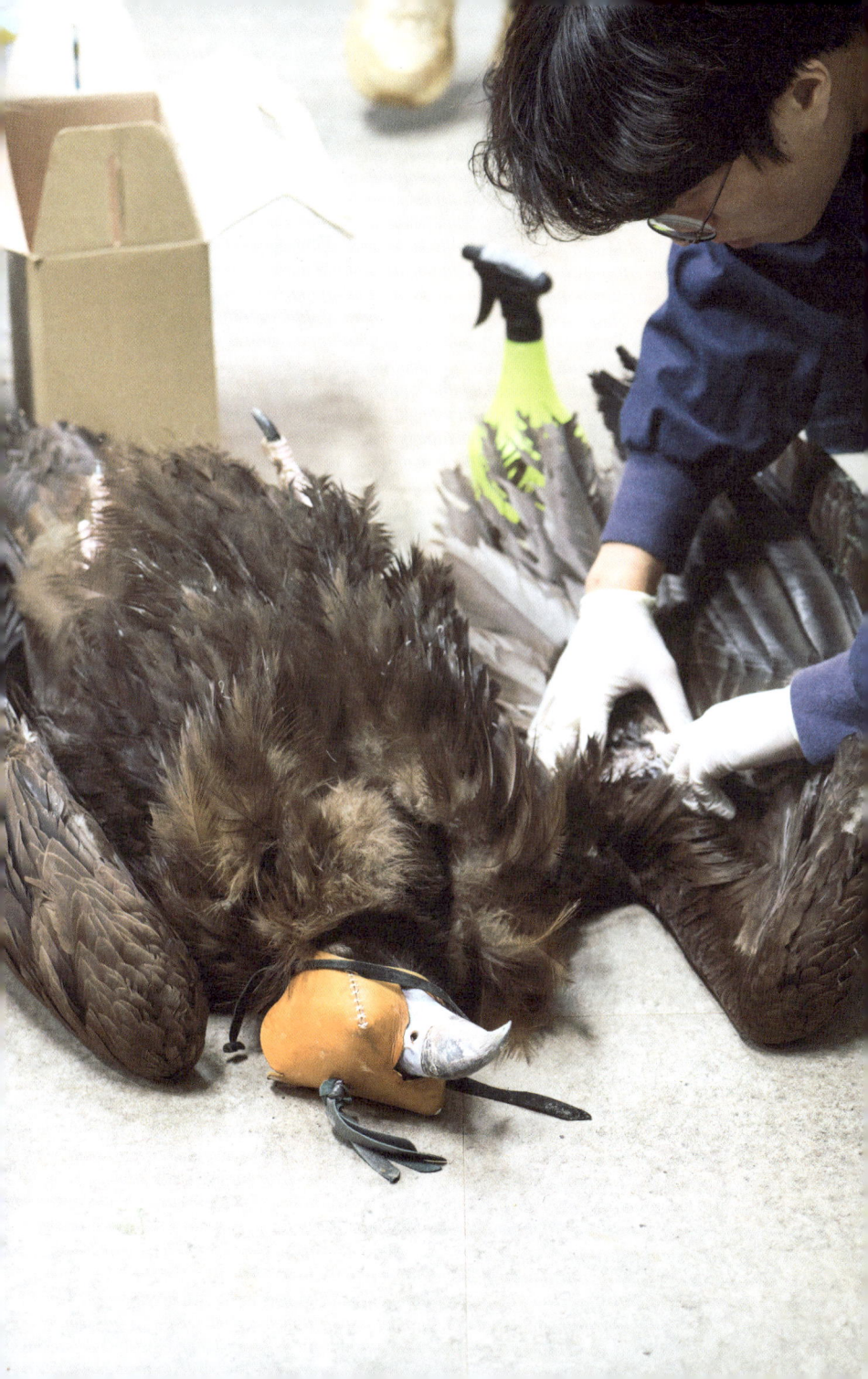

한 농가에서 독수리가 날아가지 않고 머물러 있다는 신고가
접수되었다. 야생동물구조센터 소속 재활관리사가 커다란 이불을
들고 접근해 낮게 나는 독수리를 단번에 감싸 구조했다.
2024년 4월 23일 충청남도 예산군의 한 농가

이 조금 더 나오기 때문이다. 이것만 하고 매일 열리는 회의에서 공유할 진료 내역을 정리할 참이다. 그런데 구조를 나갔던 재활관리사가 교통사고를 당한 고라니를 데려왔다. 하던 일을 멈추고 고라니에게 달려간다. 피투성이가 된 고라니는 숨은 붙어 있지만 의식이 없다. 한눈에도 골절이 몇 군데 보인다. 보이는 곳의 골절이 부상의 전부라면 오히려 시도해볼 만하겠다 싶다. 그런데 점막이 창백하고 배가 불룩하다. 엑스레이를 찍어보니 복강 출혈이 심하다. 비장이 파열된 것 같다. 판단은 오래 걸리지 않는다. 심마취를 걸고 안락사 약물을 주사한다. 사체는 중요한 공부거리다. 오늘 일이 끝나면 부검해보려 하는데, 부검이 끝나면 12시가 넘을 것 같다.

  야생동물 재활관리사와 야생동물 수의사는 야생동물구조센터의 주축이다. 이 사람들이 일한 만큼 동물이 구조되고 살아서 나갈 수 있다. 몇 마리를 구조하고 살렸는지 세는 것도 인간이고, 거기에 의미를 부여하는 것도 인간이다. 스스로 하는 일에 의미를 부여하지 않고 적당히 해도 세간에서 말하는 '불이익' 같은 것은 없다. 주인 없는 동물을 돌보는 직업이기 때문이다. 대부분 박봉에 계약직이라 야생동물구조센터에서 오래 일하는 사람은 손에 꼽을 정도다. 사명감과 애정이 있어야 할 수 있는 일이다. 그런 곳에 몸을 던져 일하는 사람들이 있다. 그 마음을 지속하고 확산하려면, 지금 우리가 나눠야 하는 이야기는 무엇일까? 그것이 가장 큰 고민이다.

3부

돈이 되는 동물:
동물 산업

1장

동물원,
야생동물을 가두어
기르는 곳

사람들이 동물원에 가는 이유

어린이들은 정말 동물원에 가는 것을 좋아할까? 적어도 나는 그랬다. 이제 막 걸어 다니기 시작할 무렵의 일은 솔직히 잘 기억나지 않는다. 그저 사진을 보고 그랬었구나 하는데, 그 시절 사진을 보면 동물원에서 찍은 것이 유난히 많다. 어머니 말씀으로는 혼자서 나를 데려가기에 만만한 곳이 동물원이었다고 한다. 자그마했던 나는 순식간에 동물의 세계에 빠져들곤 했다. 집에서 개와 고양이에 온 신경을 쏟던 몇몇 장면은 아직도 기억에 생생하니 어린 시절의 나는 아마도 동물원을 꽤나 좋아했을 것이다. 그리고 지금 나는 동물과 관련한 일에 푹 빠져 사는 어른이 되었다. 그렇다면 나는 '어린이들은 정말 동물원에 가는 것을 좋아할까?'라는 질문에서 무척 편향된 표본일 것이다.

동물원에서 일할 때 가끔 매표소를 지킬 일이 있었다. 수의사가 표를 팔다니 좀 이상하게 들리겠지만, 그곳은 지자체가 운영하는 곳이었고 공무원은 뭐든지 시키고 뭐든지 한다. 표를 달라고 하는 사람 열에 아홉은 미취학 어린이나 초등학교 저학년 어린이를 동반한 보호자 어른이었다. 아마도 내 어머니처럼 혼자 긴 시간 어린이를 돌봐야 했던 어른일 것이다. 어른들은 내내 어린이의 기분을 맞추는 동시에 행동은 통제하려 애썼다. 적당히 에너지를 쓰도록 유도하는 걸로 보였다. 그러면서 무엇인가를 가르치려고도 했다. 전시된 동물에 대한 정보를 전달하려는 것이었는데, 상당 부분이 부정확하거나 틀린 내용이었다. 안내판의 글씨만 읽어주어도 괜찮을 텐데, "작은 애가 새끼고 큰 애가 어미인가 봐" 같은 근거 없는 이야기를 하는 경우가 많았다. 그 옆에서 나는 정보 교정 서비스를 제공해야 하나 말아야 하나 고민에 빠졌다. 동물에 대한 지식은 이처럼 동화 속 의인화된 동물과 뒤섞인 채 전달되곤 했다.

그런 이야기를 듣는 어린이들은 대체로 동물에 별 관심이 없어 보였다. 거친 야생동물의 털과 움직임에 압도당하거나 본능적으로 피하는 아이들이 대부분이었다. 어린이들은 실제 동물보다는 여우나 양 등을 의인화한, 게다가 특정 성 역할을 강조하는 캐릭터 동상 같은 것을 더 좋아했다. 일상에서 반복적으로 접했던 이미지가 더 친근하게 느껴지는 것은 어쩌면 당연한 일이었다. 어른들은 기왕에 동물원에 왔으니 어린이가 동물에 관심을 갖게 하려고 갖은 애를 썼다. 유아기 어린이들에게는 "사~자", "얼룩~말" 하는 식으로 이름을 알려주었고, 조금 더 자란 어린이들에게는 전시된 동물을 소리 쳐 불러보라거나 심지어 자기소개를 해보라는 경우도 있었다. 인파에 익숙한 동물들도 당연히 어린이에게 관심이 없었다. 어쩌다 동물원에서 만나게 된 두 집단은 각자의 세상에 머물 뿐 서로에게 무관심했다.

  동물원을 찾은 어른들은 동물에 관심이 더 없었다. 간혹 관심 있는 어른이 동물들을 자세히 살펴보며 질문이라도 하면 그게 이상하게 보일 정도였다. 나는 요즘도 가끔 조사차 동물원을 찾는데, 그때마다 직원이 뭘 하러 왔느냐고 의심스럽게 묻는다. 일반적인 동물원 풍경에 진지하게 동물을 관찰하는 어른이 없으니 수상하게 보일 수밖에. 내 경험에 비추어 말해보자면, 어른들은 동물원에 관심이 없지만 아이들이 좋아할 것 같아서 데려오고, 안타깝게도 아이들은 갇혀 있는 동물보다는 매점에서 파는 간식이나 인형 탈 같은 것을 더 좋아하는 게 현실이다. 동물원 동물은 사진 속 배경이라도 되면 그나마 '효용'이 생겨서 다행이고, 그보다 많은 경우 자기 자신이 아니라 동화 속 캐릭터의 역逆-재현으로 여겨지곤 한다.

눈 뜨면 관람객이 지나가는 일상

  별다른 관심도 없이 지나가는 사람들을 철창 안쪽에서 바라보면 어떤 기분일까? 어느 연구에 의하면 동물원 관람객들이 전시장 앞에 머무는 시간은 1~2분 정도다. 동물원

자연으로 돌아갈 수 없는 야생동물을 보호하는 시설인 생추어리를
꿈꾸는 청주동물원을 찾았다. 다른 동물원과 어떻게 다를까 궁금한
마음으로 한적한 동물원을 거닐다가 흑염소와 조랑말을 만났다.
2025년 2월 13일 충청북도 청주시 청주랜드동물원

동물은 그것에 익숙할 것이다. 인간의 언어로 표현이 잘 될지 모르겠지만 짐작컨대 동물들은 '사람이 온다. 다섯 번 숨을 쉰다. 사람이 지나간다. 다른 사람이 온다. 열 번 숨을 쉰다. 사람이 지나간다'와 같은 사고 혹은 감각을 가지고 있을 것이다. 동물의 종과 무관하게 대개 그 정도일 것이다. 동물원 동물에게 관람객은 태어날 때부터 철창 밖으로 지나가던 존재다. 대단히 새로울 것 없는 계절풍이나 미워해봐야 소용도 없는 장맛비 같은.

그래서 동물들은 그 인파 중에 사육사가 끼어 있지 않은 이상 관심을 두지 않는다. 사육사는 하루 중 가장 즐거운 자극, 즉 먹이를 들고 나타나는 존재이기 때문에 지각이 있는 동물이라면 종에 상관없이 반가워하기 마련이다. 동물에게 사육사는 무리 중에서 가장 도드라져 보이는 인간이다. 다행히 사육사에게 그물로 잡히거나 막대기로 쫓기는 경험을 하지 않았다면, 사육사의 등장은 그 자체로 긍정적인 자극이 될 수 있다. 반면에 사육사가 아닌 인간은 울타리 밖에서 소리를 지르든 사진을 찍든 다 똑같다. 동물이 사람을 구분할 줄 안다는 것은 놀라운 일이 아니다. 개체를 구분하는 능력은 야생에서의 생존에 필수적이기 때문이다. 동물원 동물들은 자신의 생존을 좌지우지할 수 있는 사육사를 구분해내는 일에 필사적일 수밖에 없다. 사육사-동물의 관계에 따라 동물원 동물의 복지는 천국이 되기도 하고 지옥이 되기도 한다.

동물원에서는 대개 사육사가 출근한 직후와 퇴근하기 직전 시간에 먹이를 준다. 야생에서는 종과 환경에 따라 다양한 방식의 먹이 섭취가 가능하지만, 동물원에서는 사람의 근무 시간에 맞춰 일정한 시간에 일정한 양을 먹게 된다. 야생에서는 며칠에 한 번 사냥을 해서 실컷 먹은 후에 다시 며칠을 굶던 사자와 호랑이도, 하루 종일 풀을 뜯곤 하던 기린과 얼룩말도 동물원에 오면 매일 같은 시간에 아침밥과 저녁밥을 먹는다. 운이 좋아 저녁밥을 두 번 주는 동물원에 있다면, 하루에 기분 좋은 시간이 한 번 더 생기겠지만 일정한 시간에 먹는 건 마찬 가지다. '사육'의 한계다. 이런 사이클 속에서 동물원을 찾는 관람객이 보게 되는 건 동물들이 아침밥을 실컷 먹고 자는 모습이나 저녁밥을 달라고 보채는 모습뿐이다. 관람객들은 내내 잠만 자는 모습에 실망하거나 안절부절못하며 정형행동을 하는 모습에 의아함을 느낀다. 때로 어떤 사람들은 이 두 장면에서 평화로움과 활달함이라는 왜곡된 정보를 얻기도 한다.

밖으로 나온 동물들

인간이 길들인 질서에서 '탈출'한 동물은 뉴스가 된다. 소나 돼지가 농장에서 탈출하거나 운송 차량에서 떨어져 길을 돌아다니다 포획되는 장면은 그리 드문 광경이 아니다. 그런데도 매번 언론은 이를 사건으로, 뉴스로 만든다.

수사자 바람이와 암사자 도도가 함께 앉아 있는 모습. 동물원 직원이
귀한 장면을 놓치지 말라며 나에게 서둘러 촬영할 것을 권했다.
2025년 2월 13일 충청북도 청주시 청주랜드동물원

그 장면이 주는 이질감이 대중의 흥미를 끌기 때문이다. 소나 돼지가 마을을 돌아다니는 나라도 있지만, 한국에서는 '돌아다니는' 가축종 동물로 고양이와 비둘기 정도만을 허용한다. 그 외에는 안 보여야 마음을 놓는다. 그러니 동물원에서 동물이 탈출하면 훨씬 큰 뉴스가 된다. 소와 돼지에 비해 퓨마와 얼룩말, 타조는 사람에게 훨씬 더 이질적이고 위험할 수 있다. 그래서 동물원에서는 동물의 위험도를 분류하여 몇 가지 군으로 나누고, 각 종의 동물이 탈출하는 경우의 대비책을 상황실에 붙여둔다. 그 분류의 결과는 총으로 쏴서 죽일 것이냐 말 것이냐다.

그렇다면 어떤 동물이 '위험한 동물'인가? 동물원에서는 보통 대형 식육목인지, 혹은 덩치가 커서 사람이 감당할 수 없을 정도인지 등을 기준으로 종에 따라 위험 여부를 분류한다. 이는 언뜻 합리적으로 보이지만 자세히 들여다보면 대단히 거친 기준이다. 어떤 호랑이는 인공 포유로 자라 사람과 매일 부비며 지내기도 하고, 얼룩말이라도 내내 사람에 대한 악감정을 쌓는 경험을 했다면 단박에 사람을 죽일 수 있는 신체적 능력을 가지고 있다. 2018년 대전 오월드에서 뽀롱이라는 퓨마가 탈출했을 때 동물원에서는 생포를, 소방경찰 당국은 사살을 주장했다고 한다. 동물원 직원이 마취총을 쐈지만 마취에 빠지는 데까지 시간이 걸렸고, 경찰은 그 시간을 참지 못하고 뽀롱이를 사살했다. 관람객이 없는 시간이었고, 뽀롱이는 동물원 구역을 벗어나지 않은 상태였기 때문에 성급한 결정이었다는 평이 있다. 탈출한 동물을 가장 잘 아는 사람이 판단하고 결정했어야 하는 일인데, 현실은 그렇지 못했다. 그리고 그 사건은 많은 사람들을 동물원 폐지론자로 만들었다.

 그 후 동물원 동물에 연민을 느끼는 여론이 형성되자, 언론은 이제 탈출한 동물을 마치 자유를 찾아 감옥에서 도망쳐 나온 억울한 죄수처럼 다루곤 한다. 자신의 의사와 무관하게 갇혀 살아야 한다는 점에서 양자는 공통점이 있을 수 있다. 그러나 죄수는 자신이 왜 갇혀 있는지 이해하는 반면, 동물원 동물은 그것을 알 수 없을뿐더러 그 상황에 대한 문제의식도 갖지 못할 가능성이 높다. 감금 상태에서 태어났고 철창 안이 그들이 아는 세상의 전부이기 때문이다. 오히려 이들은 감금을 벗어난 상황에 당황해서 과도한 공격성이나 도망가려는 행동을 보이기 쉽다. 도심에 갇힌 멧돼지와 비슷하다. 그러니까 이들이 '탈출했다'는 표현은 정확하지 않다. 문이 열려서 걸어 나왔을 뿐이고, 그 후에 벌어진 일들에 놀라 안전한 곳을 찾아 달렸을 뿐이다. 동물원에서 태어난 동물이 보전 사업을 통해 자연에서 살도록 훈련받고 야생에 방사되지 않는 이상, 그들에게 철창 밖은 탈출구가 아니라 공포의 공간에 지나지 않는다.

동물원 동물에게 필요한 것

　　동물원 동물들은 밥시간을 잘 알고 있다. 밥시간에는 온몸의 신경을 곤두세우고 밥을 기다린다. 기다리던 밥을 다 먹고 나면 아무것도 할 필요가 없다. 동물원 동물들은 '열심히' 아무것도 하지 않는다. 아무것도 하지 않는 것은 아무것도 할 수 없다는 뜻이기도 하다. 행동의 동기가 없어 행동하지 '않는' 것이기도 하지만, 행동하지 '못하는' 상황에 놓인 것이기도 하다. 물과 먹이를 찾아 먼 길을 떠날 필요도 없고 떠날 수도 없다. 동물이 움직이는 데 동기는 그렇게 중요하다.

　　움직이지 않는 것이 그리 대단한 문제로 보이지 않을 수 있다. 관람객이 잠만 자는 동물에 대해 의문이나 불만을 드러내면 동물원에서는 편안하게 쉬고 있는 것이라고 대답하곤 한다. 정말 편안하게 쉬고 있다 해도 이는 반만 맞는 대답이다. 야생에서 자유롭게 사는 동물들은 그렇게 '편안하게' 머물지 않기 때문이다. 그래서 동물의 복지를 평가할 때 아무것도 하지 않아도 되는 상태를 좋은 상태라고만 판단하지 않는다. 신체적으로 문제가 없어도 정신적으로 자극이 부족할 수 있고, 무엇보다도 자연스럽지 않다는 점에서 '좋은 상태'라고 볼 수 없다. 사실 움직이지 않는 시간이 길어지면 당연히 근육의 발달이 덜하기 때문에 신체적으로도 좋은 상태일 리 없다. 동물의 몸이 움직이도록 진화한 시간만큼은 움직여야 정상적인 몸이 구성된다.

왼쪽 미어캣들은 외부와 나뉜 여러 공간을 오가며 일광욕을 하거나 목을 길게 빼고 유리벽 밖을 바라본다.

오른쪽 무리를 지어 사는 사막여우는 아직 멸종위기종은 아니지만, 애완용으로 판매하려는 밀렵꾼들로 인해 개체 수가 줄어들고 있다고 한다. 이들은 어떻게 청주까지 오게 되었을까?

2025년 2월 13일 충청북도 청주시 청주랜드동물원

동물복지학의 연구에 따르면 동물이 움직이지 않는 것은 대단히 큰 문제다. 동물의 복지를 위해서는 근육을 정상적으로 발달시키고 정신적으로 지루하지 않게 할 수 있는 여러 조치를 취해야 한다. 소위 '좋은' 동물원들은 이 과제에 열심이다. 사자에게 죽은 생닭을 던져주면 씹을 새도 없이 금방 삼키고 급박한 상황이 벌어질 일도 없으니 사육사도 마음이 편하지만, 동물에게 움직일 기회를 주려는 동물원에서는 뼈와 가죽이 붙은 고기를 높은 곳이나 와이어에 매달아 사자를 달리게 한다. 그렇게 하면 사자는 '사냥'을 위해 근육을 움직이게 된다. 또 사육사들은 사자를 잠깐이라도 나무에 매달리게 하기 위해서 무거운 말의 뒷다리를 어깨에 메고 나무를 오른다. 가장 강한 동기가 되는 '먹이'로 동물을 움직이게 하는 것이다.

몸을 움직여 밥을 어렵게 먹게 하고 밥 먹는 시간을 늘리는 것, 놀잇감을 주거나 낯선 촉감이나 냄새를 느끼게 해주는 것, 동종의 동물과 함께 살게 해주는 것 등을 '인리치먼트 enrichment'라고 부르고 한국어로는 '풍부화'라고 번역한다. 삶과 행동을 풍부하게 한다는 의미다. 이 생경한 용어는 푸바오 덕분에 제법 알려지게 되었다. 동물원 동물뿐 아니라 농장, 실험실, 가정을 막론하고 사람이 가두어 기르는 모든 동물에게는 풍부화가 필요하다. 가두었기 때문에 동물의 경험은 제한될 수밖에 없고, 그 결핍을 충족시켜주는 것이 동물의 복지에 반드시 필요하기 때문이다. 굳이 동물을 가두어 기르려고 하

동물원 호랑이가 나무에 매달린 공을 가지고 놀고 싶어 하는 듯했다.
유리벽을 통해 호랑이를 꽤 가까이에서 볼 수 있었다.
2024년 11월 26일 경기도 용인시 에버랜드

는 인간이 불가피하게 써야 하는 안간힘이다.

풍부화를 충분히 하지 못하는 이유

인위적인 풍부화가 갇혀 사는 야생동물의 모든 결핍을 해소해줄 수는 없다. 자연에 사는 야생동물에게는 수많은 자극이 일상적으로 존재하는 반면, 사람의 손발로 만들어내는 자극은 지극히 한정적이다. 예컨대 야생의 곰에게는 수백 종의 식물과 동물은 물론 그 동식물이 남긴 흔적이 매일 일상에 나타난다. 철 따라 뽕나무 잎이 더 맛있어지기도 하고 어린 동물이 많이 태어나는 계절에는 풀숲에 숨어 있는 동물성 먹이를 주워 먹을 수도 있다. 영역이 겹치는 다른 곰과 마주칠 것을 걱정하기도 하고, 실제로 마주쳤을 때에는 엄청난 양의 호르몬이 뿜어져 나와 맞서 싸우거나 도망가거나 혹은 친밀감을 드러내기도 한다. 그 모든 순간은 학습되며 훗날의 행동에 영향을 미친다. 반면에 가두어진 상태에서는 이 모든 자극이 인간이 풍부화 목적으로 제공하는 늙은 호박과 향수 냄새 같은 것으로 축소된다.

그렇지만 늙은 호박과 향수 정도라도 동물원 곰에게는 삶의 질에 결정적인 영향을 미친다. 그것조차 없다면 해가 떴을 때 새로운 날이 펼쳐지는 것이 아니라, 어제와 똑같은 하루의 재생 버튼만 누른 꼴이기 때문이다. 안타깝게도 이렇게 중요한 일이 우리가 다니는 대부분의 동물원에서 충분히 실행되지 않고 있다. 대략 20년 전까지는 사육사도, 동물원 운영자도 풍부화의 중요성을 알지 못했고, 동물을 죽지 않게 하는 것이 동물복지라고 생각하는 수준이었다. 당시에는 '무지'가 문제였다. 그 무지에 의해 동물의 삶의 질에 심각한 문제가 초래된다면 분명 비윤리적인 일이지만, 그때는 '몰랐다'는 변명이 통하는 시대였다.

그러나 지금은 동물원 안팎의 분위기가 달라지고 있다. 2025년의 관람객들은 동물원 동물이 지루함에 시달린다는 것을 점차 깨닫고 있고, 동물을 전시하는 행위 자체가 비윤리적이라고 여기기도 한다. 그래서 일부는 윤리적인 동물원을 표방하며 번식을 억제하고 '야생동물 보호시설'을 자처하기도 한다. 사육사들도 세대교체가 일어나는 중이다. 동물원 동물을 농장 동물처럼 여기며 번식 기술을 으뜸으로 여기던 세대가 대부분 물러나고, 이제는 반려동물을 대하듯 동물 개체의 복지에 방점을 찍는 젊은 세대가 동물원 사육사로 들어가고 있다. 이 새로운 세대는 동물원의 윤리적 측면을 깊이 고민하지 않더라도 동물에 대한 감각 자체가 이전 세대와는 확실히 다르기 때문에 동물원에는 분명 새로운 흐름이 생길 것이다.

물론 그렇다고 동물원이 저절로 좋아지지는 않을 것이다. 사육사 개인들이 변하고 있지만, 동물원 시스템은 그 변화를 더디게 따라간다. 관리자급의 동물원 운영자들은 수십 년 전

동물원에 들어가 일을 배운 탓에, 그리고 사회적으로 변화의 압력을 덜 느끼는 나이이기 때문에 이런 움직임을 온전히 받아들이지 못한다. 사람이 나빠서가 아니라 구조적 생리가 그렇다. 어느 사회에서나 일어나는 현상이지만, 특히나 동물에 대해서는 사회적 인식이 급격히 변화하고 있기 때문에 격차도 극적이다. 앞서 나가려는 젊은 사육사들은 아직 남아 있는 선배들에게 '별난 사육사'로 찍혀 괜한 미움을 사거나, 때로는 내부 고발자 역할을 자처하기도 한다. 그런 갈등 속에서 동물원 사람들은 어렵사리 동물원을 바꿔나가고 있다.

다가오는 동물원의 밤

동물원이 없어져야 하느냐는 질문을 자주 듣는다. 동물을 기르는 다른 시설보다 쉽게 '폐지론'을 만날 수 있다. 돼지 농장이나 강아지 공장, 동물 실험실을 아예 없애자는 발상은 일부 동물권 단체(동물의 '권리'를 주장하는 논리는 곧장 동물 이용 산업 자체를 부정하는 폐지론으로 이어지곤 한다)에서나 접할 수 있지만, 동물원을 없애자는 이야기는 기성 언론에서도 다룬다. 서구에서는 이미 1980~90년대부터 이에 관한 사회적 논의가 시작되었고, 동물원들은 살아남기 위해 스스로를 보전, 연구, 교육과 같은 공적 가치를 실현하는 공간으로 다시 규정하고 있다. 동물원의 역할이 실제로 얼마나 가치 있고 윤리적인가 하는 고민은 동물을 바라보는 그 시대의 관점과 같이 간다. 그 공적 가치를 실현하기 위해 야생동물들이 좁은 공간에 갇혀 감내해야 하는 삶을 바라보는 사람들의 마음이 점점 무거워지고 있다.

　우리가 사는 세상이 늘 진보하는 것은 아니지만, 적어도 동물과 자연에 대해서는 공존의 길을 찾아야 한다는 목소리가 점차 커질 것이 분명하다. 여기에 인류의 존망이 달려 있다는 이야기가 점점 더 설득력을 가질 것이다. 야생에서 숱한 동물들을 잡아다 가두어 기르고 구경하던 동물원의 약탈적 속성은 근본적으로 사라지기 어렵기 때문에 인간의 윤리는 더 이상 이를 받아들이기 어려울 것이다. 진귀한 동물을 구경하는 재미도 가상 세계에 기반한 더 자극적이고 덜 폭력적인 오락거리에 밀려날 것이다. 그러므로 나는 윤리적 정당성과 오락거리로서의 효용을 잃은 동물원이라는 공간은 적어도 이번 세기 안에 사라질 거라 예상한다. 그렇다면 우리가 고민할 것은 더 이상 동물원 동물이 늘지 않도록 하는 동물원 정책과 지금 동물원에 갇혀 있는 동물들을 윤리적으로 다룰 구체적인 방안이다.

2장

팬덤 속 푸바오

푸바오의 탄생

연초록 비가 추적추적 내리는 어느 봄날, 야생동물이라곤 나타나지 않을 것 같은 아스팔트 공터에 6000명의 인파가 어느 야생동물을 기다리며 발을 구르고 있었다. 알록달록한 사각형 짐칸에 '푸바오'라는 이름을 가진 대왕판다 *Ailuropoda melanoleuca*(이하 판다)를 실은 5톤 트럭 한 대가 그곳에 나타났다. 동동 발을 구르던 인파는 더 분주하게 움직이기 시작했다. 우산과 깃발이 비와 눈물에 젖어 통곡하고 있었다. 마치 아이돌의 은퇴를 슬퍼하듯 눈물을 흘리는 사람들을 남겨둔 채 트럭은 동물원을 빠져 나갔다. 한 동물 개체가 푸바오만큼 전 국민의 사랑을 받은 적이 있었던가? 공중파 드라마나 예능 프로그램에 등장했던 개가, 아니 정확히는 그 캐릭터가 유명해지고 같은 품종의 개가 유행한 적은 있지만 결국에는 개를 파는 사람들에게만 이윤을 남기고 개들은 이내 사라졌다. 푸바오는 무엇일까? 판다라는 종을 대표하는 곰 한 마리일까? 아니면 여느 귀여운 개 캐릭터처럼 만들어진 무엇일까?

2020년 에버랜드에서 태어난 푸바오는 한국에서 처음으로 성공한 판다 번식을 통해 '만들어지기' 시작했다. 처음 태어났을 때와 중국으로 떠난 2024년을 비교하면 푸바오라는 존재는 말 그대로 '만들어'졌다. 이는 푸바오가 자연스럽게 존재하는 어떤 생물이 아니라, 수많은 사람들의 마음에 사랑과 갈등을 불러일으키며 온라인과 오프라인 사이의 어떤 공간에서 불거져 나와 인간의 관념을 덕지덕지 덧붙인 창조물이라는 뜻이다.

푸바오는 사람들의 마음속에서 돌봐야 할 아기가 되기도 했고, 절망한 사람을 구원하는 신이기도 했다. 동시에 에버랜드의 매상을 올리는 상품이자, 예능 미디어의 소재가 되었다. 이처럼 푸바오의 많은 부분은 푸바오의 생물학적 실체를 에워싸며 그의 의지와 무관하게 만들어졌다(나는 푸바오의 생동을 '노동'이라고 보지 않는다). 털빛이 희고 검은 판다에게 부여된 예의 그 귀여움은 무엇인가에 의해 증폭되기 전까지는 사람들에게 인지조차 되지 못한다. 고요한 중국 남부의 대나무숲에 앉아 있거나 몇 미터 높이의 동물원 담장에 갇힌 한 마리 곰일 뿐이다.

푸바오를 낳은 아이바오와 러바오도 푸바오와 별반 다르지 않은 외모의 같은 종이지만 2016년 한국으로 옮겨질 때 대단한 주목을 받지는 않았다. 연예인을 등장시킨 에버랜드의 홍보 영상이 미디어에서 반짝했을 뿐이다. 2020년, 반복적인 번

딱딱한 콘크리트 바닥 위를 털이 붉게 얼룩진 판다가 어슬렁거리며 걷고 있다.
2017년 12월 24일 중국 충칭시 충칭동물원

식 시도 끝에 푸바오가 태어났을 때도 주목하는 사람은 많지 않았다. 지금과 같은 팬덤이 형성되기 시작한 것은 에버랜드가 운영하는 유튜브 채널의 영상이 인기를 끌면서부터다. 영상에서 푸바오는 사육사의 다리를 붙잡고 늘어진다. 이후의 화려한 영상에 비하면, 이때의 영상은 스마트폰으로 찍어 편집 없이 올린 것에 불과했지만 대중은 다 자란 인간인 사육사와 그들이 돌보는 어린 동물의 관계성에 열광하기 시작했다. 그다음 해부터 푸바오를 찬양하는 각종 커뮤니티가 들불처럼 타올랐다.

팬덤을 외면하다

사실 나는 푸바오에 전혀 관심이 없었다. 미디어를 도배하다시피 한 푸바오 영상을 보지 않는 것은 의도적 외면에 가까웠다. 푸바오라는 존재는 동물원에서 가장 귀한 대접을 받는 동물이었고, 동물원 동물의 복지라는 관점에서 대단히 큰 문제가 될 이유는 별로 없었다. 야생동물을 가두어 길렀을 때 응당 발생하는 '지루함'과 같은 문제는 푸바오에게도 예외가 아닐 것이나, 수많은 동경과 감시의 눈길이 꽂혀 있는 상황에서 푸바오의 복지 문제는 상대적으로 양호할 것이 분명했다. 하나의 '아이돌'로 우뚝 선 푸바오는 그를 돌보는 사람들, 즉 에버랜드라는 기업과 그 직원까지 '스타'로 만들었다. 야생동물과 인간의 관계를 왜곡한다는 점에서 나에게는 눈엣가시였지만, 그걸 지적하려면 푸바오를 에워싼 팬덤에도 쓴소리를 해야 한다는 것을 알았다. 화면에 푸바오가 등장하면 일부러 손가락을 더 빠르게 움직여 넘겨버렸다.

곰보금자리프로젝트도, 다른 동물단체들도 푸바오 이야기만 나오면 입을 꾹 닫고 쓴웃음을 지었다. 동물단체 활동가로서, 심지어 사육곰 문제를 다루면서 사람들이 가장 좋아하는 동물에 무관심했다는 것은 무책임한 일일 수도 있다. 푸바오가 곤란에 처할 가능성 때문이 아니라, 야생동물을 아이돌로 만드는 동물원 산업이 흥하는 상황에는 활동가로서 개입하고 발언할 의무가 있기 때문이다. 당장 급한 문제는 아닐 수 있었지만, 모처럼 담론의 장에 뛰어들 수 있는 기회를 놓치고 있다는 생각이 머릿속에 구겨진 채로 있었다.

팬덤에서 희망 찾기

2024년 4월, 푸바오가 중국으로 옮겨지기 전 검역 과정을 거칠 무렵 푸바오 팬덤과 접촉할 기회가 생겼다. 푸바오는 중국과의 계약에 따라 생후 4년이 되면 중국으로 되돌려 보내질 예정이었다. 출국 전 한 달에 걸친 검역 기간 중에는 다른 동물과의 접촉이 금지되었다. 그래서 푸바오는 바닥이 타일로 이루어진 실내 시설에서 혼자 지내야 했다. 에버랜드에는 방사장이 두 개뿐이었데 하나는 푸바오의 아비인 러바오가, 다른 하나는 푸바오의 어미 아이바오와 두 동생이 사용해야 했기 때문이다. 푸바오가 방사장을 사용하지 못한다는 소식이 알려지자 푸바오 팬 커뮤니티에서는 언론과 동물단체에 도움을 요청했다. 우리 단체에도 여러 건의 제보가 들어왔다.

푸바오의 복지에 문제가 있다는 이메일이 주를 이뤘다. 무엇을 해달라는 것도 아니었다. 그저 푸바오가 처한 상황에 대한 문제 제기였다. 그에 대해 에버랜드가 표명한 입장이 문제를 키우는 것으로 보였다. 팬들이 푸바오의 정형행동을 걱정하면, 에버랜드에서는 정형행동이 아니라 '성 성숙性成熟(동물이 새끼를 낳을 수 있을 정도로 성장하는 일)'과 관련한 행동이라고 변명하는 식이었다. 팬덤은 둘로 나뉘어 한쪽은 에버랜드를 공격하고 한쪽은 방어했다. 매일 방사장에 나가던 판다가 방사장에 못 나가면 정형행동을 하는 것은 당연한 일이다. 스트레스를 받는 것도 맞다. 방사장이 부족해서 생긴 일이고, 검역 때문에 격리를 해야 하니 일시적으로 스트레스를 받고 있다고 하면 될 일을 괜히 거짓말로 '긁어 부스럼'을 만들고 있었다. 푸바오를 완벽하게 돌보고 있는 것처럼 보이고 싶었던 것 같다.

무엇이든 상품화해 팔아먹으려는 자본주의 시스템에 가뜩이나 불만이 많은 40대 남성으로서 나는 한동안 주춤거린 후에야 비로소 동글동글한 동물에 열광하려는 팬덤을 이해해보려는 시도를 시작했다. 주춤거린 이유는 동물단체가 어찌할 수 없거나 동의하지 않는 제보도 종종 있었기 때문이다. 푸바오가 한 달 동안 실내에 갇혀 있어야 하는 것은 분명 안타까운 일이지만, 그렇다고 해서 한국에서 가장 귀한 대접을 받는 동물 개체가 학대 수준의 환경에 놓일 리는 만무했다. 실제로도 그런 일은 일어나지 않았다. 호들갑 떠는 사람들이라는 마음이 앞섰던 게 사실이다. 자기 생각의 한계를 스스로 깨고 나오는 일은 언제나 쉽지 않은 법이니까.

몇 개의 제보 메일을 받고 동료 활동가와 차를 타고 가면서 그에 관한 이야기를 나누다가 문득 이것은 '희망'이 아닐까 생각했다. 푸바오의 이미지를 소비하는 데 몰두하던 사람들이 이미지 뒤에 실재하는 동물을 관찰하고 걱정하기 시작했다고? 그렇게 생각하니 푸바오 팬덤의 문제 제기가 무척 신선하게 느껴졌다. 나는 그들이 그저 동물의 귀여움을 소비하는 사람들이라는 편견을 가지고 있었다. 아이돌 팬덤이 종종 그들이 사랑하는 대상을 이해하고 보호하기 위해 소속사나 세간의 공격에 맞서 전투에 나서기도 한다는 점을 보지 못하고 있었던 것이다.

이해하려고 마음을 고쳐먹으니 외면하던 현실이 보이기 시작했다. 푸바오 팬덤 중 일부는 푸바오가 매일 방사장에 나가 즐기던 일상이 깨지자 그에게 결핍되기 시작한 것과 필요한 것을 발견하기 시작했다. 다른 나라에서 이루어지는 판다 검역과 비교하면서, 검역을 위한 격리는 다른 판다와의 접촉만 피하면 되지 꼭 실내에서 이루어져야 하는 것은 아니라는 사실도 알아냈다. 푸바오는 자신이 왜 방사장에 나가지 못하는지 이해하지 못할 것이고, 분명히 어느 정도 좌절을 경험하고 있을 것이다. 그리고 팬덤은 이런 부당한 사실이 푸바오에게 일어나고 있는 것에 대해 인간으로서 책임져야 한다며 문제 제기를 한 것이다.

차에서 내리자마자 제보 메일에 하나씩 답장을 보내기 시작했다. 당신의 우려는 합리적이며 우리가 할 수 있는 일을 해보겠다고 했다. 동물원에 사는 많은 야생동물이 그와 비슷하거나 그보다 훨씬 심각한 수준의 복지 문제에 시달린다는 이야기도 덧붙였다. 그리고 중국과의 계약에 따라 국경을 넘나들어야 한다는 것이 푸바오에게 가장 큰 충격을 줄 것이라는 이야기도 전했다. 당신이 사랑하는 동물은 인간의 이익을 위해 삶의 질을 훼손당하며 전시되고 있는 것이라고. 판다의 보전과 동물원에서 번식을 시키는 것은 아무런 관계도 없는 일이라고.

곰보금자리프로젝트에서는 판다 수에 맞춰 방사장을 더 만들라는 주장에 일주일 동안 서명을 받아 에버랜드에 전달하기로 했다. 이 일을 준비하며 소통했던 에버랜드 직원은 그 필요성에 동감하지만 회사가 그 요구를 즉시 수용하기는 어려울 거라는 이야기를 해주었다. 사람 목숨도 대수롭지 않게 여기는 거대 자본에 기대를 걸지는 않았다. 다만 온라인 공간에서 부유하던 푸바오에 대한 사랑이 푸바오 자신에게 혹은 그 가족에게 닿도록 선로 전환기 역할을 하는 게 우리가 할 일이라고 생각했다. 순식간에 3700명이 넘는 사람들이 서명했고, 그 사람들이 에버랜드에 전하고자 한 이야기들은 내 편견을 와르르 무너뜨리며 죽비처럼 쏟아졌다. 우리는 에버랜드에 방문해 서명을 전달하고, 판다사를 비롯해 에버랜드 동물원 전체를 직원과 함께 돌아봤다.

동물에게 '인기'란 무엇인가?

왜 당장 판다사를 확장할 수 없는지 설명을 들으며 그 유명한 '판다 월드'를 둘러보았다. 관람로 왼쪽에는 푸바오의 아빠 아이바오가, 오른쪽에는 푸바오의 엄마 러바오와 두 동생 루이바오, 후이바오가 전시되어 있었다. 평일 낮인데도 바글바글한 관람객들은 자연스럽게도 어린 판다를 보기 위해 오른쪽 방사장으로 몰려들었다. 세 명의 관람객만이 다 자란 수컷 판다가 등 돌리고 자는 모습을 사진으로 남기고 있었다. 그 대비는 전형적이었다. 사람들은 어린 동물을 좋아하고, 그래서 동물원은 계속 어린 동물을 생산한다. 우리는 에버랜드에 다녀왔다는 이야기를 소셜미디어에 남기면서 두 장면을 사진으로 올렸다. "그 와중에 인기 없는 어른 판다"라는 내용과 함께.

그 짧은 글귀를 통해 팬덤이 어떻게 움직이는지를 또 한 번 배웠다. "인기 없는"이라는 말이 그렇게 큰 파장을 불러일으킬 것이라고는 예상치 못했다. 인기는 아이돌의 가치이자 미덕이었던 것이다. 자고 있던 러바오를 인기 없는 어른 판다라고 표현한 것이 팬들의 분노를 불러일으켰다. 푸바오의 검역 문제를 제기했던 팬들과 다른 부류의 팬덤이 또 있었던 것이다. 그들은 우리 단체의 소셜미디어에 좌표를 찍고 몰려와서 맹비난을 퍼부었다. 동물단체가 동물을 '차별'했다는 취지의 댓글이 다수였다. 후원을 취소하겠다는 협박이 이어졌고 실제로 10명 남짓의 후원 회원이 탈퇴했다. 전혀 예상할 수 없었던 일이었다. 그 게시물은 서명 운동의 취지와 결과를 보고하면서, 동물원에서 하는 멸종위기종 번식은 보전이라고 볼 수 없다는 이야기를 주되게 하고 있었다. 그런데 글의 주제는 개의치 않고 "인기 없는"이라는 표현이 '차별'이며 동물을 위해 일하는 단체가 동물을 차별했다는 논리로 갈 줄이야.

당연히 합리적인 항의는 아니다. 동물의 '인기'란 동물원의 마케팅과 팬덤의 동물 소비가 만나 형성되는 것일 뿐 정작 그 동물에게는 아무런 의미도 없다. 어떤 차이를 이유로 다르게 대우하는 것을 뜻하는 차별이라는 개념은 이런 상황에서 쓰는 말이 아니다. 푸바오처럼 인기가 좋아서 특별한 대접을 받는다 해도 동물원에 갇혀 살거나 영문도 모른 채 굉음을 내는 비행기에 태워져 세상이 뒤집히는 경험을 한다는 점은 달라지지 않는다. 어쩌면 더 철저하게 이용되는 것으로 볼 수도 있다. 그러나 야생동물을 가둔 상태에 대해 문제의식을 갖지 못하거나, 알면서도 애써 외면하고 있는 사람들에게는 동물을 소비하는 것이 상수인 듯했다. 어차피 이용할 거라면 인기라도 좋아야 동물이 더 잘 지낼 수 있다고 여기는 것 같았다.

요컨대 신자유주의 소비자 정체성을 고스란히 받아들인 사람들은 사랑하는 아이돌을 '많이 팔아주는 것'이 그 아이돌에게 이익이 되는 경험을 이미 축적하고 있다. 이 경험을 통해 동물을 더 많이 소비하는 일이 동물에게도 좋은 일이라고 느끼는 것 같았다. 소비를 정의 구현의 도구로 해석하면, 소비 대상이 되는 동물에게 무엇이 필요한지 정확한 정보를 얻기 어렵다. 아이돌 산업이 아이돌이 형성하는 환상적 이미지를 판매하는 것처럼, 소비 대상이 된 동물은 특정한 이미지만 강조되어 팔릴 뿐이다. 푸바오의 '뚠빵뚠빵(판다의 '뚠뚠'하고 빵빵한 신체적 특징을 과장하여 개체를 대표하는 이미지로 만든 표현. 대상화의 전형적 예다)' 같은 것들 말이다. 푸바오가 동물로서 좋은 삶을 살기 위해 필요로 하는 것들은 의도적으로 지워진다. 정형행동을 할 때의 부정적 감정 같은 것은 판매와 소비에 불편하기 때문에 숨겨지거나 다른 행동으로 거짓 설명되곤 한다.

푸바오의 아빠 러바오는 널찍한 평상에 혼자 앉아 뒹굴거리더니
대나무잎을 먹다 잠이 든 듯했다.

2024년 11월 26일 경기도 용인시 에버랜드

길게 줄을 서서 들어간 뒤에도 한참을 대기해야 했던 판다월드.
그렇게 오래 기다리고도 지정된 짧은 시간 동안만 판다를 볼 수 있었다.

2024년 11월 26일 경기도 용인시 에버랜드

동물 팬덤은 동물운동과 같이 갈 수 있을까?

　푸바오 팬덤은 분명히 큰 힘을 가지고 있다. 그렇다면 동물운동은 이들에게 어떻게 말을 건넬 수 있을까? 이들은 설득의 대상인가, 동물운동 대오의 일부인가? 어쩌면 둘 다일 수도 있을 것 같다. 나는 팬덤의 동물 정치를 경험하며 밝기도 하고 어둡기도 한 미래를 어렴풋이 보았다. 이제 동물은 오프라인보다 온라인에서 더 자주, 더 오래 만나는 존재가 되었다. 시민이라는 존재는 소비자 정체성에 갇혀 있고, 성공하려면 뭐든지 팔아야 한다는 압력이 큰 세상이기도 하다. 심지어 동물 단체도 끔찍한 장면과 자극적인 언어를 얼마나 잘 드러내고 판매하느냐를 두고 경쟁한다. 다양한 관점이 있겠으나 판매의 대상이 된다는 것은 결국 대상화에서 벗어날 수 없다는 것, 그래서 동물의 온전한 존엄성을 이해할 기회가 사라진다는 것을 의미한다.

　판다의 번식과 상품화에 성공한 에버랜드는 다시 번식을 시도했고, 이번에는 두 마리의 새끼가 태어났다. 판다는 한국을 포함한 21개국(중국 제외)의 동물원에서 70여 마리가 사육되고 있다고 한다. 중국에는 그 10배쯤 되는 판다가 사육 상태로 살고 있다. 중국은 지난 세기부터 판다를 외교에 십분 활용하고 있다. 왕들이 친교를 맺기 위해 자국의 희귀한 동물을 선물하던 전근대적인 관행을 현대 사회의 위정자들도 성실하게 수행하고 있는 것이다. 현대 중국의 판다 외교가 새롭게 차용한 개념은 종 보전이다. 멸종위기종인 판다를 동물원에서 번식시키고 전시하는 것이 야생 판다의 보전에 도움이 된다는 논리다.

  그러나 실제로 중국의 판다 연구 시설에서 번식한 개체가 야생으로 돌아간 경우는 10마리 남짓이라고 하니 쓴웃음이 새어 나온다. 판다를 동물원에 전시하는 것은 보전을 빙자한 장사에 지나지 않는다. 외교와 무역에서 이익을 보는 사람들, 망해가는 동물원을 되살린 사람들만 신나는 일이다. 아, 판다를 소비하는 관람객도 신난다고 봐야 할까? 그렇다면 우리는 적어도 동물에 대한 제국주의적 관점에서 한 발자국도 앞으로 나가지 못했다는 것을 인정해야 한다. 동물의 이미지를 사고파는 자본주의가 마음에 안 들면 죽여버리는 제국주의보다는 나아 보일지 모르나, 동물의 입장에서는 그저 잘 팔리는 이미지가 덧씌워진 채 약탈당하고 있을 뿐이다. 약탈하지 말자는 주장을 어떻게 하느냐가 문제다.

3장

고기가 되는 동물들

동물과 인간의 근육

마흔 살이 넘으면서 내 몸에서 근육이 급격히 쪼그라드는 것을 느끼고 있다. 다들 그런지 모르겠지만, 산업화 이전에는 인간의 평균 수명이 마흔 언저리였다고 하니 인류 역사를 돌아볼 때 그보다 더 사는 것은 낯설고 조금 당황스러운 일이기도 하다. 나 역시 자연스럽게 근육을 포기하지 못하고 유행을 따라 헬스장에서 운동을 시작했다. 운동 첫날 트레이너 선생님은 시커먼 운동 기구들을 돌며 내 몸의 각 부위에 자리 잡은 근육을 어떻게 발달시킬지 알려주셨다. 수의사로서 동물의 몸을 구성하는 근육의 이름을 제법 외고 있었으니, 내 몸 안에서도 웬만한 포유류는 다 가지고 있는 근육들이 수축하고 이완할 준비를 하고 있구나 짐작할 수 있었다.

한국의 여느 용어가 다 그렇듯이 인간의 근육과 그 근육을 단련시키는 기구를 가리키는 말들도 한자어와 순우리말, 영어가 뒤섞여 사용된다. 특정 근육을 가리키는 말로는 대퇴근, 대흉근, 삼각근, 이두근, 삼두근처럼 한자어가 가장 많고, 운동

기구는 대개 '스미스 머신'처럼 유래를 알기 어렵거나 '덤벨', '바벨'처럼 많이 들어본 영어 이름으로 불리곤 한다. 스쿼트, 데드리프트처럼 동작을 가리키는 말도 대부분 영어이고, 이런 말들은 한국어로 간단히 대체하기는 어려워 보인다. 수의대 시절에도 해부학 용어를 배우며 혼란스러워했던 기억이 난다. 내가 대학에 갓 입학했을 때는 일제강점기에 도입된 한자 용어를 순우리말로 바꾸려는 시도가 막 일기 시작했다. 게다가 국제적으로 통용되는 라틴어 기반의 근육 이름에 영어로 된 근육 운동 기능 이름까지 등장해 대략 4개 국어를 동시에 배우는 기분이었다. 헬스장에서 사람 몸의 근육을 부위별로 조각내 각각 운동을 시켜 키우는 일은 어딘가 모르게 동물의 근육을 쪼개는 것과 비슷하게 느껴졌다.

식품의약품안전처는 '소·돼지 식육의 표시방법 및 부위 구분 기준'을 고시한다. 소와 돼지의 근육을 '분할상태별 부위'로 이름 붙이고 이를 정확히 표시하도록 규정한다. 부위에 따라 가격이 다르기 때문에 혹여나 부위를 속여 팔아 부당한 이득을 누릴까 국가가 동물의 근육, 혹은 근육 다발 몇 개의 합에 이름을 붙인 것이다. 헬스장에서 들었던 운동 방법처럼 '대분할'과 '소분할'로 부위 명칭을 정하는데, 예컨대 '등심'으로 대분할된 소의 등 근육은 윗등심살, 꽃등심살, 아래등심살, 살치살로 소분할된다. 이 비싼 부위들은 헬스장에서 평소 잘 하지 않는 자세로 기구를 당기고 들면서 소분할해 키우는 광배근, 승모근,

척주기립근 같은 사람의 등 근육과 같은 근육이다. 다만 푸줏간에 놓인 고기는 이 근육들을 원래의 다발 모양에 따라 하나씩 뜯어낸 것이 아니라, 소의 몸에 배치되어 있는 상태에서 인간의 편의와 취향에 따라 여러 개의 근육 뭉치를 가로로 잘라 분할한 것이다. 그래서 꽃등심살을 먹으면 광배근과 승모근과 척주기립근을 한번에 먹는 셈이 된다.

아, 설명이 늦었는데 우리가 먹는 '고기'는 동물의 '근육'이다. 닭가슴'살'이라고 부르지만 이 살은 사람이 '살이 쪘다'고 할 때의 '살'이 의미하는 지방이 아니라 근육을 가리킨다. 즉 닭가슴살은 사람들이 헬스장에서 가장 열심히 기르는 가슴 근육에 해당한다. 날갯짓으로 체중을 띄울 정도로 강하게 움직이는 조류의 가슴 근육은 몸에서 가장 크고 가장 발달한 근육이기도 하다. 그 큰 근육을 기형적으로 더 크게 만들어서 자른 다음 얼려서 파는 것이 '냉동 닭가슴살'이다. 왜 기형적이냐 하면, 육종 기술로 가슴 근육을 강제로 키우는 것이기 때문에 닭은 청소년 시기만 되어도 가슴 근육의 무게로 인해 주저앉거나 다리뼈가 부러지기도 한다. 그러면 더 이상 모이를 먹으러 갈 수 없기 때문에 죽게 된다. 짧은 시간 안에 '가슴살'의 무게가 상품성을 가질 만큼 충분히 커지되 다리가 부러지지는 않을 정도의 선을 아슬아슬하게 타는 것이 육계 산업의 숙제다. 우리가 먹는 치킨은 사실 도계장(닭 도살장)으로 갈 때 꼬꼬댁 꼬꼬 하며 울지 않고 삐악삐악 운다. 헬스장에서는 그런

정육 시장에는 조각난 동물의 신체들이 부위별로 진열되어 있었다. 공간은 분홍빛으로 가득했다. 손님의 요청에 따라 비정형의 살들이 쓱쓱 다듬어져 둥그스름하면서도 네모난 '고기'가 되었다.

2025년 1월 17일 서울특별시 금천구 독산동 우시장

닭의 가슴살을 충분히 먹고 나의 가슴(살)을 기르라 조언했다.

끔찍함을 느끼지 않기 위해

　　　　　동물을 죽이는 장면을 볼 때와는 달리, 고기 소비자들이 '분할된' 동물의 근육을 소비하며 몸서리칠 정도의 감각을 느끼지는 않을 것이다. 누구나 그 고기가 동물이었던 것을 알고 있지만, 살아 있는 동물의 몸과 젓가락으로 집는 고기를 곧바로 연결시키지는 않는다. 친구들과 고기를 먹을 때, 연기를 내며 타 들어가는 고기가 동물의 어느 부위인지 내 몸을 들어 설명하려고 하면 대부분은 듣고 싶어 하지 않는다. 그저 맛있게 먹고 싶을 뿐 내가 먹은 고기가 동물의 움직임에 어떻게 관여하던 근육인지는 알고 싶지 않은 것이다. 단지 입에 집어넣기에 알맞게 잘려 있기를, 입에 쏙 넣었을 때 익숙하고 그리운 맛이기를 바란다.

　한국처럼 고도로 산업화된 사회에서 먹는 용도로 지정된 동물을 직접 볼 기회는 흔치 않다. 그래서 사람들은 살아 있는 동물의 실체는 잘 감각하지 못한다. 반면에 그들의 조각난 근육은 일상적으로 친숙하게 접한다. 굳이 해부학을 배우지 않더라도 손바닥보다 작은 고기 조각을 보며, 혹은 더 작은 조각을 씹으며 그것이 어느 부위인지 알아맞힌다. 그 맛을 이루는 화학 분자들의 구성은 살아 있는 동물이 생존에 유리한 방향으로 진화한 과정과 특정한 맛을 내기 위해 인간이 개입한 역사(가축화와 먹이)가 결합한 결과다. 예를 들어, 돼지 복부의 취약한 부위를 보호하기 위해 근육과 근육 사이에 지방이 분포하게 된 것이 삼겹살인데, 돼지가 옥수수를 먹느냐 보리를 먹느냐에 따라 근육과 지방의 맛이 달라진다. 인간은 혀로 그것을 분석해내고 언어와 과학으로 기록하면서 돼지라는 동물에서 '삼겹살'이라는 식재료를 떼어낸다.

'공장식'이라고 불리는 현대 사회의 고기 생산 시스템이 처음부터 그런 '떼어냄'을 의도한 것 같지는 않다. 그저 피 냄새, 똥 냄새를 싫어하는 사람들의 민원이 많아지고, 인구수보다 많은 동물을 빠르게 도살해야 했기 때문에 점차 주거지와 멀어졌을 것이다. 결과적으로 고기와 동물을 떼어놓는 것이 고기를 파는 데 유리했고, 이후로는 의식적인 떼어냄도 관찰할 수 있게 되었다. 고기 광고에서 보여주고자 하는 이미지는 비명횡사하는 동물이 아니라, 평화롭게 풀을 뜯고 있는 동물이다. 그래서 옷을 입은 채 웃고 있는 돼지 그림이 그려진 식육식당 간판을 어느 동네에서나 쉽게 볼 수 있다. 나아가 디즈니 등이 주도하는 동물 캐릭터 산업은 인류가 동물을 바라보는 관점을 더 극단적으로 밀어붙였다. 마치 '성녀'와 '창녀'를 이분하는 여성혐오처럼 '귀여운 동물 친구'와 '멍청하게 고기가 되는 동물'을 나누어 후자에 혐오의 감정이 더해지게 했다.

성녀도 창녀도 가부장제가 만들어낸 환상에 지나지 않는

다는 것을 깨닫는 순간처럼 동물에게서도 환상을 걷어낼 날이 올까? 인간의 이용 방식에 차이가 있을 뿐 예뻐하는 동물과 먹는 동물의 경계가 따로 없다는 사실을 깨닫게 된다면, 산업화 이후 동물에 대해 무감해지거나 반대로 과민해진 인간은 화들짝 놀라 혼란에 빠질 것이다. 어쩌면 자각은 이미 시작되었으나 애써 외면하고 있는지도 모른다. 그래서 동물과 고기의 연결 지점을 떠올리게 하는 단서에 눈을 감는다. 자칫하다가는 내가 사랑스러운 동물을 '도살 사주'하여 잡아먹는 악마가 될 수도 있으니까.

무감하거나 과민하거나

동물의 죽음과 죽은 몸에 무감해지는 것은 고기를 실컷 사고팔기에 유리하다. 물질적 풍요가 새롭게 만들어낸 식욕은 자본이 부추긴 축산업의 필요를 무력하게 좇을 뿐이다. 고기가 되기 위한 죽음은 인지되기도 전에 이미 벌어지니, 우리 사회는 그것을 없는 셈 치고 싶어 한다. 동물의 죽음과 죽은 몸에 과민한 반응을 보이는 것도 그런 구조가 낳은 결과일 터이다. 현대인의 일상에서 죽음은 늘 멀고 낯설다. 거기서 비롯된 과민함도 불편하기는 매한가지다. 고기든 의료든 잘 팔리는 세상을 만들기 위해 동물의 죽음을 소거하다 보니, 마치 죽음이 세상에 존재하지 말아야 할 현상인 듯 부정하게

경동시장에 개고기를 판매하는 곳이 있다는 제보를 받았다. 돼지, 소, 닭고기를 파는 가게들 사이로 '개고기'라고 쓰인 간판이 보인다.
2024년 11월 25일 서울특별시 동대문구 경동시장

된 것이 아닌가 싶다. 모든 질병을 정복하고자 하는 현대 의학의 시도는 그 부정을 강화한다. 죽지 않는 반려종을 추구하며 의학을 따라가는 수의학도 마찬가지다. '사랑하는' 동물의 죽음은 일어나지 말아야 할 일처럼 다룬다. 그렇게 동물의 죽음은, 죽음을 보이지 않게 하려는 사회가 만들어낸 환상 속으로 들어간다.

  죽음을 환상 속에 집어넣는 전형적인 예는 대량으로 길러서 잡아먹는 동물들의 죽음이다. 흔히 '공장식 축산'으로 비판받는 현대의 집약식 축산 시설은 도시인이 보지 못하는 곳에 숨겨져 있다. 그래서 죽음은 물론이고 삶도 없는 것처럼 보인다. 도시에 사는 우리가 볼 수 있는 것은 동물의 몸을 조각낸 몇 종류의 근육과 뼈, 내장뿐이라 살아서 펄떡거리던 동물의 몸을 연상하기 어렵다. 처음에는 산 동물을 죽이는 일을 하는 사람과 그 직업을 천대하면서 도시에서 밀어내는 식이었겠지만, 이제는 의도적이고 계획적으로 살아 있던 동물을 가린다. 달걀 포장 용기에 붙은 사진처럼, 목가적인 환경에서 살던 동물들이 개구리 왕자가 개구리로 변하듯 깔끔하고 매끈하게 고기로 변하는 상상만을 허용한다. 죽음은 사라질 수 없지만 죽음의 그 구체적인 과정은 도시인의 일상에서 완전히 지운다. 그래서 먹자골목의 거개를 고깃집이 채울 수 있게 된다. 도시인은 동물의 비명을 들으며 혈관을 끊어내고 가죽을 벗겨서 먹을 부위를 칼로 도려내던 수고를 몸에서 망각했다.

이와 반대편에 있는 환상은 '반려동물'이 죽으면 안 된다는 강박이다. 한반도에서 수천 년 동안 인간과 함께 살던 개는 사냥을 함께하는 실용적 목적을 가진 친구였고, 동시에 먹거리이기도 했다. 아주 먼 옛날부터 죽음은 개나 인간에게나 늘 일어나는 일이었고, 인간은 어떤 동물이든 먹어야 할 필요가 있다면 잡아먹었다. 그러나 서구 사회를 중심으로 산업화가 진전되면서 개의 일부를 구성하던 '먹는 동물'의 역할은 지워지고, 개는 오로지 '귀여운 친구'가 되어 큰 이윤을 창출하기 시작했다. 동물을 애완용으로 기르는 산업과 문화를 오롯이 받아들인 한국에서도 개는 이제 먹어서는 안 되는 동물이 되었다. 비유하자면 '성녀'로서의 개만 남긴 것이다. 귀여움을 수행하는 개는 죽거나 먹으면 안 되는 존재가 되었다. 끝 간 데 모르게 발전하는 의학과 그 뒤를 좇는 수의학은 '살려야 한다'는 근본주의를 표방하며 인간과 인간이 귀여워하는 동물을 대상으로 불가능한 꿈을 꾸고 있다. 귀여움을 수행하는 개는 죽지 말아야 하는 존재가 되었고, 개를 먹기 위해 죽이는 일은 불멸이어야 하는 존재를 죽이는 일이 되었다. 그러나 인간을 포함한 모든 동물은 죽는다.

나는 신자유주의가 지배하는 세상에서 동물의 죽음을 직시하지 못하는 현상이 동물에게 미치는 영향, 그리고 동물을 사랑하는 마음이 동물의 죽음을 부정할 때 사람들이 채택하는 태도에 관심을 두고 있다. 한국에서 소위 '동물보호'를 위해

펼치는 전략은 '먹지 말자'이다. 다른 말로 하면, 개도 돼지도 닭도 먹지 않으면 동물이 죽지 않을 수 있다는 믿음이다. 먹지 않는 사람이 많아지면 먹히는 동물이 줄어들 거라는 예측은 산술적으로는 가능하겠으나, 나는 두 가지 측면에서 그 전략이 게으르다고 생각한다. 첫째로는 먹지 않는다고 해서 이미 태어나 살아 숨 쉬고 있는 그들의 존재가 사라지지는 않는다는 점이다. 지금 이 순간에도 계속해서 태어나 삶을 시작하고 이어가는 동물들을 어떻게 대할 것인가에 대한 논의가 너무 부족하다. 이미 태어나 살아가고 있는 동물들에게 '죽음'은 필연적인 마지막 순간일 뿐이다. 그들에게 더 중요한 것은 살아 있는 시간 동안의 경험이다. 둘째로, 이런 전략은 낡고 허술하면서도 꽉 짜인 축산 체계 안에서, 그리고 고기를 많이 먹는 사회를 만들고자 하는 권력자들의 담합 아래서 얌전하게 소비자로서 선택만 할 뿐이라는 점이다. 고기를 먹지 않겠다고 선언하는 비거니즘도 육류를 대체하는 또 다른 상품을 만들어내야 경쟁력을 갖는다. 안타깝게도 현대인의 상상력에는 '안 사겠다'나 '덜 사겠다'는 끼어들 틈이 없고 '무엇을 살까'만 가득하다. 상품들 사이에서 소비자로서 선택만 하는 이런 구조는 운동 사회 내부까지 깊숙하게 파고들었다.

  인간이 죽이지 말아야 할 동물의 범위를 소비자로서 넓혀가는 방식은 동물을 위해 어떤 성취를 할 수 있을까. 무서운 속도로 번성한 인류가 늘어난 인구의 몇 곱절로 먹어 치우기 위해 동물을 생산해내고 자연을 파괴하는 일이 문제라는 것은 명확하다. 그러나 인류 전체가 너무 많이 먹는 것은 아니다. 전에 없는 부를 쌓은 일부가 지나치게 많이 생산하고, 기껏 생산한 동물을 다 먹지도 않은 채 쓰레기통에 내다버리고 있다. 너무 많이 먹어서 질병을 얻고, 또 그 질병을 치료할 약을 개발한다. 그러나 다른 한편에서는 여전히 꽤 많은 인간이 동물이든 식물이든 먹지 못해서 굶어 죽고 있다. 어떤 경위로든 직간접적으로 동물을 죽이지 않고 살아갈 수 있는 인간은 없다. 만약 있다 하더라도 운명적으로 선택받은 소수일 수밖에 없다. 인간이 다른 동물을 죽이지 말아야 한다는 주장은 끝내 이룰 수 없는 목표라는 점에서 한계가 뚜렷하다. 이는 결국 인간만이 향유하는 '지향'이나 '태도'로 귀결한다. 내가 동물을 죽였느냐 안 죽였느냐, 혹은 소비했느냐 안 했느냐가 어느 농장에 살고 있는 동물에게 영향을 미칠 가능성은 매우 낮다. 소비자 정체성에 기대는 불매 운동의 인식론적 한계다.

죽은 자와 산 자를 연결하기

나는 어느 동네를 가나 시장 구경하는 것을 좋아한다. 시장에 가면 그곳에서 판매하는 동물을 꼭 보러 간다. 산업화가 덜 이루어진 동네의 시장에서는 살아 있는 동물도, 죽은 동물도 공공연하게 늘어놓고 판다. 가깝게는 서울의 경동시장에만 가도 고기가 되는 동물들이 훨씬 덜 썰려 있다. 소와 돼지는 몸통인지 다리인지 알 수 있을 정도로 크게 분할된 도체가 걸려 있다. 죽은 개의 발바닥이나 발톱, 피부와 이빨 같은 신체 부위는 살아 있는 개를 쉽게 떠올리게 한다. 어류와 양서류, 파충류는 살아 있는 채로 전시되어 있는데, 식용으로 판매되는 만큼 그들의 복지를 위한 어떠한 통제나 제한도 없어 보인다(한국의 동물보호법은 식용을 목적으로 기르는 어류, 양서류, 파충류를 보호 대상 동물로 보지 않는다). 라오스나 베트남의 시장에서는 가죽만 벗겨진 돼지와 소의 '얼굴'과 '눈'을 마주 볼 수 있다.

동네 슈퍼나 대형 마트처럼 산업화의 결과로 '정제된' 판매 장소에서는 이런 장면을 볼 수 없다. 인간이 동물을 잡아먹는다는 사실이 적나라하게 드러나서 이 글을 읽는 이의 절대 다수일 도시인들을 불편하게 하기 때문이다. 만약 도시인들이 이런 장면을 본다면 식욕을 느끼기 어려울 것이고, 채식주의자가 아니라도 고개를 돌리고 싶을 것이다. 왜 그럴까? 덜 조각난 동물의 사체는 우리의 무엇을 자극하는 걸까? 공감을 유발하는 귀여운 모습도 아니고, 식욕을 야기하는 자잘한 근육 조각도 아니라서 그런 것이 아닐까? 둘로 나뉜 '동물'의 이미지가 구겨져 한데 뒤섞이는 순간에서 우리는 도망치고 싶은 것일까? 우리가 벗겨지지 않는 색안경을 낀 채 동물의 몸에 특정한 이미지를 부여하고 있다면, 그 이미지는 동물에게 어

위   가지런히 놓인 돼지발과 등뼈, 그리고 마치 사람 손처럼 보이는 닭발이 따로 판매되고 있었다.
2024년 11월 25일 서울특별시 동대문구 경동시장

아래   죽은 돼지들이 웃고 있다.
2025년 1월 17일 서울특별시 금천구 독산동 우시장떤 의미를 지닐까?

  이미지는 사회적으로 구성된다. 이는 곧 사회의 움직임이 그 이미지를 재조합하고 바꾸는 것도 가능하다는 뜻이다. 지금 우리가 동물을 보는 관점은 과도하게 양분되어 있다. 우리에게 밝게 웃어주는 동물, 아니면 마치 살아 숨 쉰 적이 없는 것처럼 오로지 맛있기만 한 동물. 개나 고양이를 먹는 사람이 오리나 물고기를 먹는 사람보다 훨씬 나쁜 사람일 이유는 없다. 소와 돼지, 닭과 염소도 살아 있을 때는 인간 혹은 다른 비인간 동물과 눈빛을 교환하던 존재들이다. 마트에서 근육이 조각난 채로 만나는 동물들이 죽기 전에는 어떻게 살았는지 우리가 더 궁금해하면 좋겠다. 그들이 하는 경험을 이해하려 노력하면 좋겠다. 먹거리가 되기 위해 사육되는 동물의 복지를 향상시켜야 할 책임감 때문만이 아니라, 인간과 동물이 함께 살아갈 더 나은 세상을 궁리하는 과정에서 이 일이 꼭 필요하기 때문이다.

4장

개와 고양이를 바라보는 눈으로 넙치와 우럭을 바라볼 수 있을까

넙치(광어)*Paralichthys olivaceus*와 우럭(조피볼락)*Sebastes schlegelii*은 도시에서 가장 자주 만나는 물고기다. 굳이 마음먹고 만나려 하지 않아도 지하철에서 내려 버스를 갈아타러 가는 동안에 한 번 정도는 횟집 수조 아래 가라앉은 그들의 허옇게 부르튼 눈을 마주한다. 새파란 테두리를 두른 유리 수조는 마치 땀을 흘리듯 물방울을 묻힌 채 거무죽죽한 그 횟감들을 가득 품고 있다. 요즘 많은 사람들이 작은 동물을 귀여워하는데, 넙치와 우럭은 무게가 1킬로그램 남짓이니 웬만한 개나 고양이보다 작은데도 귀여움의 대상이 되지 못한다. 매끈하고 얼룩덜룩한 피부에 수조 속 물이 차갑게 느껴지지는 않는지, 그래서 혹시 춥지는 않은지 걱정을 사는 일도 없다. 도시인의 눈에 넙치와 우럭은 싱싱하거나 싱싱하지 않거나 둘 중 하나다.

넙치와 우럭은 모두 척추동물이다. 한국을 비롯한 대부분 국가의 동물보호법에서는 척추동물을 동물보호나 복지의 대상으로 정한다. 신경 체계가 서로 비슷해서 우리가 통증이나 고통이라 부르는 경험이 그들의 경험과 크게 다르지 않을 것이라 보기 때문이다. 그런데 다른 한편으로 한국의 동물보호법은 식용을 목적으로 하는 양서류, 파충류, 어류는 법의 적용 대상에서 제외한다. 밑도 끝도 없이 식용이라서 보호하지 말자니 과학적이지도 않고, 똑같이 식용을 목적으로 기르는 포유류나 조류와 비교했을 때 형평에도 맞지 않는다. 이 나라는 넙치와 우럭으로 태어나 살아가는 동물이 어떤 학대를 받아도 법적으로 문제가 없다고 정한다.

활어 횟집의 갑작스러운 등장

30년 전 즈음의 기억을 떠올려보면, 회를 먹는 장소는 늘 바닷가였다. 그래서 바닷가 동네로 놀러 가면 꼭 회를 먹어야 하는 줄 알았다. 지금처럼 바닷가에서 기른 물고기를 산 채로 활어 수송차에 실어 도심의 횟집으로 운송하기 시작한 것은 그리 오래된 일이 아니다. 대중이 살아 있는 넙치와 우럭을 수조에서 골라잡아 눈앞에서 회를 치고 손쉽게 먹는 것도 비교적 최근에 시작된 일이다. 1992년 5월 9일 자 경향신문은 "최근 활어 맛을 즐기는 사람이 부쩍 늘면서 활어를 취급하는 인천 횟집들이 호황을 누리고 있다", "활어를 즐기기 위해 서울, 경기 등에서 인천으로 연간 20만 명의 미식가들이 몰려든다"라고 보도했다. 1996년 10월 20일 자 조선일보 보

파란색 수조 속의 넙치들.
2024년 2월 19일 인천광역시 남동구 소래포구 어시장

넙치와 가자미가 수조 속에서 손님을 '기다리고' 있다.
2024년 2월 19일 인천광역시 남동구 소래포구 어시장

도에서는 "손님이 보는 앞에서 뜰채로 생선을 건져 회를 준비하면서 번호표를 주는데, 이를 갖고 생선 가게 뒤쪽으로 가면 10~15분 후 회 접시를 내준다"라며 활어회 파는 식당의 풍경을 그렸다. 신기한 장면이었던 것이다.

양식된 넙치와 우럭은 뜰채에 들려 컨테이너에 담기는 순간에야 평생을 자란 양식장에서 나올 수 있다. 제주도와 남해안에서 양식된 활어 횟감용 물고기는 수조차에 실려 전국의 수산시장과 해산물 식당으로 운송된다. 이러한 양식 및 유통 관행은 1986년 넙치 양식의 성공과 함께 시작된 것으로 40년 정도밖에 되지 않았다. 1970~80년대 급속한 경제성장과 외식 문화의 발달, 활어의 양식과 운송, 보관을 뒷받침하는 각종 제조업의 성장, 잦은 식중독 사고로 인한 신선한 수산물 수요에 힘입어 1990년대에 들어서야 양식 활어 시장이 형성되기 시작했다. 이후 활어 시장은 급속도로 성장해서 지금은 비중 있는 외식 문화로 자리 잡았다.

넙치와 우럭에 대해서 우리가 아는 것

한때 고급 횟감 어종이었던 넙치는 대부분 제주도와 완도의 육상 수조 양식장에서 기른다. 처음에는 일본에 수출하는 용도였고, 수정란도 일본에서 사다가 부화시켜 양식했다. 후에 이 치어를 한국 연근해에 사는 '토종' 넙치로 바꾼

새로 생긴 횟집인지 제법 깨끗해 보이는 수조에 우럭이 가득하다.
2024년 2월 19일 인천광역시 남동구 소래포구 어시장

다는 보도가 나오고, 더 빨리 성장하게 하는 기술이 종종 언급되었다. 양식장에 필요한 노동은 대부분 이주 노동자들이 도맡고 있다. 육식동물인 넙치에게는 다른 냉동 물고기를 갈아서 먹인다. 지금 기준으로 1년 정도를 기르면 1킬로그램이 조금 넘는 크기가 되어 시중에 유통된다. 넙치는 다른 어종보다 빨리 자란다. 인간의 횟감으로서 넙치의 가장 큰 미덕은 머리가 작아서 체중에 비해 먹을 수 있는 부위가 많다는 것이다. 하필이면 그렇다.

우럭도 넙치처럼 서해안에 많이 살던 어종이지만, 역시나 수조에서 쉽게 골라 먹을 수 있는 물고기는 아니었다. 1986년 여름 수산물 시장에서 우럭은 1킬로그램에 1만 5000원이었다고 한다. 지금의 물가로 치면 그 10배인 15만 원이 넘는 가격이다. 바다에 사는 물고기를 잡아 산 채로 육지에 올리려면 그렇게 비싼 값을 치러야 했다. 1990년대 초부터 정책적으로 어선 수를 줄이고 '잡는 어업'에서 '기르는 어업'으로 전환이 이루어졌다. 바다에 부표를 띄워놓은 가두리 양식장이 보급되면서 우럭, 농어, 방어 같은 물고기들이 당시 표현으로 '바다 목장'에서 길러지기 시작했다. 원자력발전소와 화력발전소에서 나오는 온배수를 활용할 수 있다는 기사를 매년 볼 수 있던 시절이다. 우럭은 횟감으로 대단히 인기가 좋은 어종은 아니었지만, 운송 과정과 횟집 수조에서의 생존율이 높아 유통하기에 좋았다. 그래서 우럭은 지금도 활어 시장에서 넙치에 이어두 번째로 많이 유통되는 어종이다.

  물 밖으로 내어져 숨을 멈춰야 하는 순간을 몇 번 지나면, 넙치와 우럭은 태어날 때부터 예정된 대로 수조 속 횟감이 된다. 횟감이 아닌 생동의 주체로서 넙치와 우럭이 어떤 삶을 사는지 우리는 알지 못한다. 한반도 앞바다에 사는 넙치와 우럭이라는 동물을 우리는 알지 못한다. 그간의 연구 결과를 살펴보면 온통 '양식 어류'의 질병, 항생제, 생균제, 어획량 등 먹거리로서의 가치에 영향을 주는 요소만 등장한다. 덕분에 우리는 넙치와 우럭에 적합한 사료의 종류, 물의 온도와 염도, 그들이 나이에 따라 몸무게가 하루에 몇 그램씩 증가하는지까지 다 알고 있다. 바다에 살든 양식장에 살든 이 동물들에게도 성취의 짜릿함, 포식자로부터의 공포, 친구와의 유대, 짝사랑의 고단함 같은 것이 분명히 있을 텐데 우리는 하나도 알지 못한다. 알고 싶어 하는 사람도 없는 것 같다. 종에 따른 선호와 그로 인한 정보의 축적은 이렇게 극단적으로 편향되어 있다.

수조 속 그들에게 언제쯤 공감할 수 있을까?

  넙치와 우럭은 수정 단계부터 사람이 관여하기 시작해 죽을 때까지 가두어 기른다는 점에서 닭, 돼지, 소와 비슷한 관계를 인간과 맺고 있다. 그러나 이 물속 생물들은 육상 가축종과 달리 가축화 과정을 겪지 않았다. 육상종의 가축화는 적어도 수천 년 동안 인간과 거리를 좁히면서, 인간이 가하는 제약에 익숙해지면서 진행되었다. 물론 최근 수십 년간의 극단적 공장식 축산은 수천 년의 가축화 과정에서 익히지 못한 환경이기 때문에 복지 문제가 발생하고 있지만, 육상 가축들은 사람 없이 살 수 없게 된 몸으로 태어난다.

그런데 수조 속 넙치와 우럭의 몸은 사실상 야생 개체들과 크게 다르지 않다. 양식장에서 바다로 흘러 들어갔을 때 야생 개체로 살아남기도 한다. 따라서 마치 가축인 양 인간과 함께 사는 일은 야생종인 넙치와 우럭에게는 고역이다. 물고기는 포유류인 인간이나 인간과 함께 지내는 동물들과는 너무나 다르다. 웬만큼 친해져도 인간과 피부를 맞대고 살기는 어렵다. 아무리 사랑해도 얼굴을 부비는 행동은 할 수 없다(대부분의 개와 고양이도 사람이 얼굴을 갖다 대는 행동을 좋아하지 않는다). 물고기들은 물속 공간에서 인간과 다르게 숨 쉬고, 다른 방식으로 친근함과 공포를 표현한다. 물고기 중에서도 상어와 먹장어가 다르고, 넙치와 우럭이 다르다. 그들의 행동이나 감정에 공감하기란 여간 낯선 일이 아니다.

우리가 이런 종류의 공감 능력을 갖지 못한 한계 때문에 아직 한국에는 물고기의 도살 시점이나 방식에 대한 가이드라인이 없다. 현대의 동물복지 연구에서는 동물을 고통 없는 상태, 즉 의식 없는 상태에서 도살할 것을 강조한다. 한국 문화에서도 살아 있는 동물을 먹는 것은 잔인하다고 여기는 것이 일반적이다. 그래서 육상 동물에 대해서는 동물보호법에서 미흡하게나마 도축 가이드라인을 정하고 있다. 그러나 물고기를 포함한 수생 생물을 죽이는 것에 대해서는 대중도 잔인성을 덜 느끼는 듯하고, 법에서도 제외시켜놓았다. 한국에서 양식 물고기의 사육 규모는 2021년을 기준으로 약 4억 4600만 마리, 생산량은 8만 9400톤을 기록했다. 이 중 상당수는 살아 있는 물고기, 즉 활어로 이용되며 살아 있는 상태로 소비자에게 전달된다. 다른 가축종들이 적어도 유통 과정에서는 이미 죽은 상태라 고통을 느끼지 못하는 반면, 이들은 끝까지 살아남아 죽느니만 못한 삶을 무겁게 감당하는 것이다.

기어이 산 채로 먹어야 한다면, 우리에게 돌아올 것은

국내 물고기 양식과 유통 관행에 어떤 동물복지 문제가 있는지 아직 누구도 정확히 파악하지 못하고 있다. 그들의 복지가 크게 훼손되고 있을 것으로 추정할 뿐이다. 구체적으로 어떤 복지 문제가 발생하고 있는지 다방면의 연구가 필요하지만, 국내 학계에서는 물고기 복지는 말할 것도 없고 동물복지 자체에 대한 관심이 전무한 실정이다.

우리는 식문화가 매우 오래되고 견고하다고 생각하는 경향이 있다. 그러나 동물을 식용으로 집중 생산하여 대량 소비하는 문화는 인류 역사에 비하면 역사가 매우 짧다. 먹을거리도 부족하고 동물에 대한 감각도 빈곤하던 시절에 무엇이든 먹고 무엇이든 파는 자본주의가 들어오면서 형성된 지금의 식문화는 앞으로 동물과 음식에 대한 새로운 윤리의 영향을 받게 될 것이다. 그 가운데서도 특히 물고기 복지는 낯선 만큼이나 중요한 기준이 되지 않을까 생각한다.

이미 형성된 식문화를 동물복지라는 윤리적 준거만으로 바꾸기는 어렵겠지만, '신선함'을 고집하기 위해 먹기 직전까지 기어코 살려두면서 고통을 배가하는 관행은 지속 가능해 보이지 않는다. 더 불편한 곳에, 더 오래 살려두기 위해서는 물고기의 복지뿐 아니라 위생과 안전 문제가 발생할 수밖에 없다. 이들은 소매시장의 수조 안에서 얼마나 오래 살까. 이에 대해서는 제대로 조사된 바가 없다. 소비량에 따라 최대 수개월까지 생존할 수 있다고 알려져 있을 뿐이다. 좁은 수조에 물을 채우고 유기물을 잔뜩 넣어놓으면 쉽게 부패하기 마련이다. 당연히 그 안에 물고기를 넣어두면 얼마 버티지 못하고 죽는다. 살아 있는 물고기를 먹겠다고 사방이 막힌 수조에 넣어둔 것인데 금방 죽으면 모든 게 허사다. 어떻게든 살려야 제값에 팔 수 있다. 이 과정에서 등장하는 것이 바로 각종 약물이다.

언론 보도를 통해 활어 유통 과정에서 사용되는 항생제와 포르말린 문제를 종종 접하지만, 구체적으로 무엇이 얼마만큼

쓰이는지, 그것이 인간에게 어떤 영향을 미치는지 우리는 제대로 알지 못한다. 육상 가축의 약물 잔류 검사는 도축장에서 일괄적으로 이루어지는 반면, 전국의 양식장에서 바로 소매점으로 제각기 운송되고 도살되는 물고기의 약물 잔류 검사는 지금의 시스템에서는 불가능하다. 시시때때로 공무원이 횟집마다 돌아다니며 수조의 물을 검사하는 것이 과학적이겠으나, 그러면 아마도 활어 산업이 붕괴될 것이다. 검사를 하지 않으니 무슨 문제가 있는지 모르고, 잘 모르니 먹던 대로 먹는다. 공공의 안녕을 책임지고 있는 사람들이 회피하기 때문에 일어나는 일이다.

  기르고 유통하고 먹는 과정을 좀 더 면밀히 들여다본다면, 그래서 넙치와 우럭의 몸을 이루고 있는 것들을 우리가 더 많이 알게 된다면 지금과는 다른 판단을 할 것이다. 사람들은 방금 전까지 살아 있었던 넙치와 우럭을 먹기 위해 굳이 항생제나 화학 물질을 섭취하는 위험에 빠지고 싶어 하지 않을 것이다. 그렇다면 넙치와 우럭을 기르고 팔아야 먹고사는 사람들의 삶도 같이 고민해야 한다. 물고기를 포함하는 동물의 복지가 인간의 복지와 연결되어 있다는 '원 웰페어 One Welfare' 개념이 우리 사회에 한 번 쿵 하고 떨어질 날이 올 것이다. 그때는 넙치와 우럭과 인간이 서로를 병들게 하는 일을 불안 때문에라도 멈추지 않을까.

동그란 수조 속을 무한히 돌고 있는 물고기들.
2024년 2월 19일 인천광역시 남동구 소래포구 어시장

5장

마트의 동물들

동물은 물건인가? 사고팔아도 되는가?

대형마트에서는 웬만한 물건을 다 판다. 동물은 물건이 아니라는 민법 개정안이 통과의 기로에 서 있는 지금, 마트에서는 아직 동물을 판다. 한국의 법은 세상을 사람과 사람이 아닌 물건, 이렇게 둘로만 나누어 보고 동물은 사람이 아니라는 직관적 판단으로 물건 쪽에 넣어놓았다. 새롭게 발의된 민법 개정안은 이제 동물을 사람과 물건 사이에 있는, 사람을 제외한 생명체로서 바라보자는 의미를 담고 있다.

주류 정당과 대통령까지 나서서 동물은 물건이 아니라고 규정하는 데에 합의했지만, 법원행정처 등 법 전문가들은 혼란스러워하며 반대 의견을 내는 중이다. 그럴 법도 한 것이 현실의 동물 다수는 가격도 있고, 주인도 있으며, 거래 대상이기도 하다. 따라서 동물을 물건에서 빼내는 데는 꽤 풍부한 상상력이 필요하다. 동물을 물건처럼 사고팔아도 괜찮은지 고민해야 하기 때문이다.

사람의 성性도 팔고, 교육도 팔고, 의료도 팔겠다고 달려드는 세상에 동물을 파는 것쯤이야 숨 쉬듯 자연스러운 일일 수 있다. 그러니 정신을 똑바로 차려야 한다. 봉이 김선달 이야기가 괜히 나온 게 아닐 것이다. 팔지 않는 게 윤리적이었거나 혹은 그런 윤리가 없던 시대에도 어떤 것은 팔지 않았다. 거기에는 다 이유가 있을 것이다. 곰의 쓸개즙을 먹겠다고 국가에서 곰을 수입해 기르기를 장려하던 시대가 있었다. 이때 웅담 채취를 산업화씩이나 하는 바람에, 웅담이 팔리지 않는 시대가 되자 곰들을 철창 안에 방치하게 되었다. 철창에서 탈출한 곰은 총에 맞아 죽었고, 때로는 탈출한 곰에 물려 사람이 죽기도 했다. 이제는 국가에서 수백억을 들여 농장에 살던 곰을 보호하는 시설을 만들고 있다. 돈이 된다고 무모하게 '산업'을 만들었다가는 애꿎은 희생자와 생존자를 만들게 된다.

마트 동물 코너의 풍경

머릿속이 복잡하지만, 참새가 방앗간을 그냥 지나치지 못하듯 나는 마트에 갈 때면 장난감 코너와 자동차 용품 코너 사이 어디쯤에 있는 진열장을 찾는다. 그 앞에 서면 머리뿐만 아니라 마음속까지 복잡해진다. 제일 아래층에는 투명한 플라스틱 상자 안에 토끼*Oryctolagus cuniculus*, 햄스터(주로 시리아 출신의 골든햄스터)*Mesocricetus auratus*, 기니피그*Cavia porcellus*가 톱밥에 파묻힌 채로 있고, 그 위에는 사막이나 열대 지역

출신의 파충류들이 전시되어 있다. 요즘 부쩍 애완용으로 인기가 오른 게코과(도마뱀붙이과)*Squamata*가 파충류 코너의 주를 이룬다. 사랑앵무*Melopsittacus undulatus*나 십자매*Lonchura striata domestica*처럼 가축화가 이루어져 값싸고 대중적인 새를 판매하는 곳도 있다. 그 옆에는 더 큰 진열대에 어항이 다닥다닥 붙어 있고, 어항에는 물고기가 잔뜩 들어 있다. 물고기의 종류는 유행에 따라 금붕어와 비단잉어에서 반짝반짝 형광등 불빛을 반사하는 열대어로 옮겨 갔다. 장수풍뎅이*Allomyrina dichotoma*, 사슴벌레*Dorcus titanus*, 육지집게과*Coenobitidae*, 아프리카왕달팽이 *Lissachatina fulica*를 사육 도구와 함께 세트로 파는 장면도 이제는 익숙하다. 심지어 동물이 아닌 물이끼도 '반려 이끼'라는 이름으로 판매한다.

유행은 '수요'가 만들기도 하지만, 이렇게 판매되는 동물종의 유행만큼은 '공급'이 만들어내는 것으로 보인다. 1980년대 이색적인 동물을 기르고 싶어서 안달을 하던 어린이였던 나는 구관조와 오랑우탄을 사달라고 졸라댄 기억이 있다(당연히 얻을 수 없었다). 그러나 햄스터나 게코는 그 시절 어린이가 상상할 수 있는 범위 밖의 종이었다. 운이 좋아서 장수풍뎅이나 사슴벌레를 잡으면 과일을 먹이며 한 달씩 기르다 죽이기도 했지만, 마트에서 돈을 주고 산 곤충에게 전용 젤리(수액을 먹고 사는 곤충을 위해 상품화한 먹이)를 사 먹일 생각은 해본 적이 없다. 중앙아시아와 유럽, 남아메리카와 북아프리카에서 비행기

앵무새, 토끼, 햄스터, 거북이는 카트에 담아 살 수 있는 동물이었다.
2025년 2월 15일 서울특별시 은평구의 한 마트

를 타고 한반도의 마트까지 옮겨 와야 하는 종을 기르겠다는 마음이 자연스러운 취향은 아닌 것 같다. 그래도 되는 세상이라고, 팔고 사고 길러도 되는 동물이라고 누군가가 자꾸 이야기하는 탓에 유행이 만들어진다.

네모난 상자 안의 동물들

오늘도 마트의 동물들을 구경하면서 느낀 점이 있다. 판매되는 동물들이 썩 괜찮게 살고 있는 것처럼 우리를 설득한다는 점이다. 값비싸고 그럴듯한 모양의 사육장도 그렇고, 마치 첨단 기술을 적용한 것처럼 보이는 여과기, 온도 조절기 같은 도구들이 '좋은 제품'인 것처럼 진열되어 있다. 물그릇과 밥그릇은 진짜 돌로 만든 것처럼 자연을 흉내 내고 있고, 동물이 숨을 은신처는 야자 껍데기를 반으로 갈라서 만들었다.

야생동물을 가두어 기를 때 야생의 서식지를 재현하는 것은 동물복지를 고려한 환경을 조성하기 위한 중요한 요소가 맞기는 하다. 동물에 관한 특별한 지식이 없어도, 동물복지에 대해 잘 몰라도 어항 안에 자갈을 깔고 물풀을 심는 것이 유리만 있는 밋밋한 어항보다 낫다고 판단할 수 있다. 그래서 마트에서는 물고기만 파는 게 아니라 바닥에 까는 자갈과 물풀도 판다. 다만, 사람의 눈에 '나아 보이는 것'이 실재하는 동물의 고통을 가릴 수 있다. 햄스터에게 톱밥을 깔아주는 것은 아무것도 깔리지 않은 플라스틱 맨바닥보다야 낫지만, 인공적인 톱밥을 햄스터가 원래 살던 시리아 땅의 모래흙과 비교할 수는 없다. 횃대가 없는 것보다는 있는 것이 사랑앵무에게 낫지만, 때로 이 횃대가 날 수도 없을 정도로 좁은 새장에 사랑앵무를 길러도 되는 것처럼 정당화하는 역할을 하기도 한다.

  가축화를 거쳐 사람이 조성한 사육 환경에 진화적으로 적응한 종일지라도 마트의 상품으로 꾸며지고 진열된다면 그것이 '살 만한 삶'인지 고민해야 하는데, 가축화를 거친 적이 없는 야생종이라면 그들의 복지는 두말할 나위 없이 나쁘다. '사육'이라는 말은 '동물을 (동물의) 집에서 기른다'는 뜻이다. 사람이 만든 집은 야생종을 감금하여 타고난 본연의 삶을 살지 못하게 하는 장애물이기 때문에 그 안에서 잘 살기란 거의 불가능하다. 최근에는 워낙 많은 종류의 야생동물이 애완용으로 거래되고, 인공적으로 번식되기 때문에 세대가 짧은 동물은 빠른 속도로 세대를 거듭하며 집단으로 몸이 변화하는 '가축화'를 경험하고 있는지도 모른다. 그렇다 하더라도 그 적응 과정은 집단에 속한 각 개체에게 '죽거나 혹은 나쁘거나' 한 경험의 연속일 뿐이다.

다양한 종류의 새가 비좁은 새장에 갇혀 있다. 철창 속 비둘기가 특히 눈길을 끌었다.

2024년 4월 3일 서울특별시 종로구 청계천 애완동물거리

잘 팔고 잘 기를 방법은 없을까?

이윤을 최대화해야 하는 판매자에게 그들의 재화인 동물을 윤리적으로 대해야 한다는 이야기는 무력하다. 동물을 좋아하는 개인들도 손쉽게 거래되는 동물을 충분히 존중하기는 어렵다. 그 대상이 우리와 비슷한 포유류가 아니라 물고기나 곤충이라면 공감에도 한계가 있다. 게다가 동물종의 복지 조건은 대개 의지나 사랑하는 마음보다는 지식의 영역이라, 야생동물을 자연 수명까지 살려두는 것만도 쉽지 않은 일이다. 마트에서 산 동물은 쉽게 죽고, 그전까지의 삶도 죽지 못해 사는 삶에 가깝다. 이 정도면 어떤 방식으로든 통제가 필요해 보인다.

동물을 파는 곳에서 갖추어야 할 법적 기준은 최근에 와서야 황급히 마련되고 있다. '완성'이라는 것이 있을 수야 없겠지만, 대충이라도 모양이 잡히기까지는 시간이 한참 걸릴 것 같다. 동물보호법에 따라 영업에 허가가 필요한 업종은 '동물생산업, 동물수입업, 동물판매업, 동물장묘업'이다. 그전까지는 등록제였다가 동물보호법이 개정되면서 2023년 4월부터 허가제로 바뀌었다. 다시 말하지만, 황급히 만드는 중이라 영업장이 갖춰야 하는 '시설과 인력' 기준을 살펴보면 마치 동물이 계속 죽어나가는 부실 공사 현장을 보는 것 같다. 등록제와 허가제의 기준도 거의 차이가 없다.

예컨대 이런 대목들이 참 아연하다. 허가 기준의 윗줄에는

"동물들이 자유롭게 움직일 수 있는 충분한 크기여야 한다"라고 적어놓고는 바로 아랫줄에 "사육설비의 가로 및 세로는 각각 사육하는 동물의 몸길이의 2배 및 1.5배 이상일 것", "사육설비의 높이는 사육하는 동물이 뒷발로 일어섰을 때 머리가 닿지 않는 높이 이상일 것"이라고 적어놓았다. "개 또는 고양이의 경우 50마리당 1명 이상의 사육·관리 인력을 확보해야 한다"라는 구절도 있다. 당최 "자유롭게 움직"인다는 것을 뭐라고 생각하는 건지 모르겠다. 몸길이 50센티미터인 내 고양이가 가로세로 1미터에 높이가 70센티미터쯤 되는 통에서 자유롭게 움직일 수 있을까? 자본주의 사회에서 법은 동물보다 동물들이 내는 이윤을 더 중요하게 지킨다.

 법이 무력해도 희망은 있다. 이제 사람들의 감각이 달라지고 있기 때문이다. 마트에서 팔 수만 있다면 아마도 개나 고양이가 가장 인기가 좋을 것이다. 아이들이 귀여운 강아지와 고양이를 보겠다며 구름처럼 몰려들 것이다. 요즘 마트에서 개와 고양이를 팔지 못하는 것은 특별한 규제가 있기 때문이 아니다. 이제 그렇게 파는 모습을 소비자들이 '옳지 않은 일'로 여기기 때문이다. 당장 동물보호단체가 가만히 있지 않을 것이고, 뉴스에 오르내릴지도 모른다. 마트의 동물 코너에서 구색을 맞추던 토끼나 기니피그 같은 포유류가 이제 슬슬 자취를 감추는 것도 같은 맥락이다.

 최신 동물윤리를 장착한 소비자가 적은 시골의 작은 마트

에서는 여전히 새장에 가둔 새를 팔지만, 잘사는 동네의 크고 화려한 마트에서는 열대어나 곤충 정도가 온도와 습도, 먹이 등이 완벽하게 갖춰진 환경에서 잘 지내고 있는 것처럼 진열되어 있다. 물고기의 감정과 경험에 대중이 공감하게 되면 열대어를 사각 어항에 담아 사고파는 일에도 머쓱해질 날이 올 것이다. 장수풍뎅이의 삶이 플라스틱 상자 안에서 온전할 수 없다는 것이 상식이 되면 동물보호단체들이 장수풍뎅이 해방 시위를 할지도 모른다. 동물은 물건이 아니라는 말은 그런 뜻이다.

참새들이 철창 밖에 떨어진 사료를 쪼아 먹고 있다. 철창 안의 동물과 밖의 동물의 차이는 무엇일까?
2024년 4월 3일 서울특별시 종로구 청계천 애완동물거리

6장

**동물을 업으로
돌보는 사람들**

도시에 '나타난' 동물

　　한국에서 동물을 기르는 사람은 예전보다 많아졌을까? 언뜻 그렇게 보이기도 한다. 어느 도시에서든 털이 곱슬곱슬하고 작은 개가 나일론 목줄에 묶인 채 헐렁하게 입은 사람과 함께 포장된 길을 걷는 모습을 볼 수 있다. 이는 함께 걷는 개와 사람, 그 곁을 지나는 사람 모두에게 익숙한 풍경이다. 기억을 떠올려보자면, 대략 10년 전부터 이런 장면이 도시의 일상에 등장하기 시작했다. 20년 전에는 강변 공원의 잔디밭에서나 볼 수 있었고, 30년 전에는 희귀한 일이었다. 그러니까 '개'는 확실히 도시 풍경에 더 자주 나타나게 되었다.

　현대 도시인의 일상에는 고양이도 들어왔다. 목줄도 없고 보호자나 소유자도 없지만 인정받는 존재다. 굶을까 밥을 주고, 목 마를까 물그릇을 만들어준다. 새끼를 많이 낳을까 병원에 데려가서 불임 수술도 하고, 다치거나 아프면 치료도 해준다. 고양이들이 얼마나 반길지는 모르겠지만, 도시인들은 고양이를 좋아하는 마음으로 그들에게 적극적으로 다양한 행위를 가한다. 고양이가 도시에 머문 지는 이미 오래되었지만, 인간이 그들을 이렇게 어여삐, 가엾이 여긴 것은 20~30년 사이의 일이다. 도시인이 잘 알고 있는, 묶이지 않은 도시 동물의 대명사는 고양이가 '되었다'.

불과 30년 전만 해도 집 안에서 개나 고양이를 기르면 유별나다는 핀잔을 들었다. 어릴 적 우리 동네에서 집 안에 개를 들이는 집은 우리 집뿐이었다. 이불 속에서 개를 껴안고 자면 개털이 호흡기로 들어와 기도가 막힌다고 하는 사람들도 있었다(당연하게도 이는 물리적으로 불가능하다). 동물이 '가족' 안에 들어오는 것에 대한 거부감은 불과 한 세대 만에 사라졌다. 언론에서는 다소 흥분된 어조로 동물과 '가족'으로 사는 사람이 많아졌다는 기사를 자주 내보낸다. '반려동물 산업 규모 6조 원 시대'라는 선언이 '급성장', '속속', '공략', '본격화' 같은 말과 짝을 이루어 지면을 장식한다. 개와 고양이를 가족으로 받아들이고 돌보는 사람들은 이제 유별난 사람이 아니라 존중받아야 하는 사람으로 여겨진다. '반려인'은 이제 선거철 정치인이 신경 써야 할 집단이 되었다.

산책하지 않았던 동물들

이와 같은 흐름 속에서 우리는 도시에 동물이 새로이 등장했다고 생각한다. 도시인들이 아끼는 동물이 생겼고, 기르는 사람도 많아졌다고 느낀다. 2024년 서울시에 등록된 반려견 수가 61만 2000마리라고 하니 절대적인 수로는 정말 늘었을 수도 있다. 그렇다고 해서 그전까지 도시에 동물이 없었던 것은 아니다. 1970년대 서울에는 549개의 축산 가구가 있었고 이들은 소, 돼지, 닭 등을 길렀다. 한강 변에서 소를 끌고 가는 아이를 볼 수도 있었고, 그때도 개는 어린이들의 친구였다. 이때의 동물들은 지금과 같은 '가족'이 아니었기에 오늘의 도시인들에는 그저 사라진 풍경일 뿐이다.

인류는 수천 년 동안 도시를 만들고 유지했다. 당연하게도 도시에는 늘 동물이 있었다. 산업화 이전의 도시를 그린 그림에는 언제나 동물이 등장한다. 소, 말, 나귀, 노새처럼 일하는 동물들이 돌아다니고 그 곁에는 동물을 기르거나 부리는 사람이 있다. 일하지 않고 배회하는 듯 보이는 개나 고양이, 닭, 돼지, 염소 옆에도 늘 사람이 있다. 사람이 동물을 줄에 묶어 산책시키는 장면이 없을 뿐 실제로 동물과 그들을 돌보는 사람은 지금보다 더 많았을 것이다. 그리고 그 가운데 다수는 자신의 생존에 동물을 이용하는 사람이었을 것이다. 동물은 오랜 세월 인간의 삶에 이익을 주는 존재였기 때문이다. 과거 도시의 동물들은 산책 대신 일을 하거나, 목줄 없는 산책을 알아서 했을 것이다. 특히 대부분의 개들은 요즘에는 '유기견'이라고 불리는 방식으로 동네를 돌아다니며 살았을 것이다.

일제강점기가 막 시작된 1920년 한국의 인구는 이주민을 포함해 약 1700만 명이었다. 그중 농사를 짓는 사람은 약 1500만 명으로 전체 인구의 85퍼센트였다. 1919년 조선총독부 통계에 잡힌 소는 146만 2000마리, 돼지는 96만 3000마리였다. 농사짓는 사람 열에 하나가 소를 길렀고, 스물에 하나가 돼지를 길렀다는 얘기다. 농업이 아니라 상업에 종사하는 것으로 분류된 인구도 짐을 싣는 동물을 길렀을 것이다. 그 당시 서울 인구가 24만 명쯤이라고 하니 만약 서울 사람들이 전국 평균 정도로 동물을 길렀다면 서울의 소와 돼지는 각각 2만 4000마리, 1만 2000마리쯤이었을 것이다. 2024년 서울에서 기르는 개보다 절대적인 수로는 훨씬 적지만, 인구 대비로 보자면 당시의 소와 돼지는 오늘날의 개보다 더 흔한 동물이었다.

동물을 돌보던 사람들

그 시절 동물을 기르는 이들은 말 그대로 '보통 사람'이었다. 동물에게 일을 시키거나, 잡아먹으려고 기르는 사람들은 옆집이나 뒷집에서 매일 보는 이웃이었다. 당시는 동물을 기르는 데 드는 비용이 지금처럼 크지 않았다. 기껏해야 꼴을 베러 가는 노동력이나 돼지우리를 짓는 수고 정도였다. 그렇다고 해서 기르던 동물을 수시로 잡아먹기에는 생산성이 낮았다. 공장식 축산이 등장하기 전, 동물들은 지금보다 더 느리게 자라고 새끼를 덜 낳았다. 그때는 오히려 야생동

고속도로를 달리는 작은 트럭의 철제 구조물 사이로 누런 귀가 쫑긋 보였다. 어디로 가는 길이었을까?
2024년 2월 24일 영동고속도로

물을 간헐적으로 잡아먹는 게 인간에게 더 유리했다. 농사를 짓고 나무를 해 오고 물건을 팔러 가는 일에 짐을 끄는 동물은 늘 필요했기 때문이다. 소를 잡아먹어서 농사를 못 지으면 안 되니 나라에서는 수시로 '우금령牛禁令'을 내리곤 했다. 그래도 사람들은 가끔 돌아오는 잔칫날 동물을 죽여서 나눠 먹었다.

왕과 귀족의 동물은 평민의 동물과 조금 달랐다. 그들이 중요하게 기르는 동물은 말이었다. 당연히 왕과 귀족이 직접 동물을 기를 리는 없었다. 그들은 소유만 하고 기르는 일은 평민들이 했다. 왕과 귀족은 많은 현대인들처럼 잘 걷지 않으려 했고 일상적으로 '탈것', 즉 말을 이용했다. 전쟁에서도 병사들이 창을 들고 뛰어다니며 육박전을 벌일 때 그들은 말 위에 앉아 있었다. 그래서 적어도 고려시대부터는 '마의馬醫'라고 부르는 말 수의사가 있었다. 동물을 치료할 필요는 귀한 사람의 귀한 동물에게만 주어졌기 때문에, 동서양을 막론하고 수의학 중에서는 말 수의학이 가장 먼저 발달했다. 나라에서는 각 지역에 국영 목장을 두고 말을 길렀는데, 거기에는 말뿐만 아니라 소, 돼지, 당나귀, 양, 염소, 심지어 낙타도 있었다고 한다.

한반도 거주민은 유목보다는 주로 정주 농경에 종사하며 살아왔다. 유목 사회에서는 구성원 모두가 생존을 위해 동물과 부대끼며 그들을 이용하고 생산했지만, 농경 사회에서는 동물을 다루는 일을 주로 천한 신분의 사람들이 떠맡았다. 글이나 읽던 귀족들은 동물을 돌보는 사람들이 생산한 산물을 빼앗아 먹을 뿐 직접 몸을 써서 소를 부리거나 도살하는 일은 하지 않았다. 동물을 먹기 위해 죽이는 일은 한반도 북쪽에서 이주한 유목민 출신이나 하는 일로 치부되었다. 실제로 유목민 출신만 동물을 돌보거나 죽이지는 않았을 것이다. 그러나 차별과 혐오는 실제와 상관없이 편견으로 자라나 동물을 잘 다루던 이들은 고려와 조선시대 내내 '화척', '백정'이라 불리며 사회에서 배제당했고, 일제강점기에 이르러서도 신분해방 운동을 따로 벌여야 했다.

동물학대 '죄'가 향하는 곳

세계 최초의 동물보호법으로 흔히 언급되는 것은 200년 전 영국에서 제정된 소위 '마틴법'이다. 리처드 마틴이라는 귀족 국회의원이 소, 말, 양 등 가축을 학대하는 것을 금지하는 법안을 만들고 통과시켰기에 그의 이름을 땄다. 당시에는 동물의 소유자가 자신의 동물을 마음대로 할 수 없다는 인식이 무척 낯설었다. 마틴은 어느 노점상이 당나귀를 학대했다며 그를 재판정에 세웠다. 그리고 증거를 보여주겠다며 당나귀도 재판정에 데리고 들어갔다. 대중은 '당나귀의 증언'을 어떻게 받아낼 거냐며 비웃었고 그 상황을 그림으로 그려 풍자하기도 했다.

그 비웃음은 동물을 배려하겠다는 급진적인 인식과 제도

때문이기도 했지만, 더 중요하게는 마틴법이 제재하려는 대상이 동물을 부려야 하는 대다수의 '보통 사람'이었기 때문이다. 소와 말, 양을 학대할 가능성이 높은 사람들은 노동자와 농민이었다. 귀족들은 직접 동물에게 일을 시킬 필요가 없었다. 그들은 생존이 아니라 재미를 위해 여우 사냥이나 경마 같은 스포츠를 즐기면서 자신들의 동물학대에는 관용적인 태도를 보였다. 잉글랜드에서 여우 사냥은 2005년에 와서야 금지되었으나 지금도 불법적으로 성행하고 있고, 경마는 여전히 합법이다. 따라서 마틴법 제정과 시행에 대한 대중의 분노는 단지 동물에 대한 무지 때문만이 아니었다.

동물보호의 제도화는 지금도 이와 같은 정치경제적 맥락 속에 있다. 이제는 동물학대가 형법으로 다스리는 범죄라는 데 다수가 동의하지만, 그로 인해 처벌받는 사람이 누구인지, 제도와 운동이 누구의 동물학대에 분개하는지를 자세히 들여다보면 동물학대범의 계급과 계층은 크게 달라지지 않았다. 최근 한국의 동물보호단체에서 동물학대죄를 적용해야 한다고 비판하고 고발하는 캠페인의 대상은 누구인가. 대체로 '개'를 길러 먹고사는 사람들이다. 개를 먹던 시대와 개를 가족으로 여기는 시대가 충돌한 것이다. 인간의 웬만한 행위는 다 산업이 되는 사회에서 개를 먹는 일도 어느 시점에 '산업'이 되었고, 그 일에 기대어 생존해온 사람들이 있다. 개를 기르고 잡아서 식용으로 파는 것 이외에 마땅한 생업이 없는 이들은 어느 순간 개는 가족이라고 주장하는 사람들 앞에서 움츠러들게 되었고, 조만간 시행될 '개 식용 종식 특별법'에 의해 직업을 바꿔야 하는 처지가 되었다. 새로 만든 법에 따르지 않으면 범죄자가 된다. 동물을 어떻게 대해야 하는지 옳고 그름은 따져야겠으나, 마틴법 이후 200년이 지나도록 동물학대죄는 대체로 사회적 약자를 향한다는 사실을 기억해야 한다.

동물을 돌보는 직업

지난 2000년, 하고 싶은 일도 이루고 싶은 것도 없던 나는 그래도 내가 동물을 좋아한다는 사실만큼은 확신할 수 있었다. 어느 날 텔레비전 드라마에서 동물원에서 일하는 수의사 캐릭터를 보고는 '수의사가 되면 동물만 보고 살 수 있겠다'는 짧은 생각으로 수의대 원서를 썼다. 재수를 마치고 수의과대학에 지원하기 위해 고등학교 3학년 때의 담임선생님을 만났다. "저는 수의대에 가려고 합니다"라는 내 말에 선생님은 당황스러운 표정으로 "수의대? 아파트 수위를 하는 거가? 그런 학과도 있나?"라고 대답했다. 대단히 옛날도 아닌데 경상남도 도청 소재지 창원이라는 소도시에서 수의대는 그 정도 위상이었다. 수의사는 누군가에게 '없는 직업'일 정도였다.

20여 년이 지난 요즘 나는 수의대에서 강의를 하면서 "수의사는 한국에서 동물을 다루는 직업 중 가방끈이 제일 길다"

는 말을 종종 한다. 실제로 그렇다기보다는 동물을 다루는 일에서 학문적 기반이 빈약한 나라라는 걸 이야기하기 위해 과장을 섞어 하는 말이다. 한국에서 동물을 다루는 학문은 축산학(요즘은 '축산'이라는 말을 한물간 것으로 여겨 다들 생명 어쩌고 하는 이름으로 바꾼다)과 그에 속하는 수의학, 그리고 동물을 생물학적 조직체로만 바라보는 생물학 정도밖에 없다. 여전히 '자원'으로서의 동물에만 관심을 갖는 나라다. 동물을 다양하고 복잡하게 그 자체로 이해하려는 학문적 시도는 거의 없다.

그 결과 동물을 다루는 직업에 종사하는 사람들이 전문성을 갖지 못하고 있다. 여기서 말하는 전문성이란 단지 동물을 기술적으로 분해하여 아는 지식이 아니다. 전문성에는 동물을 자원으로서 잘 이용하는 기술 이외에도 동물을 어떻게 다루는 것이 옳은지를 따지는 동물윤리, 동물을 다루는 직업이 가져야 할 사회적 태도 같은 것들이 포함된다. 예컨대 수의사라면 동물을 진료하는 기술을 습득하는 것 이외에도 진료의 목적이 그저 돈을 벌기 위함이 아니라 동물복지를 증진하기 위해서라는 것도 알아야 하고, 동물을 기르는 사람과 소통하는 방법도 익혀야 한다. 이런 게 다 전문성의 요소다. 그러나 지금은 동물을 다룰 때 오로지 '이윤'만을 고려하는 게 현실이다. 이런 환경에서는 동물은 그저 돈으로 바꿀 수 있는 생명체에 지나지 않게 되고, 동물을 돌보는 사람은 동물로 돈 버는 일을 하는 사람이 된다.

구조된 독수리를 살피는 수의사와 재활관리사.
2024년 4월 23일 충청남도 예산군 충남야생동물구조센터

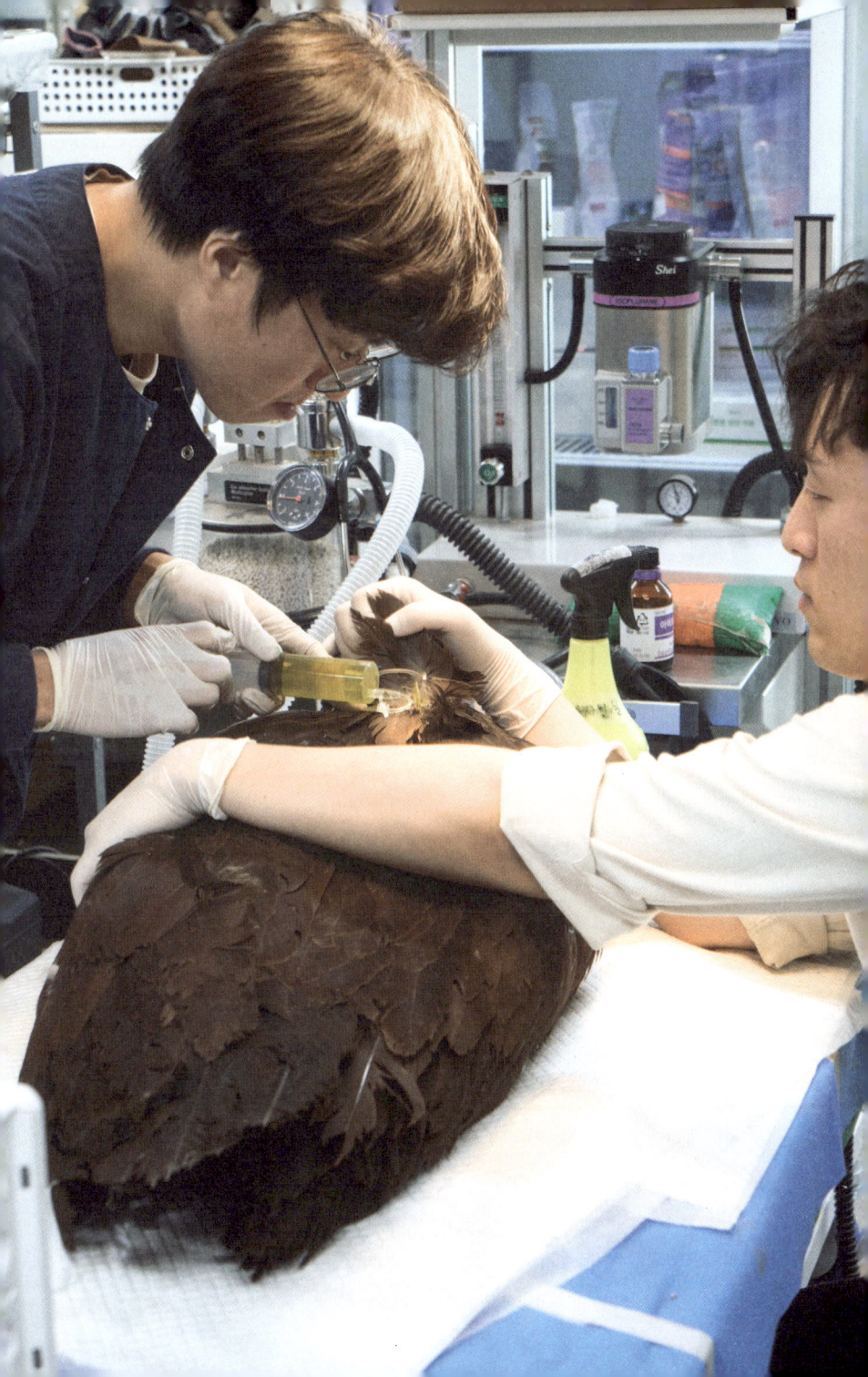

왼쪽 공간을 가득 메운 어린 닭들은 인공적인 조명 아래 일정한 온도와 습도가 유지되는 스마트 팜 시스템 속에서 아주 빠르게 성장한다. 닭들은 자라는 내내 비좁은 공간에서 몸을 맞댄 채 움직인다.

오른쪽 네팔에서 온 노동자가 수많은 닭을 정성스럽게 돌보고 있다. 그의 옷에는 닭 농장에서 보낸 시간이 고스란히 묻어 있다.

2025년 2월 6일 충청남도의 한 닭 농장

한국 같은 산업 사회에서 동물을 돌보거나 죽일 수 있는 사람은 몇몇 직업에 한정되어 있다. 이 직업들은 전통적으로 천한 대접을 받았다. 21세기에 대중이 동물의 도덕적 지위에 조금씩 관심을 갖게 되면서 동물을 '돌보는 직업'은 서서히 '좋은 직업'이 되어가고 있지만, '죽이는 직업'은 노동 조건과 사회적 인식에서 여전히 '나쁜 직업'이고, 심지어 그런 일을 하는 사람은 '나쁜 사람'이 되기도 한다. 언론에 등장하는 동물원 사육사나 수의사가 동물을 돌본다는 사실만으로 '좋은 직업'을 넘어 '좋은 사람'으로 여겨지는 것과 달리, 소나 돼지 혹은 닭을 잡는 도살장에서 일하는 사람 혹은 전염병을 막기 위해 살처분을 직접 행하는 사람은 '나쁜 직업'을 넘어 '나쁜 사람'으로 여겨지곤 한다.

보육교사, 교사, 간호사, 의사처럼 사람을 돌보는 직업은 엄격한 교육 과정과 자격 제도를 운영한다. 그와 달리 동물을 돌보는 직업은 정규 교육 과정이 없는 경우가 대부분이다. 농장에서 팔 동물을 기르는 축산인, 연구실에서 실험동물을 돌보는 테크니션 혹은 학생, 동물원에서 야생동물을 돌보는 사육사 등은 돈을 많이 벌지 않는 이상 존경받는 직업인이 되기 어렵다. 우연한 기회로 돈을 좀 벌게 된 수의사나 미디어에 자주 등장하는 훈련사 정도가 어린이와 청소년의 장래희망 목록에 들어가 있다. 취미가 아니라 업으로 동물을 돌보는 사람은 대체로 동물을 학대한다는 비난이나 받지 않으면 다행인 처지다.

곰을 기르는 사람들

2019년과 2024년에 나는 곰보금자리프로젝트 활동으로 전국의 사육곰 농장을 대부분 방문 조사했다. 웅담 채취용으로 곰을 기르는 농장이 실제로 어떻게 생겼는지, 그곳의 곰들은 어떻게 살고 있는지 한 번이라도 둘러봐야 사육곰 이야기를 할 수 있을 것 같았다. 여느 동물 농장처럼 사육곰 농장도 우리 사회에서 잘 드러나지 않는 공간이었다. 뉴스에서 철창에 갇힌 곰의 모습을 종종 보기도 하지만, 길 가다 마주칠 수 있는 시설은 아니었다.

30개쯤 되는 농장의 주소와 연락처를 구하는 일은 어렵지 않았다. 환경부와 시민단체에서는 개인 정보라는 이유로 개입을 꺼렸지만, 사육곰 농장주들의 모임인 사육곰협회에서는 쉽게 정보를 공유해주었다. 농장주들은 대부분 수년 전부터 이 업에서 탈출하고 싶어 하는 사람들이었기 때문에 우리와 '사육곰 종식'이라는 큰 목표를 공유하고 있었고, 그것을 위해서라면 적극적으로 협업할 용의가 있었다. 다짜고짜 전화를 돌렸다. 농장주들의 평균 연령은 70세에 가까웠다. 곰보금자리프로젝트라는 낯선 이름을 소개하기가 어려웠다. 그럴 때 '수의사'라는 내 직업을 슬쩍 끼워 넣으면 농장주들은 동물에 대한 전문성이나 직업적 위상에서 오는 신뢰 같은 것으로 나를 인정해주었다.

그들을 '사육곰 농장주'라고 묶어서 부르기는 하지만, 사

곰보금자리프로젝트의 노력으로 사육곰들이 안정적인 보살핌을 받고 있다. 체중을 재기 전 꿀물을 먹는 모습이다.
2022년 5월 22일 강원도 화천군 사육곰 임시 보호시설

실 그들은 제각기 다른 이유로 곰을 기르고 다른 태도로 곰을 대하는 개인들이었다. 어떤 이들은 '곰'을 야생동물로 바라보며 가두어 기르는 행위 자체에 대해 미안함이나 측은함을 느꼈다. 또 어떤 이들은 이제 농장 동물이 되었으니 더 이상 야생으로 나갈 수 없다고 생각하면서도 '답답하겠지' 정도의 추측은 하고 있었다. 곰을 직접 도살하는 사람도 있었고, 곰에게 물려서 죽을 뻔한 사람도 있었으며, 그저 관상용으로 재미를 위해 기르는 사람도 있었다.

인터뷰를 하며 느낀 것은 그들 각자가 곰을 위해 자신이 생각하는 최선의 돌봄을 하고 있다는 점이었다. 예컨대 겨울에 새끼를 낳은 곰은 다음번의 발정을 유도하기 위해 곧바로 새끼와 분리되는데, 어떤 농장주는 이 젖먹이 새끼들을 방에 데려와 한동안 애완동물처럼 키우며 산책을 시켜주기도 한다. 또 겨울이면 푹신하게 자라고 볏짚을 왕창 넣어주고, 봄이면 뽕잎을 따다가 먹이고, 가을이면 밤과 도토리를 주워다 손으로 직접 먹이는 농장주도 있었다. 심지어 곰에게 먹이겠다며 농장 주변에 감나무를 심는 사람도 있었다. 곰을 도살하고 나면 며칠 동안 잠을 못 잔다는 증언도 있었다. 그들이 곰 사육에 뛰어든 것은 이 일이 한때 국가 장려 사업이었기 때문이며, 이는 공장식 축산으로 소나 닭을 기르는 것과 크게 달라 보이지 않았다. 그들은 세간의 시선처럼 '돈에 눈이 멀어 야생동물을 괴롭히는 괴물'이 아니었다.

동물을 업으로 기르는 것은 돌봄인가?

최근 '돌봄'이라는 말이 부쩍 유행하고 있다. 영어로 'care'라는 개념이 페미니즘 철학에서 대두하면서 그 번역어로 '돌봄'이 자리 잡게 되었고, 이후 여러 다양한 관계를 설명하는 데 쓰이고 있다. 엄밀한 분석을 하는 자리가 아니고서는 보통은 좋은 의미로 쓰인다. 예컨대 부모 자식 간에 일어나는 호혜적 행동이나 '반려동물'을 기르는 사람이 동물에게 하는 일 등을 가리킨다. 그러나 나는 '돌봄'이라는 말이 동물에게 쓰일 때는 'care'라는 말의 뜻을 온전히 받아 안지는 못하는 것 같아 조금 불만이 있다. 'care'에는 보살핀다는 의미와 더불어 '신경 쓰다'라는 의미가 있는데, 그 '신경 씀'이 잘 드러나지 않는 것 같아서다.

동물을 기르는 일은 대단히 신경 쓰이는 일이다. 예뻐하며 기르는 일도 그렇고, 돈을 벌기 위해 기르는 일도 그렇다. 인간의 몸으로 충분히 알 수 없는 동물의 필요를 고민해야 하기 때문이다. 단지 입장을 바꿔보거나 책에 적힌 대로 따라 하기만 해서는 그 '신경 씀'이 충족되지 않는다. 동물과 구체적인 관계를 맺고, 동물의 반응을 나름대로 인지하고 해석해야 한다. 동물 돌봄은 동물과의 상호 작용을 통해 동물의 필요를 알아듣고, 사회가 요구하는 수준에서 그 필요를 채워주는 식으로 이루어져왔다. 돌보는 사람의 '알아들음'과 배려의 수준은 과학 지식의 정도, 경제적 수준, 정치·사회·문화적 환경에 따라 달라진다. 오늘날 동물보호법에서 '동물학대'를 규정하듯 동물 돌봄에 절대적 경계를 그을 수는 없다. 농장에서건 가정에서건 돌봄은 이루어진다.

도시는 동물에게 삭막한 환경이다. 목줄을 매고 다니는 개에게나, 지하 주차장에서 비바람을 피하는 고양이에게나 가혹한 공간이다. 그러나 많은 도시인들이 자신이 돌보는 동물들의 고단함은 충분히 신경 쓰지 않은 채 도시가 아닌 곳에서 업으로 동물을 돌보는 사람들에 대한 편견을 키운다. 혹은 그들을 이제 이 시대에는 존재하지 않는 사람으로 지우기도 한다. 고작 귀엽고 가여운 동물에게 향하는 자신의 (좋은) 마음을 근거로 말이다. 그러나 나는 덩치가 크고 털이 뻣뻣하며 사람에게 살갑지 않은 동물들을 힘겹게 돌보는 그들에게 그런 태도는 큰 실례라고 생각한다. 죽이기 위해, 구경하기 위해, 실험하기 위해, 팔기 위해 기르는 동물을 돌보는 마음은 예쁜 동물을 집 안에 들이고 살을 부비며 돌보는 마음과는 조금 다른 종류의 것이다. 그렇다고 일상에서 동물에 늘 신경 쓰고 있는 이 마음들을 없는 셈 칠 수는 없다. 우리 도시인들은 기르던 동물을 죽이기 위해 애써 미워해야 하는 사람들의 마음을 얼마나 이해할 수 있을까.

최태규와 이지양의
대화

동물 이야기를 좋아하는 사람과

동물 바라보기를 좋아하는 사람

일시 ■ 2025년 3월 7일 금요일 오후
장소 ■ 경기도 파주시 이지양 작가 작업실

최태규 오늘 이 자리는 『도시의 동물들』 작업을 마무리하면서 본문에서 충분히 드러내지 못한 사진 작업에 관한 이야기를 나누기 위해 마련했어요. 맨 처음으로 돌아가 보면, 2022년에 『일상의 낱말들』(김원영·김소영·이길보라·최태규 지음, 이지양 사진) 책 작업을 할 때 작가님이랑 편집자님이랑 사진을 고르던 중에 '와, 동물 사진이 많구나. 이 사진들로 다른 책을 만들어봐도 좋겠다' 하고는 이런저런 이야기를 주고받다가 '도시의 동물들'이라는 제목이 나왔고, 얼마 후 저에게 같이하자고 제안을 주셨던 걸로 기억해요. 그렇다면 작가님의 노트북에 동물 사진이 굉장히 많았던 것이 이 작업의 시작이라고도 볼 수 있는데요, 동물 사진을 왜 그렇게 많이 찍으셨어요?

이지양 처음에는 별다른 생각은 없었어요. 모르는 사람을 함부로 찍는 건 좀 이상하잖아요. 모르는 동물들은 그런 부담 없이 찍을 수 있고, 보는 것 자체만으로도 사랑스럽고 좋아서 자주 찍게 되었던 것 같아요. 어렸을 때 어린이대공원에 갔는데 거기서 우스꽝스러운 화장을 하고 이상한 코스튬을 입힌 동물을 봤어요. 눈곱도 많이 끼어 있고 건강해 보이지 않았죠. 그때부터 동물들을 조금 더 유심히 보게 되었어요. 예전에는 동물을 보는 것 자체가 좋았다면, 지금은 동물이 처해 있는 환경이나 동물의 건강 상태 같은 게 눈에 들어와서 조금 다른 마음가짐으로 보게 돼요. 그런 생각을 불러일으키는 동물을 보면 기록해둘 겸 찍게 되는 것 같아요.

최태규 처음에 보았던 사진들 중에 유럽의 한 도시, 어느 거리에서 찍은 사진이 있었어요. 줄지어 서 있는 가로수에 동물 인형을 채워 넣은 사진이었죠? ■ 그 사진에서 '도시의 동물들'이라는 제목이 나왔다고 들었는데요. 그 작업에 대해 소개해주실 수 있을까요?

이지양 2010년쯤이었던 것 같아요. 여행을 하면서 어떤 작업을 해야 할지 고민하던 시기가 있었어요. 그때 우연히 도시의 나무들이 눈에 들어왔죠. 숲속의 나무들과 달리, 도시의 가로수는 일정한 간격으로 서 있잖아요. 계획에 따라 심기고, 때로는 가지가 잘리고, 어느 날 갑자기 다른 수종으로 대체되기도 하고요. 그런 모습이 마치 '자연'이 아니라 '사물'처럼 보였어요. 나무는 생명체이고 자연의 일부인데도 말이에요. 그래서 이걸로 작업을 하면 재미있겠다, 이렇게 사람에 의해서 위치 지어지고 존재하게 되는 것들에 대해 이야기해보자 마음먹었어요. 그런 생각으로 여기저기서 버려진 인형들을 주워 와서 실로 꿰매어 이은 다음 나무의 상처들 사이에 끼워 넣어봤어요. 상처를 덮어서 나무와 한 몸이 되는, 서로가 서로를 보듬어주는 듯한 느낌으로요. 그 작업을 계기로 우리 주변에 너무나 자연스럽게 곳곳에 존재하지만, 그래서 오히려 우리가 잘 인지하지 못하는 것들에

■ fill in project - tree wound, 2010-2011

관심을 갖게 되었어요. 처음에는 나무였다면, 나중에는 동물이나 인간 등 다른 생명체들로 폭이 넓어졌죠. 예컨대 개와 함께 산책하는 사람들은 행복해 보이지만, 다른 한편으로 어떤 개는 버려지고 어떤 개는 고기가 되어야 하는 현실도 존재한다는 걸 떠올리게 됐어요. 인간이 정한 목적과 용도에 따라 동물을 포함한 많은 것들의 쓰임이 달라지는 모습, 때로는 종이나 외모에 따라 같은 존재가 전혀 다른 방식으로 여겨지는 상황을 구체적으로 생각하게 되었죠. 그렇게 자연스럽게 '어떤 생명이 어떻게 규정되고 소비되는가'로 관심이 넓어졌고요. 그러다 보니 이전에 별 생각 없이 찍어두었던 동물 사진들도 다시 들여다보게 되었어요. 그 일부가 『도시의 동물들』 작업으로 이어지게 된 것 같아요.

태도나 스타일보다는 현장을 담는 사진

최태규 혹시 『도시의 동물들』 작업을 통해 사진을 찍는 태도나 방향 등에서 좀 달라진 부분이 있나요?

이지양 태도나 방향이 달라졌다기보다는 제가 기존에 하던 작업과 성격이 너무 달라서 힘들었던 부분이 있어요. 저는 주로 사진이나 영상 작업을 해서 전시를 하는데요. 어떤 주제에 대해 오래 고민해서 그걸 구현할 수 있는 상황을 만들거나 특별한 세팅을 하고, 긴 시간을 들여 수없이 많은 사진을 찍어요. 그런데 책에 들어가는 사진은 그런 방식으로 작업하기가 어려웠어요. 주어진 주제나 현장이 있고, 저는 짧은 시간 안에 사진을 찍고 거기서 빠져 나와야 하니까요. 용도나 현장에 적합한 스냅사진을 빠르게 찍는 작업이었죠. 그런 면에서 제 생각이나 태도가 반영되는 부분은 적은 편이었고, 그래서 작품으로서의 매력은 좀 덜한 것이 아닐까 하는 고민이 있었어요.

최태규 개인 작업으로 찍는 사진은 특정한 주제를 담고자 많은 생각을 하고 어떤 세팅도 해서 한 장 한

장 찍는데, 이번 작업은 주어진 현장에서 빠르게 찍고 넘어가다 보니 '태도'를 담기보다는 '현장'을 담는 작업이었다는 말씀이네요.

이지양 네, 맞아요. 본문에 유리컵 안에 있는 파리 사진■이 있잖아요. 그 사진은 예전에 개인 작업으로 찍었던 것인데, 파리 한 마리를 몇 주를 찍었는지 몰라요. 그 파리를 유리컵에 담기까지 얼마나 많은 과정이 있었는지. 그런데 이 책은 그렇게 할 수 있는 일이 아니잖아요. 고라니가 나왔을 때 얼른 찍어야 하고, 닭 농장에서 잠깐 문을 열어주셨을 때 서둘러 찍어야 하고, 러브버그 같은 경우는 특정 계절에만 볼 수 있으니까요. 운 좋게도 러브버그는 저희 집 베란다 등에 붙은 것을 발견해서 책에도 싣고■■ 전시 작업에도 넣을 수 있었는데요. 사실 그때는 전시 준비 막바지였고 프린트할 것도 거의 정리가 끝난 상황이었는데, 베란다에서 러브버그를 보고는 '아, 이건 꼭 전시 작업에 써야겠다' 생각했어요. 계속 전시를 준비하던 시기이니 그 흐름에 맞겠다 재빨리 판단하고 짧은 시간 안에 이미지를 만들 수 있었지만, 보통은 그렇지가 않죠.

최태규 각각의 어려움이 있네요. 책에 실은 사진 중에 너무 짧은 시간 안에 찍느라, 혹은 제한된 환경에서 찍느라

■ 본문 123쪽

■■ 본문 115-116쪽

아쉬움이 남는 사진도 있겠어요.

이지양 네, 그래서 개인적으로는 썩 마음에 들지 않는 사진들이 좀 있어요. 사실 마트의 동물 코너는 촬영이 금지된 곳이라 카메라를 옷 속에 넣고 그냥 감으로 찍었어요.■ 많이 찍을 수도 없었고, 찍은 걸 확인하지도 못한 채 나왔죠. 처음에 찍은 사진이 만족스럽지가 않아서 다시 한번 가서 찍은 사진인데도 여전히 만족스럽지가 않아요. 또 하나 아쉽다기보다는 마음이 힘들었던 사진이 있어요. 마지막으로 방문했던 닭 농장이요. 최 선생님이 소개해주신 곳이죠. 촬영 전에 일정을 조율하면서 닭들이 이 농장에서 다른 곳으로 옮겨지기 직전에 촬영할 수 있다는 이야기를 들었어요. 그래서 출하를 앞둔 거의 마지막 시기에 맞춰 방문했는데, 그럼에도 불구하고 닭들은 여전히 너무 작고 어렸어요. 네팔에서 온 노동자분이 문을 열어주시던 순간이 지금도 종종 생각이 나요.■■ 문이 열리자 공기가 확 바뀌었어요. 기본적으로 '스마트 팜'으로 운영되는 곳이라 기계 장치도 많고, 온도와 바람과 습도가 일정하게 유지되고 있었지만 전반적으로 너무 어두웠어요. 그래서 사진을 찍기가 좀 힘들었죠. 문을 열어주신 분이 안으로 들어갈 거냐고 물으셨는데, 들어갈 자신은 없더라고요. 괜찮다, 여기서 찍겠다 하고는 고개를

■ 본문 332쪽

■■ 본문 353쪽

돌려서 안을 살펴보는데 한쪽 벽이 거울로 되어 있는 거예요. 보통 비닐하우스는 가운데 길이 있고 터널처럼 생겼잖아요. '여기는 왜 거울을 붙여놨지?' 생각했는데, 알고 보니 거울이 아니었어요. 정확하게 대칭으로 만들어진 공간에 엄청나게 많은 닭이 있었던 거죠. 어마어마하게 큰 공간에 마치 거울방처럼 복사 복사 복사된 하얀 닭들이 가득가득 들어가 있는데 너무 무서웠어요. 하얀 털이 사방으로 날리고 공기도 안 좋은데 이분은 괜찮으실까 싶고. 거기 있는 닭들은 달걀 상태로 와서 태어난 것인가요?

최태규 태어난 지 하루 지난 병아리들이 들어올 거예요. 거기는 백세미 농장이에요. 백세미는 삼계탕용 닭을 가리키는 말인데요. 태어난 직후의 병아리들을 들여와 한 달 정도 키워서 한 번에 싹 내보내는 거죠. 그런 다음 또 그만큼의 병아리를 집어넣고. 병아리가 점점 커지면서 공간이 좁아지면 내보내는, 그런 시스템이에요.

이지양 닭 농장 소개해주실 때 언제가 출하 시기이니 그 전에 가는 게 좋겠다고 하셔서 저는 되게 큰 닭들이 있는 줄 알았는데, 가보니 그게 아니더라고요. 이렇게 작은데 이 상태로 그냥 고기가 되는 건가 싶었어요. 그래도 배터리 케이지는 아니니까 상대적으로 좋은 환경이라고 봐야 할까요?

최태규 우리가 닭을 잡아먹는다고 할 때 '닭'은 보통 병아리를 말해요. 다 큰 닭이 아니라, 사람으로 치자면 한 열한 살에서 열두 살? 치킨에 이용되는 닭도 실은 다 병아리라고 할 수 있죠. 이들은 워낙 빨리 자라게 설계가 되어서 이 이상으로 더 자라면 자기 근육 무게를 못 견뎌서 다리가 아프거나 죽게 돼요. 그러니까 사료 효율이 좋을 때까지만 키워서 사료 낭비가 없도록 하는 거예요. 사료가 온전히 근육으로 다 들어가서 살코기를 먹을 수 있어야 수지가 좋으니까. 우리가 먹는 닭들은 출하될 때 꼬꼬댁 하지 않고 삐악삐악 하면서 나가요. 배터리 케이지는 알 낳는 닭을

키울 때 쓰는 거라 산업이 완전히
달라요. 고기가 되는 닭은 좁은 공간에
너무 많은 수를 넣어서 죽게 되면
생산성이 떨어지니까 사육 밀도를
지나치게 높게 하지는 않아요. 그래도
매일매일 죽어 나가죠. 덜 죽게 하려고
약을 먹이기도 하고요.

글과 사진이 상호 작용하며
책이 확장되는 과정

이지양 처음에는 제 사진에서 시작된
작업이지만, 이렇게 최 선생님 소개로
여러 곳을 다니면서 새로 알게 된
것이 많아요. 어느 시점부터는 선생님
글이 먼저 나오고 그에 필요한 사진을
제가 찍으러 다니면서 글의 영향도
많이 받았고요. 제가 동물들에게
해왔던 행동을 다시 돌아보게 되고,
어떤 일들은 더 이상 하지 않게
되기도 했고요. 사진을 제시하며
글을 써보자고 하는 건 선생님께도
도전이라 할 만한 일이었을 것 같아요.
그래도 생각보다 금방 흔쾌히 답을
주셨던 것으로 기억하는데, 그때 어떤
마음이셨어요?

최태규 저랑 약간 기억이 다른 것
같은데 사실 저는 망설였습니다,
하하. 그런데 원래 오래 망설이는
편은 아니고, 어떤 결정이든 좀 빨리
하는 편이에요. 제 관점으로 하고
싶은 이야기는 분명히 있는데 그게
책으로 나올 정도의 이야기인가 하는
망설임은 있었지만, 너무 재미있는
기획이었고 사진들을 보자마자 하고
싶은 이야기가 많이 떠올랐어요.
그래서 그때 사진 보는 자리에서 제가
이런저런 이야기를 많이 했던 기억이
나요. 그 사진들로 제가 하고 싶은
이야기들을 상당 부분 이미 찍어주신
것 같아서 '이건 해야지. 나한테 너무
좋은 기회다'라고 생각했어요. 제가
작가님 사진 보면서 좋다는 표현을
많이 했잖아요. 왜 좋았냐면 사람들이
동물 사진을 찍을 때 보통은 귀엽게
보이는 장면을 찍으려고 하잖아요.
그런 것들만 골라서 인스타그램에
올리고요. 그런데 작가님 사진은
달랐어요. 사람들이 보고 싶어 하지
않는 모습, 다소 불편하고 적나라한

느낌이 드는 장면들이죠. 그렇다고 끔찍함을 과장되게 표현하는 것도 아니고요. 예를 들어 우리 책에 실린 사진 가운데 끈끈이에 붙어 죽은 쥐가 있죠." 쥐 세 마리가 끈끈이에 붙어 죽어 있는데, 그 옆에 고양이 인형이 굉장히 태연하게 툭 놓여 있어요. 저는 그런 사진이 굉장히 감동적이었고, 거기서 출발할 수 있는 이야기들이 떠올랐어요.

이지양 제 사진이 좀 다르게 보였다니 기쁘기도 하고 궁금하기도 한데요. 좀 더 자세히 듣고 싶어요. 요즘 SNS에 많이 보이는 동물 사진이나 영상에 대해서는 어떻게 생각하세요?

최태규 인간이 동물을 완전히 정복했다고 생각하는 시대가

■ 본문 98쪽

되었구나 싶어요. 이제 동물에게서 어떤 두려움을 느낀다거나, 동물을 그 자체로 이해하려 하기보다는 하나의 즐길 거리로서 여기는 경향이 강해지고 있는 것 같아요. 더군다나 이제 모든 사람이 개인 미디어를 갖게 된 상황에서 남들에게 보여주고 싶은 것, 남들이 좋아할 만한 것을 찾다 보니 무섭거나 장엄한 모습의 동물보다는 내가 완전히 통제할 수 있는 '무해하고 귀여운' 동물 이미지를 선호하게 되었죠. 저는 이것이 지금 한국에서 동물에게 가장 나쁜 영향을 미치는 관점이라고 생각해요. 대부분의 도시인들이 동물을 귀여운 대상으로만 여기고, 혹시라도 귀엽지 않은 동물이 나타나거나 귀여웠다가 '안 귀여워지는' 모습으로 바뀌면 자원으로서 가치가 없다고 생각하죠. 책에서도 많이 강조했지만, 귀여움의 대상으로 삼는 것에는 동물을 인간이 원하는 이미지로 만들 수 있다는 생각이 깔려 있고, 이런 생각은 동물을 팔아먹는 사람들, 동물로 이익을 취하는 사람들을 많이 만들어내죠. 동물을 어떤 이미지로 만들어

재화로서 거래하는 것이 제가 가장
경계하는 부분이에요. 저는 작가님의
사진이 그 대척점에 있다고 생각해요.
그렇다고 제가 동물을 귀여워하는
마음이 나쁘다고 생각하는 것은
아니에요. 귀여움만이 강조되고
거래되는 것이 문제라는 거죠.
작가님도 동물이 귀여워서 사진을
찍을 때도 있으시죠?

이지양 그렇죠. 그런데 그 귀여움,
아니 귀엽다기보다는 좋다는 감각이
조금 다른 것 같아요.

최태규 맞아요. 감각이 좀 다르시죠.
예전에 키우셨던 개를 찍은 사진을
봐도, 이 개가 사람처럼 주인하고
얼굴을 대고 웃고 있거나 다리를
붙잡혀 억지로 인사를 하는 장면이
아니잖아요. 그냥 어떤 공간에
널브러져 있거나 걸어가는 모습이죠.
자기 행동의 주체인 상태로 있던
개의 모습만 기억이 나요. 그 사진을
찍을 때 좋아함이나 귀여움을
느끼셨다 하더라도 관점이 다르다고
생각해요. 좀 신기한 게 사람들이

'동물권'에 대해 점점 더 많이
이야기하고 있는데도 불구하고,
동물에게 상업적인 이미지, 귀여운
이미지를 씌우는 일도 점점 많아지고
있어요. 양쪽이 극단적으로 커지는
느낌이랄까요. 어떤 면에서는
'귀여워하는 것도 사랑이고 동물권을
주장하는 것도 사랑이다, 이것은 다
동물에 대한 선심, 사랑이다'라며
하나로 묶어 문제가 없다고 여기고,
그 반대편에 남아 있는 동물을
학대하거나 잡아먹는 사람들 혹은
동물 실험을 하는 사람들에 대한
비판만 부각되는 것 같아요.

이지양 말씀하신 것과 비슷한
맥락에서 저는 너무 귀여움이
강조되거나 불쌍해 보이는, 그러니까
한 방향으로 치우친 사진을 좋아하지
않아요. 많은 생각을 할 수 있는
사진을 찍으려고 해요. 귀엽기도
하지만 또 조금 잔인할 수도 있고.
기본적으로는 그냥 현실의 한 부분을
보여주는 거라고 생각하고요. 앞서
말씀하신 끈끈이에 붙어 죽은 쥐는
잔인하고 끔찍한 장면으로 보일

수도 있지만, 사실 흔히 벌어지는 일이고 인간이 쥐한테 줄곧 해온 일이잖아요. 있는 그대로 보여주었을 뿐인데 사람들은 왜 잔인하다 여기며 불편해할까요? 그래서 그 장면의 색감을 조정하고, 고양이라는 장치를 활용해서 여러 가지 생각을 불러일으키고 싶었어요. 조금 거리를 두고 보면, 그러니까 조금 더 안전한 상태에서 객관적으로 혹은 각자 가지고 있는 생각을 약간 덜어내고 바라보면 또 다른 게 보이지 않을까 하는 게 제가 평소 작업에서 취하는 태도예요. 우리의 시작점이 가로수였잖아요, 나무요. 어떤 나무는 숲에서 '자연스럽게' 서 있고, 어떤 나무는 똑같은 생명인데도 인공적이에요. 또 어떤 개는 고기가 되고, 어떤 개는 집에서 예쁨을 받아요. 같은 생명인데 인간에 의해 어떻게 위치 지어지느냐에 따라 운명이 달라지죠. 조금 거리를 두면 그런 구조가 보여요. 그래서 저는 그 거리를 두는 방식을 많이 고민하는 편이에요.

의외성으로
마음을 뒤흔드는 사진들

최태규 그런 고민 덕분인지 작가님 사진에서는 어떤 의외성을 발견하게 돼요. 그 의외성이 사람들이 가진 편견, 편향을 드러내면서 큰 흔들림을 준다고 생각해요. 작업 중에 우리가 작가님의 사진에 감정이 덜 실려 있다, 감정을 강요하지 않아서 좋다는 이야기를 나누기도 했었는데, 좀 더 정확히 한다면 감정이 빠져 있다기보다는 의외성을 주는 방식으로 좀 더 지독한 감정을 담고 있다고도 말할 수 있을 것 같아요. 우리가 어떤 대상을 보았을 때 전형적으로 생각하는 것들을 배제하고, 오히려 좀 상반된 감정을 불러일으키는 장치를 집어넣으신달까요. 앞서 이야기했던 '컵 속의 파리' 사진도 제가 굉장히 좋아하는 사진인데, 티끌 하나 없는 컵과 바닥 사이에 흔히 더럽다고 여기는 파리가 갇혀 있다는 점에서 일상적이지 않은 느낌이에요. 익숙하다면 익숙한 배치이지만 그것을 구성한 방식이 보여주는 의외성이 저를 흔들었습니다, 하하.

이지양 와, 그렇게 보셨다니 정말 감사해요. 기왕 말씀해주신 김에 이 책에서 선생님이 좋아하는 사진 혹은 재미있다고 여겼거나 마음이 흔들렸던 사진이 있다면 더 얘기해주세요.

최태규 너무 많지만 몇 장 골라보자면, 에어컨 실외기에 붙어 있던 물까치들 사진이요.▪ 물까치가 되게 예쁘잖아요. 파란 털색도 예쁘고, 머리도 까매서 사람이랑 비슷해 보이기도 하고요. 그런데 이렇게 많은 개체가 창문 밖 에어컨 실외기에 붙어 있는 모습은 약간 재앙적인 느낌이랄까요. 사람의 영역을 침범하는 것 같기도 하고요. 이런 관점이 좋아요. 그러니까 이게 동물이다! 우리가 상상하는 인형 같은 예쁜 모습만이 아니라, 무언가를 두고 아귀다툼을 하고 생존의 어려움을 겪고 인간이 통제할 수 없는 역동을 가진 존재다! 그런 면을 보여준다는 점에서 이 사진을 좋아해요. 러브버그 사진도요. 러브버그는 애초에 쓸 생각이 없었는데, 이 사진을 보고 쓴 거거든요. 러브버그를 대하는 우리 사회의 방식에 대해 가지고 있던 제 불만이 이 사진을 보고 구체화되었어요. 그 사진을 보면 러브버그들이 '보글보글' 전등에 붙어 있잖아요. 마치 '짜잔, 우리 달에 붙어 있지롱.' 하는 것 같아요. 행복해 보이기도 하고, 포근한 사랑처럼 보이기도 하고, 좀 신성해 보이기도 하고요. 우리 사회에서는 어떻게 하면 러브버그를 빨리 죽일 수 있을까만 이야기하잖아요. 동물을 사랑한다고, 동물의 권리를 지키자고 말하는 사람이 많아지는 사회에서 왜 그렇게 못 죽여서 안달인지 모르겠어요.

▪ 본문 218쪽

러브버그가 뭘 그렇게 잘못하지도 않았는데 말이에요. 멧돼지처럼 사람을 위협하는 것도 아니고, 그냥 잠시 붙어 있다가 떨어지면 끝나는 생명인데요. 그래도 러브버그에 대해 쓸 생각은 없었는데, 작가님 사진 보고 그때부터 공부해서 쓰게 되었죠.

이지양 러브버그도 그렇고, 백로도 제 사진을 보고 쓰게 되셨잖아요. 특히 백로는 제가 거의 강요를 한 거나 다름없죠, 하하. 새로 공부해야 하는 부분들 때문에 어려움은 없으셨어요?

최태규 저는 동물에 관한 모든 것에 재미를 느끼는 사람이라 찾아보고 공부하는 것은 전혀 힘들지 않았어요. 백로 사진은 굉장히 임팩트가 있었고, 특히 똥이 중요하게 부각되고 있잖아요. 백로의 집단 서식지에서 똥이나 털, 냄새 때문에 민원이 발생하고, 그래서 사람들이 백로를 쫓아내고, 옮겨 간 지역에서 또 문제가 되고…… 이런 문제들을 알고는 있었지만, 사실 백로가 사람들의 관심이 될 거라는 생각을 아예 안 했던 것 같아요. 대부분의 도시인은 개천에서 한두 마리 정도를 만나는 게 보통이니까요. 그런데 작가님 사진을 보고 나서 굉장히 좋은 소재라는 걸 알았어요. 백로들이 대규모로 모여서 발생하는 문제, 동물의 배설물에 인간이 반응하고 대처하는 방식 같은 걸 이야기해볼 수 있겠다 싶었죠.

이지양 그 모습을 처음 봤을 때 너무 놀랐어요. 한여름 도로 위의 차들은 천천히 달리고, 그 옆에 늘어선 초록색 나무에는 하얀 팝콘 같은 꽃들이 수없이 열려 있었어요.■ 저건 무슨 나무지 하며 자세히 보니까 백로들이 있는 거예요. 아, 그래서 차들이 천천히 갔구나. 나중에 이걸로

■ 본문 197쪽

작업을 해야겠다 생각하고 몇 년을 지켜봤어요. 그러다 사진을 찍게 된 때가 마침 『도시의 동물들』이 진행되던 시기라 "백로 쓰세요" 하게 되었죠.

전국 곳곳에서 만난 지금 여기, 한국 사회의 동물들

최태규 제가 작가님 사진 덕분에 새로 공부해서 쓰게 된 글들이 있다면, 작가님은 제 글로 인해 전국 곳곳을 다니셨잖아요. 글에 어울리는 사진들을 찍기 위해서요. 특별히 기억에 남는 곳이 있다면요.

이지양 야생동물구조센터에 언젠가 꼭 한번 가보고 싶었는데, 사실 개인이 그런 기관에 찾아가서 촬영이나 견학을 하기가 쉽지 않잖아요. 이번에 다리를 놓아주신 덕분에 가볼 수 있었죠. 일단 그곳에 어떤 종류의 동물들이 있는지를 보고 놀랐어요. 비둘기도 있고, 까치도 있더라고요. 도시에서 유해야생동물로 지정해서 기피하고 죽이는 동물들이 그곳에서는 구조되고 있는 게 신기했어요. 인간과 너무 친해져서 야생으로 돌아가지 못하고 그곳에서 죽을 때까지 사는 야생동물들도 있었고요. 또, 죽는 동물의 숫자가 너무너무 많다는 걸 알게 되었어요. 거기 가면 칠판에 그해에 죽은 동물의 숫자가 적혀 있는데요. 제가 갔을 때가 막 새해가 되었을 무렵인데도 고라니 옆에 세 자리 숫자가 적혀 있었어요. 그곳에서 일하는 분들의 헌신적인 모습도 기억에 남고요. 참, 이 책에 제가 찍지 않은 사진이 딱 두 장 들어가 있잖아요.■ 독자분들이 궁금해하실 것

■ 본문 134, 136쪽

같은데, 그 사진들 이야기 좀 해주세요. 물론 제가 직접 찍으러 가기 어려웠기 때문이기도 하지만, 마침 내성천에 가시는 일정이 있었던 거잖아요.

최태규 내성천의 조류를 조사하는 일에 가끔 참여하고 있어요. 혼자 하는 것은 아니고, 팀이 있어요. 매달 가시는 선생님이 있고, 저는 시간이 허락할 때면 참여하고 있지요. 우리 책에 제비 숙영지 이야기가 나오는데, 내성천에는 한 7~8월부터 11월까지 제비들이 있어요. 그 시기에는 제비가 얼마나 오는지 보러 가고, 다른 시기에는 흰목물떼새라는 멸종위기 야생생물 II급에 속하는 새를 보러 가요. 전국에서 내성천에 제일 많은 개체가 살거든요. 책에 실린 사진을 찍으러 간 날은 흰목물떼새가 몇 마리 있는지 세러 간 날이고요. 예전에 저는 그 동네에서 한 10년 정도 살면서 지율스님을 따라 새도 조사하고 강도 같이 걸어 다니고 했었어요. 그때는 강이 망가지기 전이에요. 영주댐이 지어지기 전 수몰 예정이었던 마을과 강을 저는 기억하고 있죠.

이지양 그래서 책에 그렇게 구체적인 묘사가 등장하는구나. 물결과 강바닥의 모습, 모래를 밟는 느낌을 묘사하신 부분이 굉장히 문학적이라고 생각했어요.

최태규 지율스님이 저를 여기저기 끌고 다니셨는데, 한겨울에도 강을 걸어서 건너자고 하셨어요. 발로, 다리로 느끼는 게 굉장히 많았죠. 물의 흐름이 세세하게 느껴지거든요. 모래로 발이 쑥 들어갔는데 그 안으로도 물이 흐르고, 어떤 곳에서는 물의 온도가 달라지고, 또 발가락에 뭔가 걸려서 보면 재첩이 있고. 그런 것들을 생생하게 경험하다 보니 구체적인 묘사가 가능했던 것 같아요.

이지양 예전에 말씀하셨던, 농촌에서 수의사를 하며 동네의 소를 돌보던 시절인 거죠? 꼭두새벽부터 농민분들이 와서 문을 두드리며 소를 봐달라고 했다던.

최태규 네, 맞아요. 그때예요.

이지양 그때 이야기를 해주시면서 선생님이 동물 가운데 주전공을 굳이 꼽는다면 소라고 하셨잖아요. 그런데 『도시의 동물들』 책을 봐도 그렇고, 평소에 다니시는 현장을 봐도 그렇고 종을 가리지 않고 여러 동물을 두루 공부하고 조사하시는 것 같아요. 동물이 있는 곳은 어디나 간다! 모든 동물이 나의 현장이다! 이런 느낌? 곰보금자리프로젝트 대표이시지만 딱히 곰 전문가로 활동하시는 것 같지는 않고요.

최태규 욕심이 많아서 그렇죠. 기회가 닿는 대로 더 많이 보고, 더 많이 알고 싶다는 마음이고요. 사실 곰보금자리프로젝트는 곰에 특별히 관심이 있어서 시작한 것은 아니에요. 아무도 안 하길래 나라도 좀 건드려야겠다 생각한 거죠. 사실 저는 곰을 치료하는 것에 대해서는 잘 몰라요. 특정 맥락에 있는, 그러니까 사육하는 곰들이 어떤 질병에 많이 노출되고 어떤 과정을 거쳐 노화가 일어난다는 정도를 알고 있을 뿐이죠. 곰 전문가나 곰 전문 수의사는 전혀 아닙니다. 그리고 아마도 제가 그 일만 하기는 싫은가 봐요.

합리성 너머의 세계

이지양 선생님 글을 읽다가 문득 곰보금자리프로젝트 활동이 오히려 선생님의 관점이나 활동의 큰 맥락과 조금 어긋나는 부분이 있는 게 아닌가 하는 생각도 들었어요. 예를 들어 길고양이 문제나 야생동물구조센터 이야기에서 인간의 어떤 노력들이 밑 빠진 독에 물 붓기 같은 면이 있고, 생태적으로 보자면 큰 의미가 없다는 지적을 조심스럽게 하시잖아요. 물론 그럼에도 불구하고 헌신적으로 돌보고 치료하는 사람들의 마음, 그런 마음들의 작용 같은 것에도 주목하고 계시지만요. 남아 있는 사육곰 몇 백 마리를 위해 돈을 모으고 땅을 찾고 하는 일도 생태적으로 큰 의미가 있는 일은 아닐 텐데, 그 일을 단체의 대표로서 열심히 하고 계시는 부분이 조금 모순적이랄까, 흥미롭게 보였어요.

최태규 네, 맞아요. 모순적이죠. 사실 사육곰 문제를 어떻게 해결할 것이냐에서 저는 처음부터 일관되게 가장 좋은 방법은 다 안락사를 해버리고 끝내는 것이라고 말했어요. 그런데 그런 합리적인 세계가 아닌 거죠. 충남야생동물구조센터 이야기를 쓰면서 제가 방점을 찍었던 것은 이게 아무 의미가 없다는 게 아니라, 이 사람들이 여기서 이렇게 열심히 일하고 있어, 그러니까 그 마음을 우리가 어떻게 잘 간직하고 잘 쓸 수 있을까 이 부분이거든요. 이게 저한테는 중요한 것 같아요. 이 일이 얼마나 효과가 있느냐는 그다음이고요. 합리적으로 봤을 때는 국가에서 사육곰을 다 매입해서 빨리 안락사를 하고 끝내는 것이 동물에게도 제일 좋다고 생각해요. 비용도 덜 드는 일이고요. 그런데 사람들이 그걸 원하지 않는 거죠. 이 곰들에게 잘해주고 싶은 사람들이 있고, 그들이 곰을 돌보면서 일어나는 어떤 작용이 있잖아요. 그들이 사회에 영향을 미치고, 또 사회가 그들을 보면서 어떤 메시지를 만들어내고 하는 과정이 의미 있는 것 같아요. 사람들이 이 곰들을 다 안락사하자고 말하지 못하는 이유는 뭘까, 우리 단체를 후원하고 지지하는 사람들이 생각하는 좋은 세상은 뭘까를 고민하는 것이 합리성을 따지는 일보다 중요하다고 생각해요.

이지양 아, 어려워요. 저도 선생님 글을 읽고, 또 선생님과 대화를 나누면서 점점 더 혼란스럽게 느끼는 부분이 있어요. 제가 고양이 가족에게 TNR을 한 적이 있잖아요. 그때는 이게 고양이들에게도, 이 사회에도 좋은 일이라고 생각했어요. 그런데 선생님 글을 읽고 보니 제가 멀쩡하게 살고 있는 고양이를 데려다가 강제로

■ 본문 351쪽

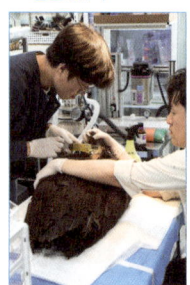

수술을 한 거잖아요. TNR, 중성화 수술 같은 말이 너무 깔끔하고 중립적인 표현처럼 쓰이고, 이 사회에서 그것을 좋은 일로 권하니까 그것이 동물에게 고통을 주는 일이라고는 생각하지 못했어요.

최태규 새끼를 낳고 젖을 빨리고 유대 관계를 느껴보는 것은 동물의 삶에서 중요한 부분이죠. 그래서 북유럽의 일부 국가에서는 새끼를 못 낳게 하는 이 수술을 굉장히 끔찍한 일로 생각해서 집에서 키우는 동물들도 중성화를 하지 않아요. 그래도 개체 수가 늘어나면 안 되니까 새끼를 낳게 한 뒤에 그 새끼를 죽이는 동물원도 있어요. 사회마다 관점이 다른 거죠.

이지양 선생님 글을 읽고 저는 일단 멈췄어요. TNR을 하는 것도, 밥 주는 고양이를 늘리는 것도. 하지만 여전히 잘 모르겠다, 어렵다고 느껴요.

최태규 저도 확실한 답이 있는 것은 아니에요. 다만 쉽게 생각할 문제는 아니라는 이야기를 하고 싶어요. 동물운동단체 대부분이 "TNR 하면 해결돼요"라고 거의 일관된 목소리를 내고 있다 보니 그것이 좋은 일이고, 사회에 도움이 되는 일이라고만 여겨지는데 그렇지 않은 면이 있다는 것도 말하고 싶은 거죠.

이지양 TNR, 중성화 수술 같은 말이 과학적이고 그럴듯하게 들려서 더 그런 것 같아요. 전문가들이 권하는 과학적이고 중립적인 방법 같은 느낌이요.

최태규 그래서 말을 바꿔 쓰자는 이야기도 많이 나왔는데 현실화되지 못했어요. '중성화'라고 하지만 실제로 중성이 되는 것도 아니잖아요. 어떤 기능을 잃은 수컷이나 암컷이 되는 거죠. 인간에게 강제로 했던 불임 수술이나 마찬가지인 거예요. 동물의 권리 측면에서 봤을 때 말도 안 되는 일이죠. 동물권 이야기를 하면서 TNR을 하자는 건 모순이 아닐까요. 그렇다고 제가 TNR은 무조건 나쁘다고 생각하는 건 아니에요. TNR로 고양이 개체 수가 통제되는 조건도 있고, 통제되기 어려운 조건도 있죠. 인간이 챙길 수 없는 상태라 고양이 스스로 야생동물을 잡아먹고 살아야 하거나 마라도처럼 폐쇄된 생태계 안에 개체 수가 너무 많아진 경우라면 안락사를 선택하는 게 고양이를 위해서도 환경을 위해서도 더 나은 선택지가 될 수 있어요. 그런데 지금은 TNR 이외에는 다 나쁘다고 하니까요. 여러 복잡한 맥락 속에서 각각에 맞는 다양한 선택지가 있어야 한다는 것이 제 생각이에요. 어떤 일이든 단 하나의 답을 내놓을 수는 없다고 생각해요. 무엇이 동물에게 더 좋은지, 동물과 인간이 함께 살아가는 데 더 좋은지 확실히 알 수 없는 상태에서 여러 가지 길을 모색해가는 수밖에 없어요. 누구도 무엇도 완전히 알 수 없기 때문에 한마디로 정리하거나 크고 멋진 말로 개념화하는 것은 피하고 싶어요.

이지양 저도 비슷한 면이 있어요. 우리가 무엇을 바라볼 때 그것에 대해 결코 온전히 알 수 없다는 것을 전제로 출발해요. 그래서 사진을 이용하는지도 모르겠어요. 왜냐하면 사진은 한 단면만 보여주니까. 결국 우리가 아는 것은 그 일부분, 대상의 표면밖에 없다. 하지만 나는 그

표면들을 다양한 각도에서 보면서 알아가는 과정에 있다. 이런 식으로 접근을 하거든요. '너는 왜 이렇게 답을 주지 않니?'라는 얘기를 많이 듣는데, 저도 최 선생님처럼 명확한 답이 있다기보다는 이것은 이렇게도 볼 수 있다, 다른 상황에서는 저렇게도 볼 수 있다는 태도를 가지고 있는 것 같아요.

최태규 저도 딱 그 정도예요. 구체적인 맥락 안에서만 어떤 실천적인 결론이 나올 수 있다고 생각해요. 그래서 개념적으로는 정리가 잘 안 되는 편이에요, 하하. 오늘 재미있는 이야기를 많이 나누었네요. 중간 중간 많이 소통하며 한 작업이지만, 그래도 이렇게 본격적으로 이야기하는 자리를 마련하니 제 머릿속에서 글과 사진이 좀 더 유기적으로 잘 연결되는 것 같아요. 『도시의 동물들』이 어떤 책이구나 좀 정리가 되었어요.

이지양 저도 재미있었어요. 제가 찍은 사진들에 대해 어떻게 생각하시는지 궁금했는데, 자세한 이야기를 들을 수 있어서 좋았습니다. 촬영하면서 했던 생각들, 걱정스러운 부분들을 꺼내볼 수 있어서 개운한 느낌도 들고요. 자리를 마련해주셔서 감사합니다.

참고문헌

1부_ 인간과 부대끼며 사는 동물

1장

농림축산식품부·농림수산식품교육문화정보원, 「길고양이 돌봄 가이드라인」, 2023.
이재영·홍준석, 「[길고양이 논쟁] ③ '중성화' 효과는… "개체수 감소" vs "효과 의문"」, 연합뉴스, 2023년 2월 13일.
Cats Protection, 「The Feral Guide: 2021 edition」, 2021.
Lowe S., Browne M., Boudjelas S., De Poorter M., "100 of the World's Worst Invasive Alien Species: A Selection from the Global Invasive Species Database", *The Invasive Species Specialist Group(ISSG) a specialist group of the Species Survival Commission(SSC) of the World Conservation Union(IUCN)*, 2000.
Sheilah A. Robertson, "A review of feral cat control", *Journal of Feline Medicine and Surgery*, vol. 10(4), 2008, pp. 366~375.
Stephen J O'Brien, Warren Johnson, Carlos Driscoll, Joan Pontius, Jill Pecon-Slattery, Marilyn Menotti-Raymon, "State of cat genomics", *Trends in Genetics*, vol. 24(6), June 2008, pp. 268~279.
The National Cat Management Strategy Group, "New Zealand National Cat Management Strategy Group Report", August 2020.

2장

수 도널드슨·윌 킴리카, 박창희 옮김, 『주폴리스: 동물 권리를 위한 정치 이론』, 프레스탁!, 2024.
PETA, "The PETA guide to Feral Cats", 2019. https://www.peta.org/wp-content/uploads/2023/02/peta-feral-cat-flyer-2019.pdf

3장

도나 J. 해러웨이, 최유미 옮김, 『트러블과 함께하기』, 마농지, 2021.

「동물보호법 시행규칙」(2024년 5월 27일 개정).

A. J. Yoak, K. M. Calinger & E. Hiby, "Assessing multiple free-roaming dog control strategies in a flexible agent-based model", *Scientific Reports*, vol. 13, Article number: 19826, 2023.

Gompper, Matthew E.(edit.), *Free-ranging dogs and wildlife conservation*, Oxford University Press, 2014, p. 312.

4장

「非命(비명)에 죽은 28 '라 파로마'들 울음진 童心(동심)은 마냥 서러워」, 경향신문, 1965년 2월 6일.

「흰 비둘기 한 마리」, 경향신문, 1964년 8월 15일.

5장

「쥐잡기 운동」, 경향신문, 1970년 5월 15일.

Connor J. Burgin, Jocelyn P. Colella, Philip l. Kahn, and Nathan S. Upham, "How many species of mammals are there?", *Journal of Mammalogy*, vol. 99(1), 2018, pp. 1~14.

Jeffrey Burgdorf & Jaak Panksepp, "Tickling induces reward in adolescent rats", *Physiology & Behavior*, vol. 72(1-2), 2001, pp. 167~173.

(영상) M. Berdoy, The Laboratory Rat: A Natural History, Oxford University, FULL & HD VERSION, 2017년 6월 12일. https://www.youtube.com/watch?v=giu5WjUt2GA

6장

조해민, 「러브버그, 생태계에 이로운데 불편하면 방제? 전문가들 "우려스럽다"」, 오마이뉴스, 2024년 8월 24일.

7장

안영춘, 「이번엔 10만 제비 떼 돌아왔지만, 다음은 없다」, 『한겨레21』, 2024년 8월 23일.

2부_ 도시 속 야생동물의 의미

1장

김화균, 「"정력에 좋다" 너구리 남획」, 경향신문, 1992년 2월 9일.

김봉균, 「안녕하세요!!! 저는 너구리 '클라라'입니다」, 충남야생동물구조센터 블로그, 2014년 7월 18일. https://cnwarc.blogspot.com/2014/07/blog-post_18.html

「最新事業(최신사업) 너구리를 飼養(사양)하라」, 조선일보, 1934년 7월 25일.

(영상) KBS 자연다큐멘터리 종묘너구리. 1997년 3월 2일 방송. https://www.youtube.com/watch?v=DVBPU91pz7k

2장

국립생물자원관, 「야생동물 실태조사」, 2015.
국립생물자원관, 「야생동물 실태조사」, 2022.
김규원, 「멧돼지 출현, 4년 만에 11배 늘어나」, 한겨레, 2017년 11월 17일.
이성민, 「멧돼지(Sus scrofa)의 먹이, 공간 이용, 개체군 통계 및 종자 산포를 고려한 관리 방안 연구」, 서울대학교 박사학위논문, 2020.
(영상) 「"돼지고기 먹고 싶었나"… 삼겹살집 난입한 멧돼지」, 연합뉴스TV, 2018년 1월 4일. https://www.youtube.com/watch?v=f37bLa98epM

3장

국립생태원, 「로드킬과 로드킬 조사방법」, 2022.

4장

「白鷺(백로)-왜가리 棲息地(서식지)」, 조선일보, 1970년 11월 13일.
최명애·박현빈·조엘 샴팔레·성한아, 「도시의 비인간 이웃: 대전시 주민-백로 갈등을 중심으로」, 『한국도시지리학회지』, 26권 1호, 2023, pp. 17~36.

5장

강홍균, 「濟州(제주)도 "까치 까치 설날"」, 경향신문, 1997년 2월 7일.
(영상) 「울릉도에 까치 34마리 보내」, KBS 뉴스, 1990년 11월 23일. https://news.kbs.co.kr/news/pc/view/view.do?ncd=3699654

6장

국립생태원, 「야생조류 유리창 충돌」, 2023.
Daniel Klem Jr., "Preventing Bird-Window Collisions", *The Wilson J. of Ornithology*, vol. 121(2), 2009, pp. 314~321.
Travis E. Wilcoxen, David J. Horn, Brianna M. Hogan, Cody N. Hubble, Sarah J. Huber, Joseph Flamm, Madeline Knott, Lisa Lundstrom, Faaria Salik, Samantha J. Wassenhove, Elizabeth R. Wrobel, "Effects of bird-feeding activities on the health of wild birds", *Conservation Physiology*, vol. 3(1), cov058, 2015.
United States Fish and Wildlife Service, "Threats to Birds", 2017. https://www.fws.gov/library/collections/threats-birds

7장

충남야생동물구조센터, 『우리 만난 적 있나요』, 양철북, 2018.
환경부 보도자료, 「올 한해 부상·조난당한 야생동물 2만 마리 이상 구조」, 2023년 12월 28일.

3부_ 돈이 되는 동물: 동물 산업

1장

Frede D., "A tale of two zoos: a study in watching people watching animals", The University of Sydney, Doctor of Philosophy, 2008.

Sitendu Goswami, Shiv Kumari Patel, Riyaz Kadivar, Praveen Chandra Tyagi, Pradeep Kumar Malik, Samrat Mondol, "Effects of a combined enrichment intervention on the behavioural and physiological welfare of captive Asiatic lions (Panthera leo persica)", *Applied Animal Behaviour Science*, vol. 236, 105222, 2021.

다미안 아스피날, 최태규 옮김, 「동물원은 한물갔고 잔인하다 - 이제는 동물원을 과거의 것으로 만들어야 한다」, 다른 세상을 향한 연대 홈페이지, 2019년 8월 27일. https://www.anotherworld.kr/713(원문 Damian Aspinall, "Zoos are outdated and cruel - it's time to make them a thing of the past", *Independent*, 14 August 2019)

2장

Kathleen Carmel Buckingham, Jonathan Neil William David, Paul Jepson, "Environmental Reviews and Case Studies: Diplomats and Refugees: Panda Diplomacy, Soft "Cuddly" Power, and the New Trajectory in Panda Conservation", *Environmental Practice*, vol. 15(3), Cambridge University Press, September 2013.

3장

프레데릭 J. 시문스, 김병화 옮김, 『이 고기는 먹지 마라?: 육식 터부의 문화사』, 돌베개, 2004.

4장

유성보, 「仁川(인천) 횟집 "活況(활황)"」, 경향신문, 1992년 5월 9일.
장승홍, 「濟州(제주)에 광어 양식붐」, 조선일보, 1987년 10월 14일.
한국해양수산개발원, 「KMI 동향 분석」, vol. 167, 2020.
F. A. Huntingford, C. Adams, V. A. Braithwaite, S. Kadri, T. G. Pottinger, P. Sandøe, J. F. Turnbull, "Current issues in fish welfare", *Fish Biology*, vol. 20, February 2006.

6장

곰보금자리프로젝트·한국휴메인소사이어티인터내셔널, 「사육곰 산업 종식을 위한 농장 조사 및 시민 인식 조사보고서」, 2024.
Grajdanzev Andrew J., *Modern Korea*, International Secretariat, Institute of Pacific Relations. 1944. p. 103.

도시의 동물들

2025년 4월 11일 1판 1쇄

지은이 최태규		
편집 이진, 이창연	**디자인** 조정은	**사진** 이지양
제작 박흥기	**마케팅** 김수진, 백다희, 이태린	**홍보** 조민희
인쇄 천일문화사	**제책** J&D바인텍	
펴낸이 강맑실	**펴낸곳** (주)사계절출판사	**등록** 제406-2003-034호
주소 (우)10881 경기도 파주시 회동길 252		**전화** 031)955-8588, 8558

전송
마케팅부 031)955-8595, 편집부 031)955-8596

홈페이지 www.sakyejul.net	**전자우편** skj@sakyejul.com	
블로그 blog.naver.com/skjmail	**페이스북** facebook.com/sakyejul	**트위터** twitter.com/sakyejul

© 최태규 2025

값은 뒤표지에 적혀 있습니다. 잘못 만든 책은 서점에서 바꾸어드립니다.
사계절출판사는 성장의 의미를 생각합니다.
사계절출판사는 독자 여러분의 의견에 늘 귀 기울이고 있습니다.
이 책은 저작권법에 따라 보호받는 저작물이므로 무단 전재와 무단 복제를 금합니다.

ISBN 979-11-6981-368-6 03330